"十二五"普通高等教育本科国家级规划教材

普通高等教育"十一五"国家级规划教材

化学信息学

第二版

李梦龙　文志宁　主编

李益洲　郭延芝　战玉华　副主编

化学工业出版社

·北京·

《化学信息学》（第二版）是"十二五"普通高等教育本科国家级规划教材、普通高等教育"十一五"国家级规划教材。本书在第一版的基础上，着重针对中、外文期刊网络数据库的检索过程进行了介绍，并扩充了专利文献与技术标准数据库的相关内容。全书主要分为四大部分，共12章，其中第1章概述了化学信息学的产生及特点；第2~8章讲述了化学信息的来源，包括纸质版的手册，书籍，搜索引擎，目前广为使用的中、外文期刊文献数据库以及专利文献与技术标准数据库；第9~11章介绍了化学信息的处理工具（即化学软件）、处理方法（相关化学计量学算法）以及定量构效关系（QSAR）的原理及应用，并新增了部分例子；在第12章中，对生物信息学领域的研究进行了概述。

《化学信息学》（第二版）可作为高等院校化学、化工及相关专业本科"化学信息学"课程的入门教材，另外，书中提供了大量与化学信息学相关的网址，亦可作为研究生的参考书籍。

图书在版编目（CIP）数据

化学信息学/李梦龙，文志宁主编. —2版. —北京：化学工业出版社，2018.7（2025.1重印）
"十二五"普通高等教育本科国家级规划教材　普通高等教育"十一五"国家级规划教材
ISBN 978-7-122-32235-7

Ⅰ.①化… Ⅱ.①李…②文… Ⅲ.①计算机应用-化学-信息检索-高等学校-教材 Ⅳ.①G252.97

中国版本图书馆CIP数据核字（2018）第112648号

责任编辑：杜进祥　　　　　　　　　　　　　　文字编辑：向　东
责任校对：边　涛　　　　　　　　　　　　　　装帧设计：关　飞

出版发行：化学工业出版社（北京市东城区青年湖南街13号　邮政编码100011）
印　　装：北京科印技术咨询服务有限公司数码印刷分部
787mm×1092mm　1/16　印张16¾　字数440千字　2025年1月北京第2版第5次印刷

购书咨询：010-64518888　　　　　　　　　售后服务：010-64518899
网　　址：http://www.cip.com.cn
凡购买本书，如有缺损质量问题，本社销售中心负责调换。

定　价：40.00元　　　　　　　　　　　　　　　　　　　　　　　版权所有　违者必究

前言

化学是一门以实验为基础的古老学科,科学家们致力于探索新物质的各类化学属性。随着实验技术的进步,人们获取数据的能力已有了很大的提高。时至今日,面对呈指数级增长的化学数据,化学家们发现在本学科的探索中,最大的瓶颈已不再是如何获取未知物质的性质,而是如何从已有的实验数据中提取更多的化学信息,以总结规律。1995 年,美国著名化学家 Brown 指出,化学家习惯于将 99%的精力和资源用于数据的收集上,其余 1%用于数据的分析和处理,将数据转化为信息。

庆幸的是,现在越来越多的化学工作者们开始注意到这个问题并投身于化学数据的分析中,化学信息学(cheminformatics)在这种情况下应运而生,它是汇集化学、数学、信息科学等交叉学科知识的研究领域,主要是通过对化学信息的检索、整理、分析以及可视化,最终完成将数据转化为信息的过程。德国 Johann Gasteiger 出版的《化学信息学教程》一书亦指出,化学信息学的任务就是运用信息学的方法来解决化学的问题。

目前,化学信息学主要涵盖了化学信息的获取、化学信息的表达以及化学信息的处理三个方面的内容。作为一门新的基础课程,如何尽快让化学专业的本科生了解并掌握其中涉及的概念、方法以及网络资源是该学科建设亟待解决的主要问题。

本书第一版是"十二五"普通高等教育本科国家级规划教材、普通高等教育"十一五"国家级规划教材。本次修订,着重对如下内容进行了更新:(1)着重针对中文及外文期刊网络数据库检索过程的介绍进行了扩充,单独在第 4 章、第 5 章对目前常用的数据库进行了详细的介绍;(2)在第 6 章中,对第一版未曾提到的专利文献与技术标准进行了介绍;(3)在生物信息学相关章节中,对目前热门的领域,如精准医疗等进行了介绍;(4)对第一版各章节中的网络资源进行了更新,并新增了一些例子,便于学生们在学习过程中对内容进行理解。

本书由李梦龙、文志宁任主编,李益洲、郭延芝、战玉华任副主编。感谢清华大学图书馆的战玉华老师撰写了本书第 4 章以及在后期修改过程中提出的宝贵意见。在本书编写过程中,笔者实验室的博士研究生柳媛以及硕士研究生梁羽、谢凡凡、覃柳、吉越、胡文、郝颖异、黄雨瑶、郭佳丽等同学亦参与了资料的收集与整理工作,另外,化学工业出版社在此过程中提供了大力的支持,在此一并表示诚挚的感谢。

由于化学信息学涉及面广,编者的水平和时间有限,书中不足之处在所难免,恳请广大读者批评指正。

编者
2018 年 3 月

目 录

第1章　概述 … 1
1.1　什么是化学信息学 … 1
1.2　化学信息学的诞生背景 … 1
1.3　信息科学在化学领域的应用 … 2
1.4　化学信息采集接口 … 2
1.5　化学信息的结构和特点 … 3
1.6　化学信息的工作方式 … 4
1.7　化学信息学的应用 … 4
1.7.1　化合物结构绘制 … 4
1.7.2　化学数据库设计与开发 … 4
1.7.3　化学反应体系模拟 … 5
1.7.4　计算机辅助波谱解析 … 5
1.7.5　化合物结构与活性关系预测 … 5
1.7.6　实验室信息管理系统 … 5
1.8　展望 … 5

第2章　化学信息来源 … 7
2.1　辞典 … 7
2.2　手册 … 7
2.3　化学期刊 … 9
2.3.1　综合类期刊 … 10
2.3.2　有机化学期刊 … 10
2.3.3　分析化学期刊 … 11
2.3.4　无机化学期刊 … 12
2.3.5　物理化学期刊 … 12
2.4　图书馆资源 … 13
2.4.1　生命科学图书馆 … 13
2.4.2　中国科学院大连化学物理研究所图书馆 … 13
2.4.3　中国科学院国家科学图书馆 … 14

  2.4.4 国家科技图书文献中心 ………………………………………………………… 16
  2.4.5 清华大学图书馆 …………………………………………………………………… 17
  2.4.6 中国国家图书馆 …………………………………………………………………… 18
  2.4.7 哈佛大学图书馆 …………………………………………………………………… 19
  2.4.8 斯坦福大学图书馆 ………………………………………………………………… 19
 2.5 化学化工资源信息平台 …………………………………………………………………… 20
  2.5.1 化学信息网 ………………………………………………………………………… 20
  2.5.2 Computer Aided Chemistry Tutorial …………………………………………… 21
  2.5.3 Wilton High School Chemistry …………………………………………………… 22
 扩展阅读：信息 ……………………………………………………………………………………… 22

第3章 信息搜索引擎 …………………………………………………………………… 23

 3.1 概述 ………………………………………………………………………………………… 23
  3.1.1 搜索引擎的原理 …………………………………………………………………… 23
  3.1.2 搜索引擎的历史及发展趋势 ……………………………………………………… 24
 3.2 搜索引擎的定义及分类 …………………………………………………………………… 27
  3.2.1 全文搜索引擎 ……………………………………………………………………… 27
  3.2.2 目录索引类搜索引擎 ……………………………………………………………… 27
  3.2.3 元搜索引擎 ………………………………………………………………………… 27
  3.2.4 垂直搜索引擎 ……………………………………………………………………… 28
 3.3 搜索引擎查询方法 ………………………………………………………………………… 28
  3.3.1 模糊查询 …………………………………………………………………………… 28
  3.3.2 精确查询 …………………………………………………………………………… 29
  3.3.3 逻辑查询 …………………………………………………………………………… 29
  3.3.4 查询范围限制 ……………………………………………………………………… 29
 3.4 常用的全文搜索引擎 ……………………………………………………………………… 30
  3.4.1 百度 ………………………………………………………………………………… 30
  3.4.2 Google 中国 ………………………………………………………………………… 31
  3.4.3 维基百科 …………………………………………………………………………… 31
 3.5 常用的学术搜索引擎 ……………………………………………………………………… 33
  3.5.1 BASE ……………………………………………………………………………… 33
  3.5.2 SciTech Connect …………………………………………………………………… 34
  3.5.3 CiteSeerX ………………………………………………………………………… 35
 3.6 常用的元搜索引擎 ………………………………………………………………………… 35
  3.6.1 Dogpile ……………………………………………………………………………… 35
  3.6.2 Excite ……………………………………………………………………………… 36
  3.6.3 Ixquick ……………………………………………………………………………… 36
  3.6.4 Mamma ……………………………………………………………………………… 37
  3.6.5 Metacrawler ………………………………………………………………………… 38
  3.6.6 ProFusion …………………………………………………………………………… 38

| 3.6.7 Savvysearch | 39 |

3.7 专业搜索引擎	39
3.7.1 专业搜索引擎的优势	39
3.7.2 著名的专业搜索引擎	39
扩展阅读：百度搜索技巧	41

第4章 文献检索概述

4.1 文献检索的意义	42
4.1.1 文献的定义	42
4.1.2 信息检索的含义	42
4.1.3 文献检索的意义	42
4.2 文献检索的基础知识	42
4.2.1 逻辑运算符	42
4.2.2 通配符	43
4.2.3 位置算符	43
4.2.4 主要检索字段	44
4.2.5 文献资源分类	45
4.2.6 主要文献类型	45
4.3 文献检索基本流程	46
4.4 文献检索途径及案例	47
4.4.1 研究类文献检索	47
4.4.2 数据事实检索	50

第5章 中文学术论文资源数据库

5.1 中国知网	65
5.1.1 中国知网概况	65
5.1.2 中国学术期刊（网络版）	65
5.1.3 中国学术辑刊全文数据库	65
5.1.4 中国博士学位论文全文数据库	67
5.1.5 中国优秀硕士学位论文全文数据库	71
5.1.6 中国重要会议论文全文数据库	71
5.1.7 CNKI国家科技成果数据库	72
5.2 万方数据知识服务平台	73
5.2.1 万方数据知识服务平台概况	73
5.2.2 中国学术期刊数据库	74
5.2.3 中国学位论文全文数据库	74
5.2.4 中国学术会议文献数据库	75
5.2.5 中文科技报告数据库	76
5.3 维普网	77
5.3.1 维普期刊资源整合服务平台概况	77

  5.3.2 中文科技期刊数据库 ·· 77
  5.3.3 中国科学指标数据库 ·· 79

第6章 外文学术论文资源数据库 ·· 81

6.1 Web of Science ··· 81
  6.1.1 Web of Science 概况 ··· 81
  6.1.2 Web of Science Core Collection ······································ 83
  6.1.3 Derwent Innovations Index ·· 91
  6.1.4 INSPEC ·· 93
  6.1.5 Chinese Science Citation Database ·································· 93
  6.1.6 Journal Citation Reports ·· 94

6.2 美国《化学文摘》 ··· 94
  6.2.1 美国化学文摘概况 ··· 94
  6.2.2 美国《化学文摘》（网络版） ·· 95
  6.2.3 SciFinder 检索方式及检索结果 ·· 95

6.3 《工程索引》 ·· 104
  6.3.1 Engineering Village 概况 ·· 104
  6.3.2 Ei Compendex 检索方式及检索结果 ···································· 105

6.4 ScienceDirect ·· 109
  6.4.1 ScienceDirect 数据库简介 ·· 109
  6.4.2 ScienceDirect 检索方式及结果 ·· 109

6.5 Wiley Online Library ·· 113
  6.5.1 Wiley Online Library 数据库简介 ····································· 113
  6.5.2 Wiley Online Library 检索方式及检索结果 ···························· 114

6.6 SpringerLink ··· 118
  6.6.1 SpringerLink 数据库简介 ··· 118
  6.6.2 SpringerLink 检索方式及检索结果 ····································· 118

6.7 其他外文文献数据库 ·· 120
  6.7.1 Online Computer Library Center ····································· 120
  6.7.2 ProQuest 平台 ··· 121

第7章 专利文献与技术标准 ·· 123

7.1 专利文献 ··· 123
  7.1.1 专利概述 ··· 123
  7.1.2 美国专利文献概述 ·· 125
  7.1.3 中国专利文献概述 ·· 128
  7.1.4 中国专利全文数据库 ·· 129
  7.1.5 万方中外专利数据库 ·· 129
  7.1.6 SIPO 中国及多国专利查询系统 ·· 130

7.2 技术标准 ··· 132

| 7.2.1 技术标准概述 ………………………………………………………… 132
| 7.2.2 国际标准化组织（ISO）简介 ……………………………………… 132
| 7.2.3 ISO9000 族标准及 ISO14000 族标准简介 ………………………… 132
| 7.2.4 中国标准的分类 ……………………………………………………… 133
| 7.2.5 国家标准全文数据库 ………………………………………………… 134
| 7.2.6 中国行业标准全文数据库 …………………………………………… 134
| 7.2.7 中外标准数据库 ……………………………………………………… 135

第8章 化学信息数据库资源 ……………………………………………… 136

8.1 数据库简介 …………………………………………………………………… 136
  8.1.1 数据 ……………………………………………………………………… 136
  8.1.2 数据库 …………………………………………………………………… 136
  8.1.3 数据库管理系统 ………………………………………………………… 136
  8.1.4 数据库系统（database system）……………………………………… 137

8.2 数据库历史及分类 …………………………………………………………… 137
  8.2.1 数据库历史 ……………………………………………………………… 137
  8.2.2 数据库的模型分类 ……………………………………………………… 139

8.3 三类化学信息数据库 ………………………………………………………… 139
  8.3.1 文献数据库 ……………………………………………………………… 139
  8.3.2 事实数据库 ……………………………………………………………… 140
  8.3.3 结构数据库 ……………………………………………………………… 140

8.4 Internet 上的化学化工数据库 ………………………………………………… 140
  8.4.1 Spectral Database for Organic Compounds ……………………………… 140
  8.4.2 NIST Chemistry WebBook ………………………………………………… 141
  8.4.3 NIST Atomic Spectra Database …………………………………………… 142
  8.4.4 Reaxys 数据库 …………………………………………………………… 143
  8.4.5 剑桥晶体数据库 ………………………………………………………… 144

第9章 化学软件 ……………………………………………………………… 147

9.1 概述 …………………………………………………………………………… 147
9.2 化学软件的分类 ……………………………………………………………… 148
9.3 语言软件和依托算法的化学计算软件 ……………………………………… 149
  9.3.1 MATLAB ………………………………………………………………… 149
  9.3.2 R 语言 …………………………………………………………………… 161

9.4 绘图软件 ……………………………………………………………………… 170
  9.4.1 ChemBioOffice …………………………………………………………… 170
  9.4.2 ACD/ChemSketch5.0 ……………………………………………………… 171
  9.4.3 Symyx Draw ……………………………………………………………… 173

9.5 化学分析仪器数据处理软件 ………………………………………………… 174
  9.5.1 GRAMS …………………………………………………………………… 174

  9.5.2 MestReNova ······ 177
  9.5.3 Origin ······ 178
 9.6 分子模拟软件 ······ 179
  9.6.1 分子对接软件 AutoDock ······ 179
  9.6.2 量子化学计算软件——Gaussian 程序 ······ 180
  9.6.3 分子动力学模拟软件 ······ 182

第10章 信息处理与数据挖掘 ······ 185

 10.1 概述 ······ 185
 10.2 数据的标准化 ······ 186
 10.3 特征提取与优化 ······ 186
  10.3.1 主成分分析 ······ 186
  10.3.2 偏最小二乘法 ······ 189
  10.3.3 逐步回归分析 ······ 189
  10.3.4 遗传算法 ······ 191
 10.4 信号处理方法 ······ 192
  10.4.1 协方差与相关系数 ······ 193
  10.4.2 自、互相关分析 ······ 193
  10.4.3 功率谱密度 ······ 194
  10.4.4 傅里叶变换 ······ 194
  10.4.5 小波变换 ······ 195
 10.5 机器学习方法 ······ 198
  10.5.1 K 最近邻法 ······ 198
  10.5.2 概率神经网络 ······ 198
  10.5.3 分类回归树 ······ 199
  10.5.4 助推法 ······ 200
  10.5.5 人工神经网络 ······ 201
  10.5.6 支持向量机 ······ 204
 10.6 数据库挖掘技术 ······ 206
  10.6.1 聚类算法 ······ 206
  10.6.2 决策树算法 ······ 207
 10.7 Web 数据挖掘技术 ······ 207
  10.7.1 Web 内容挖掘 ······ 207
  10.7.2 Web 结构挖掘 ······ 207
  10.7.3 Web 日志挖掘 ······ 208
 扩展阅读：化学计量学 ······ 208

第11章 QSAR及药物设计 ······ 209

 11.1 概述 ······ 209
 11.2 QSAR 模型的分类 ······ 210

11.2.1　二维定量构效关系（2D-QSAR） ·· 210
　　11.2.2　三维定量构效关系（3D-QSAR） ·· 212
　　11.2.3　多维定量构效关系 ··· 214
　　11.2.4　方法评价 ·· 215
11.3　定量构效关系研究中常用的回归分析法 ··· 216
　　11.3.1　多元线性回归 ··· 216
　　11.3.2　主成分回归 ·· 217
　　11.3.3　偏最小二乘回归 ·· 217
　　11.3.4　投影寻踪回归 ··· 218
　　11.3.5　非线性方法 ·· 219
11.4　药物设计 ··· 219
　　11.4.1　类药性 ·· 220
　　11.4.2　脂水分布系数 $\lg P$ ·· 220
　　11.4.3　脑血分配系数 ··· 220
　　11.4.4　肠穿透性 ··· 221
　　11.4.5　水溶性 ·· 221
　　11.4.6　毒性 ··· 221
11.5　精准医疗 ··· 221
11.6　高通量筛选 ··· 222
11.7　QSAR方法的应用示例 ·· 222
扩展阅读：定量构效关系 ··· 226

第12章　生物信息学 ··· 227

12.1　什么是生物信息学 ·· 227
12.2　生物信息学的发展历程 ·· 228
12.3　生物信息学的研究内容 ·· 230
　　12.3.1　生物信息挖掘 ··· 230
　　12.3.2　药物设计 ··· 231
　　12.3.3　基因组学 ··· 231
　　12.3.4　蛋白质组学 ·· 232
　　12.3.5　代谢组学 ··· 234
12.4　生物信息学的研究方法 ·· 235
　　12.4.1　数学统计方法 ··· 235
　　12.4.2　动态规划方法 ··· 235
　　12.4.3　模式识别技术 ··· 235
　　12.4.4　数据库技术 ·· 235
　　12.4.5　分子模型化技术 ·· 235
　　12.4.6　分子力学和量子力学计算 ·· 236
　　12.4.7　分子动力学模拟 ·· 236
12.5　生物信息学的应用 ·· 236

12.6 生物信息学的研究趋势及未来挑战	237
12.7 蛋白质功能研究	238
12.8 蛋白质数据库简介	239
12.8.1 综合性蛋白质数据库	240
12.8.2 专用性蛋白质数据库	241
12.9 蛋白质序列的特征提取方法	242
12.9.1 基于氨基酸组成和位置的特征提取方法	243
12.9.2 基于氨基酸物理化学特性的特征提取方法	244
12.9.3 基于数据库信息挖掘的特征提取方法	245
12.10 蛋白质相互作用	247
12.11 蛋白质网络	252
12.11.1 蛋白质-蛋白质相互作用网络	252
12.11.2 氨基酸残基网络	254
扩展阅读：高通量基因表达检测技术	255

参考文献 256

第 1 章

概 述

材料、能源和信息是构成物质世界的三个基本要素。随着社会发展的需要，人们逐渐认识到信息的重要性，并创立了信息论与信息科学。20 世纪 90 年代初，随着美国"信息高速公路"计划的提出，信息科学和信息产业出现了前所未有的飞速增长，成为这一时代的重要标志。同时信息科学加快了向传统科学渗透，化学中的信息学理论基础不断成熟。正是在这一背景下，结合其使用的计算机和因特网（Internet）工具，化学工作者在科研实践中促成了化学信息这一新兴化学分支的出现。化学信息学（chemoinformatics 或 cheminformatics）是化学领域中飞速发展起来的一个新的分支，是建立在多学科基础上的交叉学科，它利用计算机技术和计算机网络技术，对化学信息进行表示、管理、分析、模拟和传播，以实现化学信息的提取、转化与共享，揭示化学信息的实质与内在联系，促进化学学科的知识创新。

1.1 什么是化学信息学

诺贝尔化学奖获得者法国化学家 J. M. Lehn 在获奖报告中首次提出化学信息的概念，对化学的发展而言具有深远的影响，具有深刻的时代意义。虽然在此之前众多的化学工作者没有对化学信息展开实质性的研究工作，但是传统有机化学、无机化学、生物化学、材料化学以及在受体设计、超分子形成过程的结构化学等方面所积累的大量实验数据，为构建化学信息提供了基础。

化学信息学是个广义的概念，它包含对化学相关信息的设计、创造、组织、存储、处理、恢复、分析、再开发、可视化及应用。另一种关于化学信息学的定义是从药物研发的角度提出的，认为化学信息学是各种信息资源的混合体，目的是将数据转化成信息，再把信息转化成知识，以期更快、更准确地进行药物筛选和设计。

1.2 化学信息学的诞生背景

近十年来，由于计算机及网络技术向智能化、网络化方向发展，应用计算机技术能解决的化学问题也愈来愈多，化学工作者不仅获得了大量物质结构的信息，而且这些信息较从前也更为精确，计算机技术与化学的相互渗透已成为化学和计算机科学工作者的研究热点。由于计算机主要是通过数值计算来解决问题，其特点是能快速进行大量复杂、烦琐的数学运算，而化学是对化学物质进行认识、分析、合成及利用，从而使化学工作者能够对物质化学结构进行解析、表征、模拟与设计；能够处理复杂体系的电子结构、几何结构与其性能关系；完成微观分子工程设计与化学模拟；开展功能材料的研究；进行生物活性分子和药物分子的相互作用机制及定量构效关系（quantitative structure-activity relationship，QSAR）研究；探讨固体表面结构、固体表面轨道相互作用规律；实现分子以上层次聚集体（超分子体系、界面体系等）结构和性能的模拟等。

然而，纵观早期这一领域的工作，仅仅涉及计算机技术的一些应用层次，要想将计算机技术深入应用到化学中就必须解决化学与计算机的结合问题，从化学工作者的角度应用和设计计算机软、硬件，满足化学工作者处理化学信息的要求。该领域的研究包括计算机与分析仪器的接口、化学类应用软件程序包的开发、化学物质结构数据库的开发和查询。1973年在荷兰举办了"Computer Representation and Manipulation of Chemical Information"会议，1975年美国化学会将期刊"Journal of Chemical Documentation"更名为"Journal of Chemical Information and Computer Sciences"，继而又于2005年更名为"Journal of chemical information and modeling"。由此可见，化学信息学已逐渐发展壮大，它将给21世纪的化学带来全新的面貌。

1.3 信息科学在化学领域的应用

20世纪中叶，Shannon在1948年发表了关于信息论的著名文章，提出了信息熵计算公式：

$$H(X) = -\sum_{i=1}^{n} \frac{1}{p(x_i)} \log_2 [p(x_i)] \tag{1-1}$$

式中，$H(X)$为事件X的信息熵，它可由该事件当中所有可能出现的情况x_i的概率$p(x_i)$计算得到。此后信息理论开始了它的发展，这一理论最早是与通信技术相关联，但在其诞生后十年左右，即从纯粹数学研究渗透到无线电、电视、雷达、心理学、语义学、经济学、生物学等领域。Wiener认为信息的实质是负熵，并强调信息这种负熵是在调节过程中相互交换而产生的。

化学科学中的分析化学从其诞生起就具有信息科学的特征，Kateman等从三个方面阐述了分析化学的任务：利用已有的分析方法，提供关于物质化学成分的信息（日常例行分析工作）；研究利用不同学科的原理、方法，取得有关物质系统的相关信息的过程（分析化学的科学研究工作）；研究利用现有分析方法取得关于物质系统的信息的策略（分析实验室的组织工作）。Kowalski更是明确提出"分析化学作为信息科学"，他认为分析化学不仅在过去是一门信息科学，现在仍然是一门信息科学，在化学的各个分支学科中，分析化学负担的任务与其他分支学科的不同之处在于分析化学的研究对象，它并非某种具体的实物，例如无机或有机材料，而是与这些化学组成或结构相关的信息以及研究获取这些信息的最优方法与策略。

此外，由于化学中熵的概念与Shannon、Wiener等提出的信息理论中的熵有着共同的基础，这两门学科之间存在着深刻联系，分析化学以发展分析信息理论作为其基础理论的组成部分，获得了向前发展的动力。随后众多的化学家根据其从事的分析化学工作，发表了多篇用于分析化学的信息理论系列论文，其中捷克学者Eckschlager完成了在此领域的第一部专著。

1.4 化学信息采集接口

从图1-1中我们可以发现，化学信息和化学实践之间是通过一个信息采集接口相连的，这与其他化学分支学科明显不同。信息采集接口也是化学信息学科一个极为重要的组成部分，它是现实化学世界通往化学信息的桥梁，也是化学信息的生命源泉。信息采集接口和化学信息的三个层次构成了整个化学信息学科。

图 1-1　信息采集接口的内部结构

如图 1-1 所示，信息采集接口不是一套单一而又具体的软件或硬件，它实际上是一个综合了其他化学分支学科的某些方法以及原始化学信息数字化方法的方法集合。可以用作信息采集接口后端的方法众多、范围非常广泛，一般的各种化学图形处理软件、计算机化学应用软件、文字处理软件、数码照相机、具有 OCR（optical character recognition）光学文字识别功能的扫描仪的录入系统等都可以作为信息采集接口的后端，因为它们都具有一个共同的特点，即能够把现实世界中的化学信息以数字化形式存储起来。对于接口的前端，只要是能从化学实践中获取化学信息的研究方法或仪器设备，如化学分析测量仪器、量子化学计算方法、分析化学及物理化学实验方法等，都可以用作信息采集接口的前端。

1.5　化学信息的结构和特点

仔细分析，我们可以发现化学信息的主体部分实际上是由三个层次构成的，即信息核心层、信息处理层和信息表示层，如图 1-2 所示，化学信息的这种分层结构本质上是计算机技术分层结构的反映。

在化学实践中产生出来并被计算机处理过的原始化学信息，比如在一个化学实验中发生的各种实验现象、记录的实验数据以及与化学实验相关的外界条件等，它们组成了化学信息的信息核心层。信息处理层由化学计量学方法、药物分子设计方法、QSAR 方法等能够对信息核心层中的数字化化学信息

图 1-2　化学信息的结构示意图

进行二次开发利用的计算方法组成。信息表示层处于化学信息学科的最外层，它根据信息核心层的特定要求在计算机信息科学中寻找适合表达化学信息的技术，从多个角度将化学信息以某种直观的形式，如基于计算机的图形、音频、视频等多媒体表示手段向化学工作者展示出来。信息处理层和信息表示层统称为化学信息学科的外层。

三个层次中最重要的层次为信息核心层，它在化学信息学科中处于基础核心地位，并决定了其他两个层次的构成。信息核心层对外层起着决定性作用，外层对信息核心层也能够产生一定的影响。由于受到计算机信息科学技术和仪器设备本身存在某些特点的影响，要求信息核心层中的化学信息必须要按照一定的要求进行组织和编排。例如，连续吸光度曲线在计算机中只能以离散数据点的形式存储，海量的光谱数据、化学化工测量数据或分子结构参数，唯有按一定的数据结构规范化并形成数据库甚至是专家系统，才能方便日后使用信息处

理层对这些数据进行开发利用。信息处理层在对来自信息核心层的化学信息进行处理之后，所获得的结果一方面将交由信息表示层处理；另一方面，信息处理层将把某些处理结果和原始数据存储在信息核心层，使该层信息量甚至是一些局部结构发生变化。

1.6 化学信息的工作方式

化学实践与化学信息之间的关系是"母与子"的关系。化学信息通过"信息采集接口"从化学实践这一母体中获取原始信息，原始信息经过接口的处理后以数字化形式存储到信息核心层中，并通过外层将其重现出来给化学工作者。利用这些被数字化技术处理过的化学信息，化学工作者可以进行更深层次的化学研究实践，从而生产出新的数字化的原始化学信息，这就是化学信息的工作方式，如图 1-3 所示。

图 1-3 化学信息的工作方式

化学信息的这种工作方式与其他化学分支学科的工作方式基本相同，最大的区别在于化学工作者手中的研究工具是以计算机程序表达的化学计量学、QSAR 等可以对大量化学数据进行二次利用的计算化学方法，其研究的直接对象和得到的产品都是数字化了的化学信息。化学工作者的任务，一是利用现有的计算机软、硬件工具研究大量存储在信息核心层的原始化学数据，找出不同化学变量之间的关系，发现有实际意义的化学规律；二是改进现有的研究方法、开发新的研究手段以更新和完善化学信息外层以及不断丰富和修正信息核心层中的化学数据，为今后开展更深层次的研究工作奠定基础。

1.7 化学信息学的应用

1.7.1 化合物结构绘制

化学信息普遍存在于化学和计算机的结合之中，几乎每一个化学家都是一个绘制结构者，都会使用到 IsisDraw、ChemBioDraw、JchemPaint 等相关软件去绘制一个分子的二维或三维结构。然而，更深入的问题则需要化学信息学的方法来解决，例如如何将化学的结构有效地储存在计算机里；采用何种格式可以用来在不同类型的化学软件中交换数据等。

1.7.2 化学数据库设计与开发

化学数据库的设计、开发、维护和更新是化学信息的重要领域。化学结构和一些相关的信息主要被存储在化学数据库中，如 Beilstein 数据库。自 1771 年起，化学数据库中存储了超过七百万个有机化合物的信息，可以由 CAS 登录号或分子式查询物质的物理和化学性质，包括光谱数据以及热力学参数。另外在构建这些数据库时，基于物质化学数据信息的数据库查询功能同样至关重要。

1.7.3 化学反应体系模拟

人们已经做了很多的努力去实现用计算机预测化学反应的进行，模拟化学反应的发生，来合成一个设计好的目标产物。目前，德国 Gasteiger 的化学信息研究小组，已经有了这样的一个系统，名叫 EROS（elaboration of reactions for organic synthesis），能够进行包括两种反应物之间的反应结果的预测，或提供采用何种反应物的建议。

1.7.4 计算机辅助波谱解析

现代分析化学对于仪器的依赖越来越多，谱学手段发展很快，各种光谱、色谱、质谱以及多种仪器联用已成为了分析化学研究的重要工具，因而，计算机辅助谱图解析也成为了研究人员关注的焦点。一般而言，计算机辅助谱图解析方法可以大致分为两类：一是直接对谱图库进行相似性检索（library search）；二是采取波谱模拟、模式识别及人工智能的手段进行间接识别。由此涌现出了一大批谱图解析专家系统，如由斯坦福大学组建的用于质谱、^{13}C NMR 解析的 DENDRAL 系统；由日本佐木慎一等研制的用于质谱、^{13}C NMR、^{1}H NMR、红外光谱解析的 CHEMICS 系统，等等。

1.7.5 化合物结构与活性关系预测

QSAR（quantitative structure-activity relationship）定量构效关系方法尝试通过对一系列结构相似的药物分子进行分析，找出分子性质参数和生物活性之间的关系，并以此为依据去预测具有药效的新型分子的结构与性质。目前发展到三维的 3D-QSAR 实际上是 QSAR 与计算机分子图形学相结合的研究方法，是研究药物与受体间的相互作用，推测受体的图像及进行药物设计的有力工具。3D-QSAR 研究可分为受体结构已知及受体结构未知两种情况。受体结构已知（目前仅限于酶作为受体）时，可以根据 QSAR 的结果及计算机图形显示受体的三维结构，并随之进行有如"量体裁衣"式的设计。在受体结构未知的情况下（这是绝大多数情况），则可以根据激动剂或（和）拮抗剂的构效关系及计算机图形显示的化合物优势构象，推测受体的结构，然后进行药物设计，亦可以起到"量体裁衣"的作用。

1.7.6 实验室信息管理系统

实验室信息管理系统（laboratory information management system，LIMS）是将以数据库为核心的信息化技术与实验室管理需求相结合的信息化管理工具。该系统的建立是根据 ISO/IEC 17025：2005-5-15《检测和校准实验室能力的通用要求》规范，结合网络化技术，将实验室的业务流程和一切资源以及行政管理等以合理方式进行管理。经过 LIMS 管理，可有效提高实验室样品检测效率、提高分析结果可靠性、提高对复杂分析问题的处理能力、协调实验室各类资源以及实现量化管理。经过多年的发展，国内很多大型实验室均认识到了信息化管理的重要性，引入了 LIMS 系统，并进行了不断的改进和升级。

1.8 展望

随着信息时代的到来，各类化学信息的相关数据不断涌现，这些数据在使我们获得更多信息的同时也在信息的分类、分析以及有效应用方面给我们带来了巨大的挑战。化学信息学伴随着计算机技术的发展应运而生，它针对海量的化学信息进行管理、分析，以实现对信息的提取、共享以及应用。

目前一些大的化学公司已经注意到这种挑战，它不仅是对化学信息的存储，而且还需要建立一套体系对化学信息进行分析与处理，例如实验室信息管理系统（LIMS）等。因此，从事化学信息学的研究人员需要掌握多学科、跨专业的知识，它的发展不是光靠某一个人或某一个研究团体就能够做到的，必须依赖于各学科、各专业科研人员的通力合作。

在化学研究中，常常需要确定化合物的结构或者设计反应的过程。我们可以利用化学信息学的原理，建立相应的数据库，基于计算机技术对已有数据进行统计分析，进而预测化学结构与功能、完成反应流程设计、建立相应的模型以及开发专用的软件。

另外，药物设计已成为众多科研工作者的研究热点，利用化学信息学的技术，对药效团分子及先导化合物进行预测和筛选仍然是该类研究的重点。

化学信息体现了现代科学研究由各分支独立发展走向纵横交错共同发展的大趋势，是顺应时代潮流的一门新型学科。我们坚信，在各领域研究人员的共同努力下，化学信息学一定能够健康地发展下去！

第 2 章

化学信息来源

如何获取化学信息是进行化学信息学研究的一个重要方面，传统的化学文献或数据的获取主要来源于纸质的资料，如手册等，随着计算机技术的发展以及因特网（Internet）的普及，信息的存储方式发生了革命性的改变，出现了以磁盘、光盘为存储介质的信息资料，从而使我们不仅可以从图书馆提供的光盘版信息资源中获取相应的标准实验数据和化学文献，还可以通过互联网在办公室或者家中方便地查阅各类化学资源。

2.1 辞典

辞典是汇集事物词语，解释词义、概念、用法，并且按一定次序编排，以备检索的一类最基本、最常用的工具书。下面列出了最常用的化学化工辞典：

(1)《英汉化学化工词汇》，由科学出版社出版，2003 年第四版中收录了与化学化工有关的科技词汇约 17 万条，除词汇正文外还附有常用缩写词、无机和有机化学命名原则等。

(2)《化工辞典》，由化学工业出版社出版，2014 年第五版收集化学化工的专业名词 1 万多个，解释简明扼要，是中国影响力最大的中型化工专业工具书。

(3)《化学化工大辞典》，2003 年 1 月由化学工业出版社出版，是中国规模最大的化学化工类综合性专业辞典，也是目前我国收词量最多、专业覆盖面最广、解释较为详细的化学化工专业辞典。

(4)《化工百科全书》，由化学工业出版社于 1997 年出版，全书共 19 卷，索引 1 卷，全面介绍了化工领域最新的技术和发展趋势，该书学术性强、覆盖面宽、产业气息浓、实用性高，是一本大型的化学工业及相关工业技术的百科全书。

(5)《英汉双向精细化工词典》，由上海交大出版社于 2009 年 9 月出版，该词典在包含传统、基本精细化工词汇的基础上收录了最新的有代表性的词汇，比较全面地反映了国内外精细化工领域的最新发展，该词典收词约 40000 条。

(6)《化合物词典》，由上海辞书出版社于 2002 年 6 月出版，该词典包括无机化合物和有机化合物两部分，无机化合物部分收词 3929 条，有机化合物部分收词 2652 条，为便于查找，书末附词目英汉对照索引。该词典简明扼要、收词面较广、内容较丰富，是简明而实用的化合物专业词典。

2.2 手册

手册是按照某一学科或某一主题汇集需要经常查考的资料，供读者随时翻检的工具书。

作为一名化学工作者，手册可称为他们的知识仓库，是必不可少的工具书。各国出版的关于化学的手册品种繁多，本书主要介绍一些重要的手册。

(1)《新药化学全合成路线手册》，由科学出版社于 2008 年 7 月出版，该手册主要介绍了美国食品与药品管理局 (FDA) 于 1999～2007 年批准上市的 170 余个新分子实体药物的化学合成方法，并对每个药物给出其英文名、中文名、结构式、化学式、分子量、化学元素分析、药物类别、美国化学会 CAS 登录号、申报厂商、批准日期、适应证、药物基本信息等。其中，"药物基本信息"部分介绍了对应药物的作用机制、结构信息、合成路线等。这些合成路线大多是目前制药工业中正在使用的生产工艺，有较高的实用性与学术价值。该手册共包含数千个有机合成反应，数百种药物中间体的合成制造方法和数个非常有参考价值的附录。

(2)《分析化学手册》(第二版) 由化学工业出版社出版，包含以下 10 个分册：基础知识与安全知识、化学分析、光谱分析、电分析化学、气相色谱分析、液相色谱分析、核磁共振波谱分析、热分析、质谱分析和化学计量学。该手册涉及的内容包括方法的基本原理、应用技术与重要的应用资料、相关定义、术语及符号等。此外该手册还介绍了因特网上的分析化学资源及获取方法。该手册为从事分析化学相关工作的技术人员提供了大量丰富、翔实的资料，是一部实用性很强的手册。

(3)《兰氏化学手册》[美] J. A. 迪安、N. A. 兰格 (Lange) 著，于 2003 年 5 月由科学出版社出版第二版译本，这是一部资料齐全、数据翔实、使用方便、供化学及相关科学工作者使用的单卷式化学数据手册，在国际上享有盛誉。自问世以来，该手册一直受到各国化学工作者的重视和欢迎。该手册共分为 11 部分，内容包括有机化合物，通用数据，换算表和数学，无机化合物，原子、自由基和键的性质，物理性质，热力学性质，光谱学，电解质、电动势和化学平衡，物理化学关系，聚合物、橡胶、脂肪、油和蜡及实用实验室资料等。该手册所列数据和命名原则均取自国际纯粹化学与应用化学联合会最新数据和规定，化合物中文名称按中国化学会 1980 年命名原则命名。该手册是从事化学方面工作的必备工具书。

(4)《工业聚合物手册》原著是由美国的威尔克斯根据国际权威的《工业化学百科全书》(第六版) 编著而成，于 2006 年出版中文译本。这是一本关于聚合物的综合性图书，囊括了所有重要的工业聚合物，对其生产基本原理、主要生产过程、表征和应用领域等进行了详尽的介绍，对各种聚合物的发现、发展和现状进行了系统的评述，并对逐步聚合、连锁聚合、开环聚合所得聚合物和其他一些特种聚合物均有详细描述。同时，该手册对天然聚合物及其衍生物也进行了充分介绍。该手册技术新颖、实用性强，对从事聚合物科研与生产的工程技术人员是难得的宝贵资料。

(5)《Gmelin 无机化学手册》(Gmelin Handbook of Inorganic Chemistry) 是世界上最有威望和最完整的一套无机化合物手册，原名为《理论化学手册》，后来增加了一些内容，又称 "Gmelin Handbook of Inorganic and Organometallic Chemistry"。1922 年开始出第八版，这套书是西文图书这个家族中一个大的阵营，该手册对各元素及其无机化合物都加以讨论，包括历史、存在、性质、实验室及工业制法，与无机化学相关的许多领域也都包括在内，并引用了大量参考文献。1998 年，该手册停止出版，全部改为电子版和网络化检索。

(6)《Beilstein 有机化学手册》(Beilstein Handbuch der Organischen Chemie) 是在德国化学会的支持下编著的，是当前国际上最系统、最全面、最权威的有机化合物巨型手册。Beilstein 手册包括正编和补编共计 566 册，收集了各种有机化合物的来源、结构、制备、物理和化学性质、化学反应、化学分析、用途及其衍生物等内容，各种有机物是按结构分类编排的。该手册是从事有机化学、化工、制药、农药、染料、香料等教学和科研必不可少的工具书。在1999年时，该手册停止出版，全部改为电子版和网络化检索。

（7）《化学与物理学手册》（Handbook of Chemistry and Physics）是由美国化学橡胶公司（CRC）出版。自1913年第1版，其后每年增新改版，到2009年已经是第89版了。它涵盖的内容有：物理和化学的基本常数、单位和转化因子；符号、术语和命名法；有机化合物的物理常数；无机化合物和元素的性质；热化学、电化学和动力学；流动性；生物化学；分析化学；分子的结构和色谱；原子、分子和光物理学；固体的性质；聚合体的性质；地球物理学、天文学和声学；应用试验参数；健康和安全资料等。

（8）《有机化学合成方法》实际上属于年鉴，1948年第一次出版（先是德文版，后改为了英文版），随后每年出版一卷，至2009年已经有73卷，它将过去一年中所发表的凡是有机合成的新方法或者改进方法都摘录下来，也就是属于有机化合物新合成方法的汇编。该书的编排方式独特，是按反应类型来分类编排的，并且拥有自己的一套符号以表示各种反应类型。该书汇编了各类反应，包括对新合成方法的评价、实验方法摘要、参考文献等，是一部权威的、新颖的系列丛书。

（9）《溶剂手册》于2008年3月由化学工业出版社出版第四版，其在第三版的基础上新增补溶剂236种。全书分总论与各论两大部分，总论共5章，概括地介绍了溶剂的概念、分类、各种性质、安全使用以及溶剂的综合利用；各论共12章，按官能团分类介绍，包括烃类、卤代烃、醇类、酚类、醚和缩醛类、酮类、酸和酸酐类、酯类、含氮化合物、含硫化合物、多官能团以及无机溶剂。该手册重点介绍每种溶剂的理化性质、性能、精制方法、用途和安全使用注意事项等，并附有可供参考数据来源的文献资料、索引及部分国家标准。该手册内容丰富，具有较高的实用性。

（10）《Landolt-Börnstein物理化学数据集》（简称LB）是由世界著名的科技出版社——德国施普林格出版社（Springer-Verlag）出版，1961年开始出版，迄今已出版300多卷，并在不断扩充新内容。LB工具书涉及的学科包括物理学、物理化学、地球物理学、天文学、材料技术与工程、生物物理等，内容涉及相关科学与技术的数值数据和函数关系、常用单位以及基本常数等。除此之外，LB工具书还有一项重要内容——通用工具与索引，其中包括：综合索引、有机化合物索引、物质索引、物理学和化学中的单位和基本常数。LB已经成为一套以基础科学为主、系列出版的大型数值与事实型工具书，全世界千余名知名专家和学者常年为这套工具书提供系统而全面的原始研究资料。

（11）《化学数据速查手册》由化学工业出版社2004年出版，作者为李梦龙，这是一本综合性的化学数据手册，整理并吸取了现有化学数据手册之精华，广泛收集了包括国际单位制（SI）及基本常数、化学元素的性质、化合物的性质、化学实验常用数据表、化学危险品安全数据等与日常工作和实验、教学密切相关的常用数据和必备知识。除文字说明部分，基本采用了中英文对照形式，以满足不同使用者的要求。该手册以使用方便为宗旨，表格设计科学紧凑，数据容量较同类型手册大且查找方便，附赠光盘包含该手册全部内容，搜索软件采用全模糊检索技术，方便快捷，光盘中还带有化学软件、反应机理、装置图示、虚拟化学、化学常识和化学资源等内容。该手册是化学化工科技工作者必备的数据手册。

2.3 化学期刊

期刊的分类方式很多，有按周期、按报道内容、按学科领域、按载体分类等。这部分主要介绍几种国内外化学化工领域著名的期刊。

2.3.1 综合类期刊

(1) *Nature*（http://www.nature.com）是英国于1869年创刊的综合性学科期刊（周刊），该期刊发表的都是业界内最高质量的科学论文，报道和评论全球科技领域里最重要的内容。

(2) *Science*（http://www.sciencemag.org/）是美国于1880年创刊的自然科学综合类学术期刊（周刊），该期刊记载有关科学和科学政策的最重要的新闻报道以及全球科学研究最显著突破的精选论文。

(3) *Journal of the American Chemical Society*（http://pubs.acs.org/journal/jacsat）是美国于1879年创建的与化学相关的科学论文周刊。该期刊收录了全世界化学领域最好的论文，其中包括对一些重要问题的应用性方法论、新的合成方法、新奇的理论发展和有关重要结构和反应的新进展。

(4) *Chemical Reviews*（http://pubs.acs.org/journal/chreay）是美国化学会于1924年创建的同行评议的科学杂志。该期刊刊载内容涉及有机、无机、物理、分析、理论及生物化学等各个化学领域，发表的多是某一领域内的综合性的批判性的评论。

(5) *Chinese Chemical Letters*（中国化学快报）（http://www.chinchemlett.com.cn）是由中国科协主管、中国化学会于1990年创办（月刊）。该期刊的内容涵盖化学研究的各个领域，及时报道化学界各个研究领域的最新进展及世界上一些化学研究的热点问题。

(6)《化学通报》（http://www.hxtb.org/ch/index.aspx）由中国化学学会于1934年创刊（月刊），属于综合性的学术期刊。该期刊主要介绍国内外化学及其边缘学科的进展和动向，同时介绍新的基础知识和实验技术，交流科研成果和工作经验。

(7)《化学世界》（http://www.sscci.org/）是由上海市化学化工学会于1946年创刊。该期刊主要刊载无机工业化学、有机工业化学、高分子材料化学、工业分析、化学工程与化工自动化、化学园地等内容。

(8)《应用化学》（http://yyhx.ciac.jl.cn/CN/volumn/current_abs.shtml）是由中国科学院长春应用化学研究所于1983年创刊（双月刊）。该期刊主要刊载我国化学学科，包括有机化学、无机化学、高分子化学、物理化学、分析化学方面内容，也包括与材料科学、信息科学、能源科学、生命科学等学科在应用基础研究方面具有一定创新的成果的报告。

(9) *Accounts of Chemical Research*（http://pubs.acs.org/journal/achre4）是美国化学会于1968年出版的月刊，该期刊主要刊载化学各领域基础研究与应用的最新进展分析和评述文章，并对新的发现与假说进行探讨。

(10) *Chinese Journal of Chemistry*（中国化学）（http://www.cjc.wiley-vch.de/）是中国化学会、中国科学院上海有机化学研究所主办，向国内外公开发行的英文版化学刊物。该杂志刊载内容涉及物理化学、无机化学、有机化学和分析化学等学科领域基础研究和应用的原始性研究成果。

2.3.2 有机化学期刊

(1) *Tetrahedron*（四面体）（http://www.elsevier.com/wps/find/journaldescription.cws_home/942/description）是由英国于1957年创月刊，1968年改为半月刊。该刊记载了重要的和及时的实验及理论研究结果，包含领域为有机合成、有机反应、天然产物化学、机理研究、生物有机化学以及各种光谱研究。

(2) *The Journal of Organic Chemistry*（有机化学杂志）（http://pubs.acs.org/

journal/joceah) 是由美国化学会 1936 年所创月刊，1971 年改为双周刊。该刊记载了有关有机化学领域的最先进研究成果，包括有机化学的理论与实验。

（3）*Synthesis*（合成）（https://www.thieme.com/books-main/chemistry/product/2191-synthesis）于 1969 年创刊，属于有机合成化学方法国际杂志。该刊包含有关有机合成的综述和论文，包括金属有机、杂原子有机、光化学、药物和生物有机、天然产物、有机高分子和材料、有关机理、光谱研究、分离技术的发展等。

（4）*Organic Letters*（有机快报）（http://pubs.acs.org/journal/orlef7）是美国化学会于 1999 年创建的一本科学简报，该刊内容是所有有机化学领域最先进发展的浓缩，包括生物有机和药物化学、物理和理论有机化学、天然产物分离及合成、新的合成方法、金属有机和材料化学。

（5）《有机化学》（http://www.sioc-journal.cn/）是由中国化学会和中国科学院上海有机化学研究于 1975 年创刊（双月刊）。该刊主要登载有机化学领域基础研究和应用基础研究的原始性研究成果，反映有机化学界的最新科研成果、研究动态以及发展趋势。

（6）*Synthetic Communications*（合成通讯）（http://www.tandfonline.com/toc/lsyc20/current）于 1971 年创刊（月刊），该刊主要涉及与有机合成化学有关的新的方法，包括合成路线或步骤及有机合成各种试剂的制备与所用不同程序的评述。

（7）*Organometallics*（有机金属化合物）（http://pubs.acs.org/journal/orgnd7）是美国化学会于 1981 年创建的一本有关金属有机的期刊。该刊收录了有机金属、无机、有机和材料化学等最活跃领域（包括有机和高分子合成）、催化过程及材料化学的合成方面的文章。

2.3.3 分析化学期刊

（1）《分析化学》（中国）（http://www.analchem.cn/）是由中国科学院长春应用化学研究所和中国化学会共同于 1972 年创办的专业性学术期刊（月刊），主要报道我国分析化学创新性研究成果，反映国内外分析化学学科的前沿和进展，包括科研成果、研究报告、研究简报、仪器装置及实验技术、综述和学科动向等。

（2）*Analytical Chemistry*（分析化学）（http://pubs.acs.org/journal/ancham）是由美国化学会于 1929 年创办的化学领域的一流的计量科学杂志。该杂志主要刊载分析化学理论与应用方面内容，涉及化学分析、物理与机械试验以及新仪表、新设备、新化学品等的报道，侧重对现代环境、药物技术和材料等实际问题的报道。

（3）*Journal of Chromatographic Science*（色谱科学杂志）（https://academic.oup.com/chromsci）是由 Preston 出版社于 1963 年出版的色谱类杂志。该杂志主要刊载色谱法方面的原始研究论文，如柱载体材料、检测器、柱效方面的理论以及游离脂肪酸分析和气相色谱法在某些材料上的应用。

（4）《色谱》（http://www.chrom-china.com/CN/volumn/current.shtml）由中国化学会于 1984 年创办（月刊）。该杂志主要报道了色谱学科学术理论、色谱仪部件的研制看法、色谱及相关技术在各领域应用的原始性、创新性的科研成果等。

（5）*Journal of Analytical Atomic Spectrometry*（分析原子光谱学杂志）（http://pubs.rsc.org/en/Journals/JournalIssues/JA）是由英国皇家化学学会于 1986 年创建的光谱学杂志。该杂志主要刊载了原子光谱测定技术的开发与分析应用方面的原始论文、通讯和综合评论以及与之相关的会议信息等。

（6）*Analyst*（分析家）（http://pubs.rsc.org/en/Journals/JournalIssues/AN）由英国化学会于 1876 年创刊（月刊），该杂志刊载了分析化学有关的理论与实践方面的原始研究论文以及技术运用的评论，涉及原子吸附与有关色谱技术、色谱法与电化学方法等。

2.3.4 无机化学期刊

（1）《无机化学学报》（http：//www.wjhxxb.cn/wjhxxbcn/ch/index.aspx/）是由中国化学会于1984年创建的专业性期刊，该期刊主要刊载了无机化学及其边缘交叉学科领域，如配位化学、物理无机化学、有机金属化学、生物无机化学及配位催化等方面的研究论文、评述简报等。

（2）*Inorganic chemistry*（无机化学）（http：//pubs.acs.org/journal/inocaj）由美国化学学会于1962年创刊（双月刊）。该期刊主要刊载了无机化学各方面的实验与理论研究，包含无机化合物的合成、性质、定量结构研究、反应热力学及动力学以及无机领域的最新进展。

（3）*Inorganica Chimica Acta*（无机化学学报）（http：//www.sciencedirect.com/science/journal/00201693）由Elsevier出版社于1967年创刊（起初为月刊，现为每年32期）。该期刊刊载内容涉及合成、无机金属化合物、催化反应、电子催化反应、反应机理、分子模型等。

（4）*Dalton Transactions*（道尔顿汇刊）（https：//pubs.rsc.org/en/journals/journal-issues/dt）由英国化学会于1971年创刊（半月刊）。该期刊主要刊载固态无机化学、生物无机化学、物理化学等领域新的发现以及无机化合物的结构、反应及应用等。

2.3.5 物理化学期刊

（1）*Physical Chemistry*（物理化学）（http：//pubs.acs.org/journal/jpcafh）是由美国化学会于1896年创建的一流物化杂志（双周刊）。该期刊主要刊载世界一流的物理化学方面的原始研究论文，内容涉及光谱学、热力学、反应动力学以及实验与理论物理化学等。

（2）*Physical Review Letters*（化学物理快报）（http：//prl.aps.org/）由美国物理学会于1933年创刊（周刊）。该期刊主要刊载了物理、化学交叉学科及其边缘学科方面研究的最新、最权威的报告，内容涉及分子的相互作用、分子动力学、量子化学等20余个主题类目。

（3）*Theoretical Chemistry Accounts*（理论化学述评）（https：//www.springer.com/journal/214）由美国纽约Springer出版社于1962年创刊。该杂志主要刊载理论化学、物理化学、量子化学、气相动力学、凝聚相动力学和统计力学方面的科研论文、评论、综述等。

（4）《物理化学学报》（http：//www.whxb.pku.edu.cn/CN/1000-6818/home.shtml）由中国化学会、北京大学于1985年创刊（双月刊）。该期刊主要刊载化学学科物理化学领域具有原创性实验和基础理论的研究成果，是中国物理化学领域的窗口及交流平台。

（5）《催化学报》（http：//www.cuihuaxb.cn）由中国化学会、中国科学院大连化学物理研究所于1980年创刊（季刊）。该期刊主要刊载了多相催化、均相络合催化、表面化学、催化动力学、生物催化及其边缘学科中具有创造性和代表性的研究论文、研究报告以及综述评论等。

（6）*Annual Review of Physical Chemistry*（物理化学年鉴）由美国于1950年创刊，每年1卷，到目前为止有60多卷。该期刊刊载了物理化学领域的最新动态和发展方向，每一年年卷都会有几十位物理化学相关领域最好的专家就某一个专题进行的综述。

2.4 图书馆资源

传统意义的图书馆存放着实物资源，如纸质的书籍、报纸等供人阅读、使用或借用。随着计算机技术的发展以及电子读物的兴起，图书馆的功能变得日益强大。数字图书馆促进了国家珍本、善本等珍贵资料的数字化保存，并实现了资源共享，使用户可以通过远程信息查询的同时访问多个分布式多媒体信息源，极大地扩充了信息获取范围，提高了信息处理效率。利用各种工具和方法可快速检索数字图书馆中的资源，对教育、科研和技术开发都有很大的意义。这部分主要罗列了一些化学资源相对丰富的图书馆以供大家参考。

2.4.1 生命科学图书馆

1953 年，中国科学院图书馆（http://www.slas.ac.cn/）在上海成立分馆，几经更名，于 2002 年 6 月最终命名为生命科学图书馆（见图 2-1）。其主要任务是统一管理科学院上海地区各研究所的图书馆工作，现设信息服务部、文献服务部以及中国生物学文献数据库。该图书馆目前拥有生物学、医学、化学、农学及相关学科藏印本书刊 300 余万册，其中自创刊年代起收藏的外文期刊 360 余种。数字资源成为该图书馆馆藏核心资源，拥有 160 多个期刊、图书、会议论文、专利等不同类型的全文、文摘或工具型数据库，面向生命科学领域研究人员提供高效、便捷的服务。

图 2-1　生命科学图书馆主页

2.4.2 中国科学院大连化学物理研究所图书馆

中国科学院大连化学物理研究所图书馆（主页见图 2-2，http://www.ifc.dicp.ac.cn/）始建于 1949 年，主要收集化学、化工资源，其催化领域资源尤为丰富。该馆藏书 8 万余册，其中包括大约 4.5 万册外文书以及 3.5 万册中文书,另有期刊 550 种,其中中文期刊占 280 种。该馆藏书包括重要化学杂志,如美国化学杂志(1884—)、美国化学会志(1879—)、英国化学会志(1849—)、德国化学学报(1868—)等;检索期刊,如全套 CA(1907—)、EI(1884—)、日本科学技术文献速报;大型参考工具书,如 "Beilstein Handbook of Organic Chem istry"、"Gmelin Handbook of Inorganic & Organometallic Chem istry" 和中、美、日、俄百科全书。该馆对其他自然科学论著也有选择性地进行了收藏。除了传统的图书馆服务之外,中国科学院大连化学物理研究所图书馆还推出了新书推荐、代购书刊、文献代查、读者培训等特色服务以方便读者。

图 2-2　中国科学院大连化学物理研究所图书馆主页

2.4.3　中国科学院国家科学图书馆

中国科学院国家科学图书馆(中国科学院文件情报中心)(见图 2-3,http://ir.las.ac.cn/)于 2006 年 3 月由 4 个中国科学院院级文献情报机构整合成立,总馆设在北京,下设成都分馆(见图 2-4,http://www.clas.cas.cn/)、武汉分馆(见图 2-5,http://www.whlib.ac.cn/)和兰州分馆(见图 2-6,http://www.llas.cas.cn/fwwz/),并依托若干研究所(院校)建立特色分馆,图 2-3~图 2-6 列出了各个科学院国家科学图书馆的主页。截至 2009 年 6 月底,国家科学图书馆通过集团采购开通了 87 个数据库,借助国家平台开通了 56 个数据库,集成开通、开放获取了 15 个数据库。保障院内科研用户即查即得外文图书 17 万种/册,外文工具书 2000 余种/册,外文会议录 1.9 万种,外文学位论文 16.8 万篇,中文图书 27 万种/34.2 万册（其中全院开通 7.2 万种/12.9 万册），中文期刊近 9000 种/1.3 万份，中文学位论文约 43.41 万篇。另外，通过集团采购、借助国家平台（NSTL）和集成 DOAJ 等开放获取或免费全文科技期刊数据库，外文期刊即查即得保障能力达到近 1 万种。

图 2-3　中国科学院国家科学图书馆主页

图 2-4　中国科学院国家科学图书馆成都分馆主页

图 2-5　中国科学院国家科学图书馆武汉分馆主页

图 2-6　中国科学院国家科学图书馆兰州分馆主页

2.4.4　国家科技图书文献中心

国家科技图书文献中心（见图 2-7，https://www.nstl.gov.cn/）是于 2000 年 6 月 12 日成立的一个基于网络环境的科技信息资源服务机构。该中心由中国科学院文献情报中心、中国科学技术信息研究所、机械工业信息研究院、冶金工业信息标准研究院、中国化工信息中心、中国农业科学院农业信息研究所、中国医学科学院医学信息研究所、中国标准化研究院标准馆和中国计量科学研究院文献馆组成。该中心实行理事会领导下的主任负责制，理事会是中心的领导决策机构，由著名科学家、情报信息专家和有关部门代表组成。2000年12月26日开通的中心网络服务系统，是该中心对外服务的重要窗口，依托丰富的资源面向全国用户提供网络化、集成化的科技文献信息服务。2002年，在国内科技界率先建立了由裸光纤连接成员单位的1000Mbps城域网，实现了与中国教育和科研计算机网（CERNET）、中国工程技术信息网（CETIN）和国家图书馆等信息网络的100Mbps裸光纤互连。系统根据用户需求变化，不断进行优化升级，目前已发展成为国内最大的公益性的科技文献信息服务平台。就其文献数据库而言，该中心收录自1989年以来国内出版的期刊4350余种；收录自1980年以来国内召开的全国性学术会议论文，年增论文4万余篇，并保持每月更新；收录1984年以来我国高等院校的博士和硕士学位论文，年增论文6万余篇，按每季更新；收录自1995年以来外文期刊中13000多种学术期刊，年增论文百万余篇，并且每周更新；收录自1985年以来世界各地出版的学术会议论文，年增论文20余万篇，每周更新。

图2-7 国家科技图书文献中心主页

2.4.5 清华大学图书馆

清华大学图书馆（数据库主页见图2-8，http://www.lib.tsinghua.edu.cn/），其前身为1911年4月创办的清华学堂图书室，1949年藏书仅有41万余册，自1998年以来，图书馆在继续增加印刷型馆藏的同时，大力发展电子资源，已形成了基本覆盖全学科、包含丰富文献类型和载体形式的综合性馆藏体系。至2016年底，实体馆藏总量约有502.7万册（件），文摘索引类二次文献已基本覆盖学校现有学科，中、外文学术性全文电子期刊逾8.9万种。

图 2-8 清华大学图书馆数据库页面

2.4.6 中国国家图书馆

中国国家图书馆（见图 2-9，http://www.nlc.cn/）又名北京图书馆，作为国家藏书

图 2-9 中国国家图书馆主页

机构，不仅接收中国大陆各出版社收藏的出版样书，而且收藏中国大陆的非正式出版物，例如各高校的博士学位论文等。它是图书馆学专业资料集中收藏地和全国年鉴资料收藏中心。从藏书量和图书馆员的数量上看，中国国家图书馆是亚洲规模最大的图书馆，也是世界上最大的国家图书馆之一。该图书馆并不是所有的服务都是对外开放的，对于注册用户，可访问新东方在线、中文图书资源数据库、音视频资源库、图片专栏资源库、中国学资料库、民国专栏资源库、博士论文资源库、数字方志资源库等资源。

2.4.7 哈佛大学图书馆

哈佛大学的图书馆（见图 2-10，http：//library.harvard.edu/）藏书数量超过 1500 万册，是世界第四大"百万图书馆"。哈佛大学化学图书馆也是一个化学资源库，主要收集了发表在各大期刊上的文献，涉及无机化学和无机生物化学、有机化学和生物有机化学、药物化学、生物化学、物理化学、表面化学、材料学、生物学和化学等领域。随着数字图书馆的发展，哈佛大学化学图书馆收集了 39 个大的化学数据库，如 ACS、剑桥晶体的数据库、物理化学科学手册、当前免疫数据库、当前细胞生物数据库等。

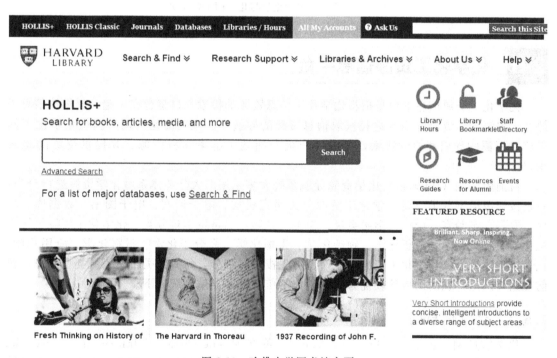

图 2-10　哈佛大学图书馆主页

2.4.8 斯坦福大学图书馆

斯坦福大学图书馆（见图 2-11，http：//www-sul.stanford.edu/depts/swain/index.html）是一个化学化工资源比较丰富的图书馆，其中覆盖了化学和化学工程领域的书籍达 5.4 万册，收集了斯坦福大学化学与化学工程方面自 1950 年以来学生发表的论文。除此之外，它还包括化学文摘在线以及有机化合物性质等内容。

图 2-11 斯坦福大学化学与化工图书馆主页

2.5 化学化工资源信息平台

化学化工资源信息平台是指将化学化工信息资源的检索入口整合在一起，提供按信息资源名、关键词、资源标识等途径获取信息资源的导航库。其功能是为用户提供化学化工网络信息资源的导引和检索线索，帮助用户更全面地了解本学科资源，并提供资源的检索入口。

目前因特网（Internet）化学资源导航系统大多采用两大分类体系对化学资源进行分类：一是按资源类型分类，将化学化工资源分为研究机构、电子期刊、电子图书、数据库、软件、专利、实验室、论坛、学术会议、参考工具等；二是按学科分类，化学化工资源可按无机化学、有机化学、分析化学、物理化学、生物化学、高分子化学、材料化学、应用化学、化学工程等分类。化学化工资源导航库还可先按学科细分，每一细类再按资源类型细分。目前在因特网上存在的国内外较优秀的化学化工信息资源导航系统如下。

2.5.1 化学信息网

化学信息网（http：//chin.icm.ac.cn/）英文为 The Chemical Information Network，由中国科学院过程工程研究所（原化工冶金研究所）计算机化学开放实验室建立。该门户网站以因特网化学化工资源的系统研究为基础，注重对资源的评价和精选，并为所收集资源撰写了反映资源概貌和特征的简介页，建立相关资源和简介页之间的链接。除了导航系统通用的浏览模式外，用户还可通过 ChIN 站点的快速检索和高级检索功能来定位自己感兴趣的内容。

ChIN 主页将因特网化学资源分为以下几类：一，动态及相关信息，其中包括化学化工新闻、化学化工会议信息、化学相关讨论组、化学相关的教学资源、专家通信录、招聘求职信息；二，日常工具，其中包括化学数据库、化学软件、化学期刊与杂志、化学相关的图书、专利信息、化学化工文章精选、化学化工图书馆、化学相关产品目录及电子商务；三，机构信息，其中包括中国与化学有关的院系和研究所、学术研究单位、化学相关的实验室和研究小组、化学相关的公司、化学相关的学会组织机构、中国化学化工资源及在线服务；四，信息源知识，其中包括主要参考工具、主要的信息提供者、如何查找物性数据、针对一个具体问题的文献查询方法、用户留言及其他。

ChIN 注意到物性数据对化学化工研究的重要性，因此专门列有"怎样查找物性数据（How to Find Property Data）"等主题板块，其中包括几个重要数据库的链接：提供单质和化合物热力学数据的 ThermoDex（http：//www.lib.utexas.edu/thermodex/），提供材料热导率的 Internet Information Sources for Thermal Conductivities（http：//www.matweb.com/）和提供塑料/高分子物性数据的 Physical Property Data for Plastics/Polymers（http：//www.tds-tds.com/）。网站的简介页（Summary Page）还对链接资源的基本情况作了简要介绍，以方便用户选用。

除此之外，中国科学院过程工程研究所最近还建立了化学深层网检索引擎的原型系统 ChemDB Portal。这个基于化学深层网的深层数据结构挖掘首先通过自动构造查询的检索式，将一个查询请求自动提交到多个 Web 化学数据库的检索接口，然后利用一定的数据提取方法，将各个数据库返回的 HTML 检索结果页面中包含的目标数据提取出来，从而可实现多个化学数据库数据的同时检索和数据集成。这种方法不仅可以建立化合物的索引，而且对检索得到的结果页面进行了动态的数据提取，如果将数据提取结果进行缓存，则可以进一步建立化合物数据的索引，并实现同一种物性、不同来源数据值的比较集成。

2.5.2 Computer Aided Chemistry Tutorial

Computer Aided Chemistry Tutorial（http：//www.science.uwaterloo.ca/cchieh/cact/trios/cat.html），简称 CACT，于 1998 年正式成立。CACT 最初是一个方便加拿大滑铁卢大学化学系学生相互交流、学习的局域网，后来发展成为今天所见的 CACT 的 Internet 版本。

CACT 把收集的资源按类型分列在主页的 5 个区域：第 1 区包括 Distant Ed、Hotmail、Nobel Prize、NIST（美国国家标准技术研究所）及 Software 等重要内容。第 2 区包含 5 项内容，分别是：（1）Chem120/121，收集了化学计量学（Stoichiometry）、量子论（Quantum）、氢原子理论（Theory of Hydrogen Atoms）、原子结构（Atomic Structure）、分子轨道理论（Molecular Orbital Theory）等化学基本内容；（2）Chem123/125，收集了有关分子间作用力（Intermolecular Forces）、化学平衡（Chemical Equilibrium）、酸碱平衡（Acid-Base Equilibrium）、电化学（Electrochemistry）、化学反应（Chemical Reaction）等物理化学内容；（3）Chem218，主要收集材料科学与技术方面的重要资源；（4）Sci270，主要收集有关核技术（Nuclear Technology）方面的资源，例如亚原子粒子（Subatomic Particles）、放射性（Radioactivity）、核反应（Nuclear Reaction）、核裂变和核能（Nuclear Fission and Nuclear Energy）等内容；（5）EnvE231，主要收集环境化学和无机化学（Environmental and Inorganic Chemistry）方面的资源，例如无机化学热力学（Thermodynamics）、反应动力学（Kinetics）、大分子（Macromolecules）、大气化学（Atmospheric Chemistry）、硅酸盐（Silicates）等内容。第 3 区主要包括趣味化学（Fun Chemistry）、模拟教学（Simulations）、网页制作工具（Webpage Tools）等。第 4 区是有关化学数据手册方面的内容，包括原子量、弱酸弱碱的电离常数、化学常数、化学反应方程式、单质硬度、离子半径、热力学数据、难溶盐的溶度积等。第 5 区是全球化学（World Wide Chemistry），主要提供全球化学化工类网站的链接，例如在链接的网站中有 Web Elements、The World-Wide Web Virtual Library：Chemistry（即 Links for Chemists）、Chemland Simulation 等著名化学网站。

2.5.3　Wilton High School Chemistry

　　Wilton High School Chemistry 是 1998 年由美国著名的 Wilton 高中创建的以中学化学教育为核心内容的化学专业网站。该网站收录中学化学教育、教学、管理方面的资源，实为一个不可多得的优秀基础化学教育网站。

　　该网站主要包括 4 方面的内容：（1）Wilton 中学（Web Site Organization）化学教学情况，主要介绍 Wilton 中学化学教学基本要求、实验室规则、课外活动规则、中学化学试题库以及其他化学教学资源等；（2）当前教学活动（Current Course Activities），主要展现教师的教学策略、教学计划、课外活动、教师教学研究活动和成绩评价等内容；（3）Wilton 中学化学教学原始教案及研究论文（WHS Original Tutorials），该部分涉及化学平衡、酸碱盐、氧化还原反应、相图、实验数据的测量等大量中学化学教学内容，特别要提及的是网站全文给出了 Wilton 中学坚持多年的化学教学 21 条基本原则，该文章就如何编班，如何组织教学，如何处理教学过程中教师与学生的关系，如何在保证教学质量的前提下减小学生的学习压力等话题给出了很有借鉴价值的观点；（4）重要链接（Links），该部分链接了大量有关基础化学教育方面的网页，包括"Links to Better Education""Test Preparation""Multiple Choice of Tests""Memory""Standardizes Tests""Chemistry Tutorials""History of Chemistry""Philosophy of Chemistry"以及"Periodic Table"等形形色色的化学教育、教学资源。

信　　息

　　信息是什么？无论在我国还是在国外，人们早已发明"信息"一词，然而至今为止，信息都没有统一的定义，甚至随着时代的发展，人们对宇宙万物认识的加深，赋予了信息更加丰富和深刻的内容。由于信息本身的极端复杂性，不同时代、不同领域的人站在不同的角度会有不同的定义。而在这其中被广泛认可的经典定义包括：被称为"信息论之父"的 Shannon 定义的"信息是用来消除随机不定性的东西"（http：//baike.baidu.com/view/15076.htm）；控制论创始人 Norbert Wiener 定义的"信息是人们在适应外部世界，并且这种适应反作用于外部世界的过程中，同外部世界进行互相交换的内容的名称"（http：//baike.baidu.com/view/25861.htm）。实际上，信息是一个抽象的概念，任何具体的定义都只能反映它的一个侧面，从哲学上来说，信息是客观事物的运动状态及其变化在另一事物运动状态及其变化上的反映，其本质上反映了现实世界的运动、发展和变化状态及规律的信号与消息。因此，信息是与普遍联系的客观事物同时存在的。

第 3 章

信息搜索引擎

3.1 概述

20世纪90年代以来，Internet 的飞速发展使其逐渐变成各种信息资源传递的重要载体，化学信息的网络化趋势也在日趋显著，化学与 Internet 正在成为一个非常活跃、发展惊人的新兴交叉领域。美国化学会1997年秋季会议（ACS Fall Meeting，1997年）关于计算机应用的会议主题为"Internet for the Practicing Chemists"，会议中一方面介绍了在化学与 Internet 领域相关研究工作的进展，另一方面也向化学家介绍了如何利用 Internet 上化学信息资源的方法。1998 年 9 月 12～15 日在美国加州的 Irvine 召开了第一届 "Chemisty and Internet" 国际会议。

在 Internet 上查找信息与在图书馆里查找信息是不同的，图书馆使用了检索系统（如国会图书馆系统）来分类图书馆的资料，帮助读者找到所需的信息。目前获取 Internet 化学资源可以利用的工具主要分为两类：一类是 Internet 通用资源搜索引擎（search engine）如 Yahoo!、Alta vista；另一类就是 Internet 化学化工专业站点，即宏站点，它把网上许多有关化学化工的信息加以组织，形成一个专业型的导航站点。这两类工具各具优点，也都存在不足，前者的优点是更新及时，可以作为化学宏站点信息搜集来源之一，缺点是所索引的信息覆盖面过广，面向大众的信息量偏多，所索引的科学信息较少，另外检索搜索引擎常遇到的问题是检索结果中包含很多相关性很小的内容，用户必须用大量时间进行剔除。后者利用人工的方法对 Internet 上的化学领域或与化学有关的某个主题进行系统的收集、分类和索引，最大的优点是专业化程度高，缺点是时效性和广度不够。鉴于二者的互补性，应将这两种工具结合运用。

3.1.1 搜索引擎的原理

尽管搜索引擎技术仍在不断发展，其最基本的结构和原理仍然十分相似，搜索引擎的基本结构可以分为：网络爬行机器人、网页分析器、索引器、检索器、用户接口五部分。

网络爬行机器人：也称为 spider、crawler、wander、robot，其主要任务是在互联网中漫游，发现和下载信息，尽可能多、尽可能快地搜集新信息和定期更新旧信息，避免死链接和无效链接，并采用广度优先或者深度优先策略，跟踪万维网（环球信息网，亦作 web）上的超级链接。

网页分析器：对网页爬行机器人下载的网页进行分析并建立索引库。分析器的分析技术主要包括分词、过期网页过滤和转换、重复网页去重等。

索引器：由于存储的信息量很大，不便查询，针对这种情况，索引器理解数据库中的信息，从中抽取出索引项并生成索引表。索引器的质量是 web 信息检索系统成功的关键因素之一，其算法主要包括集中式索引算法或分布式索引算法。

检索器：从索引器中找出用户查询请求相关的信息。也就是说在用户提交查询请求时，运用典型的 Rank 算法、PageRank（网页排名）对索引数据库进行一个相关度的比较，按照相关度大于阈值并且递减的顺序返回给用户。

用户接口：为用户提供可视化的查询输入和结果输出界面。在查询输入界面中，用户按照搜索引擎指定的检索条件输入检索词。在输出界面中，搜索引擎将检索结果展现为一个线性的文档列表，而每个文档包括一个文档标题、摘要和链接地址等信息。

搜索引擎基本结构见图 3-1。

根据搜索引擎基本结构信息，我们将搜索引擎的基本工作原理概括为：网络爬行机器人按照一定规律和方式对网络上的各种信息资源进行搜索，与此同时，网页分析器对网页爬行机器人下载的网页进行分析并建立一个临时数据库，索引器对临时数据库中的页面信息进行索引，经过整理形成各种倒排文档，建立起相应的索引数据库，当用户提交查询关键词时，检索器根据其相关

图 3-1 搜索引擎基本结构

度列出。用户查询接口则提供友好的查询界面，接受用户提交的查询任务，将符合要求的结果按一定检索器所排列的排序输出。

3.1.2 搜索引擎的历史及发展趋势

早在 web 出现之前，互联网上就已经存在许多旨在让人们共享的信息资源，那些资源当时主要存在于各种允许匿名访问的 FTP（文件传输协议）站点，内容以学术技术报告、研究性软件居多，它们以计算机文件的形式存在，文字材料的编码通常是 PostScript 或者纯文本 [那时还没有 HTML（超级文本标记语言）]。

为了便于人们在分散的 FTP 资源中找到所需的东西，1990 年加拿大麦吉尔大学（University of McGill）计算机学院的师生开发了一个软件——Archie。该软件通过定期搜集并分析 FTP 系统中存在的文件名信息，提供查找分布在各个 FTP 主机中文件的服务。在只知道文件名的前提下，Archie 能为用户找到该文件所在的 FTP 服务器的地址。Archie 实际上是一个大型的数据库，并拥有与其相关联的一套检索方法。该数据库中包括大量可通过 FTP 下载的文件资源的有关信息，包括这些资源的文件名、文件长度、存放该文件的计算机名及目录名等。尽管所提供服务的信息资源对象（非 HTML 文件）和本书所讨论搜索引擎的信息资源对象（HTML 网页）不一样，但基本工作方式是相同的（自动搜集分布在广域网上的信息，建立索引，提供检索服务），因此人们公认 Archie 为现代搜索引擎的鼻祖。

值得一提的是，以 web 网页为对象的搜索引擎和以 FTP 文件为对象的检索系统具有一个基本的不同点——搜集信息的过程。前者是利用 HTML 文档之间的链接关系，在 web 上一个网页、一个网页地"爬取"（crawl），将那些网页"抓"（fetch）到本地后进行分析；后者则是根据已有的关于 FTP 站点地址的知识（例如得到了一个站点地址列表），对那些站点进行访问，获得其文件目录信息，并不真正将那些文件下载到系统上来。因此，如何在 web 上"爬取"，就是搜索引擎要解决的一个基本问题。1993 年 Matthew Gray 开发了 world wide web wanderer，它是世界上第一个利用 HTML 网页之间的链接关系来监测 web 发展规

模的"机器人"(robot)程序。最初它只用来统计互联网上的服务器数量,后来则发展为能够通过它检索网站域名。鉴于其在 web 上沿超链"爬行"的工作方式,这种程序有时也称为"蜘蛛"(spider)。因此在文献中 crawler、spider、robot 一般都指的是相同的事物,即在 web 上依照网页之间的超链关系一个个抓取网页的程序,通常也称为"搜集"。在搜索引擎系统中,也称为网页搜集子系统。

现代搜索引擎的思路源于 Wanderer,不少人在 Matthew Grey 工作的基础上对它的蜘蛛程序做了改进。1994 年 7 月,Michael Mauldin 将 John Leavitt 的蜘蛛程序接入到其索引程序中,创建了大家现在熟知的 Lycos,成为第一个现代意义的搜索引擎。在那之后,随着 web 上信息量的爆炸性增长,搜索引擎的应用价值也越来越高,不断有更新、更强的搜索引擎系统推出。其中,特别引人注目的是 Google,虽然出现较晚(1998 年才推出),但由于其独特的 PageRank 技术很快便后来居上,成为当前全球最受欢迎的搜索引擎。

当我们谈及搜索引擎的时候,另外一个几乎同期发展出来的事物也不容忽视——基于目录的信息服务网站。1994 年 4 月,斯坦福(Stanford)大学的两名博士生 David Filo 和杨致远共同创办了 Yahoo 门户网站,并成功使网络信息搜索的概念深入人心。从技术上讲,像 Yahoo 这样的门户网站提供的搜索服务和前述的搜索引擎是有很大的不同。它依赖的是人工整理的网站分类目录,一方面,用户可以直接沿着目录导航,定位到所关心的信息;另一方面,用户也可以提交查询词,让系统将其直接引导到和该查询词最匹配的网站。随着网上信息逐渐增多,单纯靠人工整理网站目录取得较高精度查询结果的优势逐渐退化,对海量的信息进行高质量的人工分类已经不太现实。所以利用文本自动分类技术,在搜索引擎上提供对每篇网页的自动分类成为了搜索引擎的发展趋势。

互联网上的信息量及信息种类都在不断增加,除了我们前面提到的网页和文件,还有新闻组、论坛、专业数据库等,同时上网的人数也在不断增加,网民的结构也在发生变化。仅用一个搜索引擎要覆盖所有的网上信息查找需求已出现困难,因此各种主题搜索引擎、个性化搜索引擎、问答式搜索引擎等纷纷兴起。这些搜索引擎虽然还没有实现如通用搜索引擎那样的大规模应用,但随着互联网的发展,我们相信它们的生命力会越来越旺盛。另外,通用搜索引擎的运行也开始出现分工协作,产生了专业的搜索引擎技术和搜索数据库服务提供商,例如美国的 Inktomi,其本身并不是直接面向用户的搜索引擎,但为包括 Overture(原 Go To)、Looksmart、MSN、HotBot 等在内的其他搜索引擎提供全文网页搜集服务,是搜索引擎数据的来源。搜索引擎的出现虽然只有 10 多年的历史,但在 web 上已经有了稳固的地位。据 CNNIC 统计,它已经成为继电子邮件之后的第二大 web 应用。虽然它的基本工作原理已经相当稳定,但在其质量、性能和服务方式等方面的提高空间依然很大,研究成果层出不穷,是每年 WWW 学术年会的重要论题之一。

发展是 Internet 的永恒主题,也是搜索引擎未来的主题。随着 Internet 技术的发展,通过搜索引擎获取信息已成为人们的一种最普通和日常的活动,也已成为人们检索信息、利用信息的一种主要手段和形式。搜索引擎在人们信息生活中开始扮演重要的角色,其研究和发展日益成为人们关心的话题。针对当前互联网和搜索引擎的发展状况,我们对搜索引擎的发展趋势做如下概括。

3.1.2.1 专业化

历经多年的发展,互联网的应用正在发生着结构性的变化,互联网上的信息仍然在以爆炸性的速度增长,根据权威的统计数字,截至 2008 年 7 月,全球 web 网页总数已超过 1 万亿个,仅靠一个大而全的搜索引擎已经不可能与用户各种各样的需求完全合拍,尤其是当我们需要查询更深层次信息的时候,因而我们更加需要专业性的搜索引擎,专门收录某一行业、某一学科、某一主题或某一地区的信息。相对于通用搜索引擎的海量化和无序化，它以"专、精、深"而备受用户的青睐。前面我们已就专业搜索引擎的概况和一些专业搜索引擎做了简要介绍，除了针对学科需求，市场需求多元化也决定了搜索引擎的服务模式必将出现细化，针对不同行业提供更加精确的行业服务模式。可以说通用搜索引擎的发展为专业搜索引擎的出现提供了良好的市场空间，因此专业搜索引擎势必将在互联网中占据部分市场，这也是搜索引擎行业专业化的必然趋势。

3.1.2.2 智能化

用户在搜索引擎上进行信息查询时，更为关注的是搜索结果的相关度而不是数量。现存的搜索引擎都意识到了相关度对于检索的重要性，并致力于减少不相关搜索结果的出现，搜索引擎的智能化能够让搜索引擎更加懂得用户的查询需求，更好地返回用户查询的结果。智能化主要是从技术的角度来讨论搜索引擎的发展，我们所说的智能化主要包含两个方面：一是对搜索请求的理解，也就是针对用户的检索词，让搜索引擎更加懂得用户的查询需求；二是对网页内容的分析，利用智能代理技术对用户的查询计划、意图、兴趣方向进行推理，自动进行信息搜集过滤，将用户感兴趣的对用户有用的信息提取出来。

3.1.2.3 个性化

个性化搜索引擎就是在对搜索结果重新分级的时候，考虑到用户的偏好信息。因此，获得用户的兴趣模型并将其整合到搜索引擎中是个性化搜索引擎研究的核心内容。这种搜索行为分析技术是一种正在发展中的很有前途的搜索引擎人机界面技术。通过搜索行为分析技术提高搜索效率的途径主要有两种："群体行为分析"（比如"相关检索"就是这种分析的运用结果）和"个性化搜索"。"群体行为分析"通过对一段时间内用户的大量检索词进行分析，从而得出与某一个检索词的相关信息，而"个性化搜索"是搜索行为分析技术最有前途的方向，通过积累用户搜索的个性化数据，将使用户的搜索更加精确。除了搜索结果的个性化之外，还有其他的个性化服务，但目前就搜索引擎来说，用户的选择余地极小。搜索引擎中的百度、Google 和 Yahoo 都有可以栏目定制的个性化选项，但从本质上来说，用户能做的选择仍然为数不多，仅仅有几种颜色的变化和栏目的增减无法满足用户的个性化需求。当然，除了这些表面的个性化之外，还应该深入对用户搜索习惯和搜索要求的个性化，这就对搜索引擎的智能化程度提出很高的要求，首先应为每个用户开设独立的账户，区别对待，然后自动跟踪记录用户的上网习惯，方便用户后续使用，从而大大提高搜索引擎的搜索效率，帮助人们快捷地从庞大的互联网上找到相关的信息。

3.1.2.4 多媒体化

随着宽带技术的发展，互联网逐渐进入多媒体数据的时代。图形、图像、视频、音频、动画、影视等多媒体信息资源在互联网上越来越丰富，用户对多媒体信息资源的检索需求也越来越多。伴随着这样的一个发展趋势，开发出可查询图像、声音、图片和电影的多媒体搜索引擎必将是一个新的方向。多媒体搜索引擎可以分为两类：基于文本描述以及基于内容描述。基于文本的多媒体搜索引擎是区别于纯文本的搜索引擎，它们能够支持除了文本之外的图像、声音、影像等多媒体信息。基于内容的多媒体搜索引擎是直接对多媒体内容特征和上下文语义环境进行的检索。基于文本的多媒体搜索引擎已经有很多了，而基于内容描述的多媒体搜索引擎还不多见，因为这类多媒体搜索引擎技术仍不成熟，理论上和实用上均有许多问题尚待解决，尤其在系统模型优化、通用性设计、图像声音特征相关性及在 Internet 上实用化等方面需要着力加强研究。随着网络资源的丰富，多媒体搜索引擎的发展成为了搜索引擎发展的必然趋势。

3.2 搜索引擎的定义及分类

搜索引擎的定义：搜索引擎（search engine）是一个对互联网资源进行搜索整理和分类，并储存在网络数据库中供用户查询的系统，包括信息搜索、信息分类、用户查询三部分。搜索引擎按其工作方式主要可分为四种：全文搜索引擎（full text search engine）、目录索引类搜索引擎（search index/directory）、元搜索引擎（meta search engine）和垂直搜索引擎（vertical search engine）。

3.2.1 全文搜索引擎

全文搜索引擎是从网站提取信息并建立网页数据库，搜索引擎的自动信息搜集功能分为两种：一种是定期搜索，即搜索引擎每隔一段时间（Google 一般是 28 天）主动派出"蜘蛛"程序对一定 IP 地址范围内的互联网站进行搜索，一旦发现新的网站，它会自动提取网站的信息和网址并加入自己的数据库；另一种是提交网站搜索，即网站拥有者主动向搜索引擎提交网址，它在一定时间内（2 天到数月不等）定向向网站派出"蜘蛛"程序，扫描网站并将有关信息存入数据库，以备用户查询。由于近年来搜索引擎索引规则发生了很大变化，主动提交网址并不保证网站能进入搜索引擎数据库，因此目前最好的办法是多获得一些外部链接，让搜索引擎有更多机会找到并自动将网站收录。

当用户以关键词查找信息时，搜索引擎会在数据库中进行搜寻，如果找到与用户要求内容相符的网站，便采用特殊的算法（通常根据网页中关键词的匹配程度，出现的位置/频次，链接质量等）计算出各网页的相关度及排名等级，然后根据关联度高低，按顺序将这些网页链接返回给用户。

3.2.2 目录索引类搜索引擎

目录索引，顾名思义就是将网站分门别类地存放在相应的目录中，因此用户在查询信息时，可选择关键词搜索，也可按分类目录逐层查找。如以关键词搜索，返回的结果与搜索引擎一样，也是根据信息关联程度排列网站，只不过其中人为因素更多。

与全文搜索引擎相比，目录索引有许多不同之处。搜索引擎属于自动网站搜索，而目录索引则完全依赖手工操作。用户提交网站后，目录编辑人员会亲自浏览用户的网站，然后根据一套自定的评判标准甚至根据编辑人员的主观印象，决定是否接纳用户的网站。搜索引擎中各网站的有关信息都是从用户网页中自动提取的，所以从用户的角度看，我们拥有更多的自主权；而目录索引则要求必须手工另外填写网站信息，如果工作人员认为提交网站的信息不合适，可以随时对其进行调整。

目前，搜索引擎与目录索引有相互融合渗透的趋势。原来一些纯粹的全文搜索引擎现在也提供目录搜索，如 Google 就借用 Open Directory 目录提供分类查询。而像 Yahoo 这些老牌目录索引则通过与 Google 等搜索引擎合作扩大搜索范围。在默认搜索模式下，一些目录类搜索引擎首先返回的是自己目录中匹配的网站，如国内的搜狐、新浪、网易等；而另外一些则默认的是网页搜索，如 Yahoo（Yahoo 已于 2004 年 2 月正式推出自己的全文搜索引擎，并结束与 Google 的合作）。

3.2.3 元搜索引擎

元搜索引擎在接受用户查询请求的同时从其他多个引擎上进行搜索，并将结果返回给用户。著名的元搜索引擎有 InfoSpace、Dogpile、Vivisimo 等，中文元搜索引擎中具有代表性的有搜星搜索引擎。在搜索结果排列方面，有的直接按来源引擎排列搜索结果，如 Dogpile；有的则按自定的规则将结果重新排列组合，如 Vivisimo。

3.2.4 垂直搜索引擎

垂直搜索引擎是针对某一个行业的专业搜索引擎，是搜索引擎的细分和延伸，是对网页库中的某类专门的信息进行一次整合，定向分字段抽取出需要的数据进行处理后再以某种形式返回给用户。垂直搜索引擎相对于普通的网页搜索引擎的最大优势在于对网页信息进行了结构化信息抽取，也就是将网页的非结构化数据抽取成特定的结构化信息数据，即网页搜索以网页为最小单位，基于视觉的网页块分析以网页块为最小单位，而垂直搜索以结构化数据为最小单位，再将这些数据存储到数据库，进行进一步的加工处理（如去重、分类等），最后分词、索引再以搜索的方式满足用户的需求。整个过程中，数据由非结构化数据抽取成结构化数据，经过深度加工处理后以非结构化的方式和结构化的方式返回给用户。垂直搜索引擎的应用方向有很多，如企业库搜索、供求信息搜索、购物搜索、房产搜索、人才搜索、地图搜索、mp3 搜索、图片搜索等，几乎各行各业的各类信息都可以进一步细化成各类的垂直搜索引擎。

除上述四大类搜索引擎外，还有以下几种非主流形式搜索引擎：

(1) 集合式搜索引擎　如 HotBot 在 2002 年底推出的引擎，该引擎类似 META 搜索引擎，但不是同时调用多个引擎进行搜索，而是由用户从提供的 4 个引擎当中选择，因此也称为"集合式"搜索引擎。

(2) 门户搜索引擎　如 AOL Search、MSN Search 等，虽然提供搜索服务，但自身既没有分类目录也没有网页数据库，其搜索结果完全来自其他引擎。

(3) 免费链接列表（free for all links，FFA）　这类网站一般只简单地滚动排列链接条目，少部分有简单的分类目录，不过规模比起 Yahoo! 等目录索引来小得多。由于上述网站都为用户提供搜索查询服务，为方便起见，我们通常将其统称为搜索引擎。

3.3 搜索引擎查询方法

搜索引擎一般都提供两种查询方式：一种是关键词索引查询，另一种是分类细化逐步接近查询。后者使用很简单，按类别浏览即可，不再详述。这里着重讲述关键词索引查询。关键词索引查询和我们平时在图书馆使用的计算机联机检索查阅图书相似，它一般分为四种基本方式：模糊查询、精确查询、逻辑查询以及查询范围限制。

3.3.1 模糊查询

模糊查询又称为智能查询。当我们输入一个关键词时，搜索引擎不但查出包括了关键词的网址，同时也发来与关键词意义相近的内容。比如，我们查找"查询"一词时，模糊查询会反馈回来包含了"查询""查找""查一查""寻找""搜索"等内容的网址；查询"计算机"时，会连带"电脑"一词反馈。查询结果的排列，一般按查询语句和查询结果的相关度排列，相关度较高的排在最前边，接下来是相近的。一般的搜索引擎都有这一功能，只是模糊的程度不同。

模糊查询没有特殊的方法，只要在文字框中输入关键词即可。在英文的查询中，还可以使用通配符星号（*）和问号（?），使关键词更为模糊，查询中文时这一应用较少，模糊查询往往会反馈来大量不需要的信息。

3.3.2 精确查询

如果想精确地只查某一个关键词，则可以使用精确查询功能。精确查询一般是在文字框中输入关键词时，在词组或语句的两边加上双引号，或根据下拉菜单选择，这样得到的查询结果更精确，但会排除大量有用信息。

3.3.3 逻辑查询

由于模糊查询会将符合一个查询语句中的每一个查询词的信息资源都查询出来，查询结果相当庞大，而且含有许多我们不需要的内容。精确查询将引号内的词作为一个词组来处理，这样结果虽然准确，但却容易漏掉一些内容。如果我们需要的每一条信息是包含我们输入的多个关键词，但关键词不必以词组形式出现在篇名或内容中时，精确查询就显得无能为力了。为了满足这种查询需求，搜索引擎大都设置逻辑查询功能。这一功能允许我们输入多个关键词，各关键词之间的关系可以是"与"（and）、"或"（or）和"非"（not）的逻辑关系。

千万注意，各搜索引擎实现"与""或""非"的运算符是不尽相同的，切不可想当然的混用。对于一个陌生的搜索引擎，一定要通过它的帮助页找到其用法。下面列出一些例子，说明一些较常见的实现"与""或""非"的运算符。

＋：也就是逻辑"与"，用加号把两个关键词组成一对时，只有同时满足这两个关键词的匹配才有效，而只满足其中一项的将被排除。

－：也就是逻辑"非"，如果两个关键词之间用减号连接，那么其含意为包含第一个关键词，但结果中不能含有第二个关键词。

逻辑"与""或""非"查询式编制实例如下。

（1）逻辑"与" 运算符为加号（＋），或 AND，或用符号＆。

注意：有些搜索引擎仅在简单查询时支持加、减号，在高级查询中不支持加、减号。

（2）逻辑"或" 运算符为逗号（,），或 OR，或用空格。

（3）逻辑"非" 运算符为减号（－），或 NOT，或用 AND NOT。

有的搜索引擎对"与""或""非"功能是通过菜单选项实现的。在使用中要注意如下两点：

① 逻辑"与"或"非"的具体实现，各个搜索引擎可能有所不同，具体使用方法参看其帮助文件。

② 输入运算符时，一定要用半角。

3.3.4 查询范围限制

范围限制的功能，可以使我们在某一范围中查询和搜索指定的关键词。范围限制的能力越强，越能使我们更准确地找到需要的信息。搜索引擎提供的范围限制类型大体有以下几个方面：

（1）分类范围，在某一类别中查询，如自然科学、教育等；

（2）地域范围，在某一地区中查询；

（3）时间范围，查询某一时间范围内建立的网站或编写的网页；

（4）信息来源限制，在某一类型的网站中查询，如 www、FTP、Gopher、BBS、新闻组等；

（5）查询词位置限制，提供查询词必须出现在网址或是网页或其他位置的限制，这些范围限制，实现的方法各不相同，有些是通过在关键词前加特殊的字标；

（6）其他特殊范围，一些搜索引擎提供了许多特殊范围的限定，如域名后缀（com、gov、org等），文件类型（文本、图形、声音等）。

查询范围的限制一般靠限制符来实现的，如用"t:"限制查询词必须出现在篇名中，用"u:"限制查询词必须出现在网址中。在关键字前加上"t:"，搜寻引擎仅会查询网站名称，而在关键字前加"u:"，则搜寻引擎仅会查询网址（URL）。

有些范围限制是通过下拉式菜单来实现的。我们需要查看所用引擎的帮助，详细了解。当然，不是每一个搜索引擎都同时具备这些功能，优秀的引擎功能会相对更多一些。

目前使用的引擎大都采用自然语言与布尔语言查询并用的查询方法。用自然语言查询一般只能实现简单查询，查询准确率较低；用布尔语言查询采用 AND、OR、NOT 等运算符，以及截词、邻近、括号嵌套表达式等限定方法，查询准确率较高，由于搜索引擎没有统一的建站标准，所以各家所用的查询方式及查询限制都各有不同，请在使用时先查看每个引擎的帮助文件或有关资料。

3.4　常用的全文搜索引擎

自从国际互联网进入中国以来，各类中文搜索引擎网站如雨后春笋般相继建成，但无论是管理、技术还是服务，中文搜索引擎仍很不完善，潜存着一些问题，使得很多搜索引擎如昙花一现地出现在中文搜索引擎的舞台上，如悠游等几乎都转向了其他的领域。现在的中文搜索引擎除了有智能化的趋势外，还出现了互相支持的现象。目前市面上出现了以谷歌、百度、搜狗、网易等搜索引擎共荣的局面。下面针对几个搜索引擎做一个简要的对比介绍。

3.4.1　百度

百度（http://www.baidu.com/）是在 2000 年 1 月于北京中关村创立的全球最大的中文搜索引擎、最大的中文网站。百度属于关键词型搜索引擎，提供的关键词检索主要包括基本检索、高级检索、主题目录浏览检索。百度的特色服务很多，网页的覆盖量也很大，是一个综合性很好的搜索引擎，其搜索的概念已被中国用户广泛接受。百度搜索引擎具有高准确性、高查全率、快速且服务稳定等特点，能提供网页、新闻、音乐、图片、视频、地图、文库等多种类型的搜索功能。和其他的中文搜索引擎相比，百度崇尚的是简单、可依赖，因而深受中文用户的喜爱。百度主页见图 3-2。

图 3-2　百度主页

3.4.2　Google 中国

Google（http：//www.google.com.hk/）是当今最佳的搜索引擎之一，它属于综合性的搜索引擎。Google 中国的检索界面简洁直观、方便快捷，同时提供关键词检索和主题目录浏览检索，从而对网页、图像、新闻、网上论坛等进行检索查询，支持 100 多种搜索语言。Google 中国可以检索多种类型的文件，包括 HTML 和 13 种非 HTML 文件（PDF、PPT、XLS 等）。2010 年 3 月，Google 将内地的搜索服务转至香港，并于 4 月废除谷歌的使用，开始专属使用 Google 中国。和百度相比，目前 Google 的检索速度有些差强人意，但是丝毫没有影响用户的使用，此外 Google 还推出了谷歌学术（Google scholar），帮助用户搜寻学术性文献。Google 主页见图 3-3。

图 3-3　Google 主页

3.4.3　维基百科

维基百科（Wikipedia，http：//www.wikipedia.org/）是一部综合性的网络百科全书，同时也是一个包含多种语言的、动态的、可自由访问和编辑的全球知识体系，它由来自全世界的志愿者共同编写和更新，访问者只需依据维基百科设定的编辑方针即可参与撰写维基百科条目或者编辑已有的百科条目，进行注释或添加参考文献信息等。当然，一些可能引起争议的或者不符合标准的条目会被维基百科的维护者移除，因此用户不必担心在添加信息时会破坏维基百科，同时其他编辑者也会对编辑后的条目提出建议或进行修订。自 2001 年 1 月维基百科成立以来，经过不断的更新与成长，目前的维基百科已成为世界上最大的资料来源网站之一，迄今为止，该网站包含了 95 万多条中文百科条目。

图 3-4 所示为维基百科的主页，用户可以在页面下端的文本输入框中直接输入关键词进行百科条目的检索，检索之前还需要在下拉框中预先设定好检索条目的语言，提供了 50 多种可供选择的语种。在默认的情况下，用户输入的关键词只会在维基百科的条目中进行搜索，服务器不会搜索相关的图片、对话记录等信息，如需要对多种类别的信息进行检索，可参见维基百科的帮助文档，在高级检索界面中进行设定及搜索；在一般的搜索引擎中，逻辑运算符"AND""OR"、括弧以及"NOT"常常被用来减少不相干的条目，维基百科提供的搜索引擎也支持这些功能。需要注意的是，在所有逻辑运算符与关键词之间必须要加入空格；该搜索引擎不区分大小写，因此在输入英文时不需要过多关注大小写的情况，例如输入 County、COUNTY 或者 county 得到的检索结果是一样的；维基百科还提供了一些小的检索功能，例如在页面的末端的"list redirects"选项，取消它后可以排除所有重定向页面，有效减少了检索结果的数目。点击"跨语言 Wikipedia 搜索"链接可以在不同语言的 Wikipedia 中搜索相关条目，但目前该项功能还无法搜索中文 Wikipedia。

图 3-4　维基百科主页

维基百科采取多种知识分类体系和检索手段展示百科全书中的信息，如按词条字母排序浏览（browse）、学科目录分类（categories）、维基百科导航（category Wiki navigation）、网站地图（road maps）、Q&A 问答、最新变更词汇（change summary）、词条搜索（searcher）、新加条目和热点条目等。其中以分类目录体系为主要展示手段，并辅以多种检索方式，以便用户查找、编辑和阅读。因此，除了在页面的检索框中直接输入关键词进行检索外，用户还可以使用其他几种检索方式：

① 点击页面左边导航栏的"随机页面"链接，用户将随机链接到一个条目；
② 通过浏览的方式从维基百科提供的分类导航系统中选取相应的条目；
③ 在某个条目的说明页面中，对于其中一些已提供了链接的词语，可通过链接跳转到该词语的说明页面。

图 3-5 为维基百科提供的参考目录，目录将数据库中的条目分为了 10 类：生活、艺术与文化，世界各地，中华文化，人文与社会科学，社会，自然与自然科学，宗教及信仰，工程、技术与应用科学，常用列表以及主题首页。用户根据自己需要查阅的主题，点击相应的分类及子分类，即可浏览其中的百科条目信息。

这里我们以检索化学信息学（cheminformatics）为例看看维基百科中的条目信息，在主页的文本输入框（图 3-4）中，我们输入关键词"cheminformatics"，同时将语言设为英语，点击检索按钮，即可获得关于化学信息学的百科条目信息（见图 3-6）。该条目详细叙述了化学信息学的基本概念、发展历史、简单应用以及相关的参考文献。另外，用户可通过点击每个栏目右方的"edit"链接对该条目进行修订，点击段落中一些提供了链接的词语，如"chemistry""drug discovery""in silico"等即可跳转至相应主题的百科条目。

图 3-5　维基百科提供的参考目录

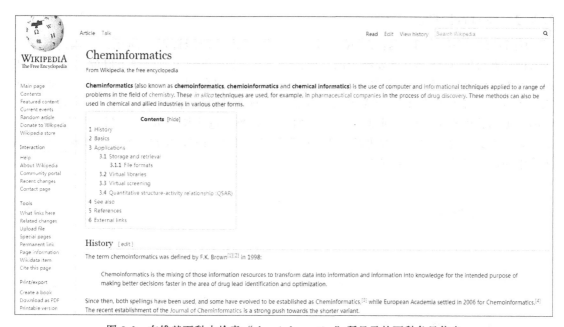

图 3-6　在维基百科中检索"cheminformatics"所显示的百科条目信息

3.5　常用的学术搜索引擎

3.5.1　BASE

BASE（http：//www.base-search.net/）是德国比勒费尔德（Bielefeld）大学图书馆在 2002 年开发的一个多学科的学术搜索引擎，对全球提供异构学术资源的集成检索服务。

BASE 主页见图 3-7。它整合了德国比勒费尔德大学图书馆的图书馆目录和大约 160 个开放资源（超过 200 万个文档）的数据。该数据库对全球开放，并且提供 8 种语言的用户界面，分别是英语、德语、法语、西班牙语、波兰语、希腊语、俄语以及中文。它的检索方式多样化，包括基本检索、高级检索、组合检索框、扩展检索框和精炼检索。这个搜索引擎主要是进行科学文献的搜索，并且它侧重于数学文献资源，兼收多学科学术资源。BASE 对于搜索文献来讲是一个非常强大的搜索引擎。

图 3-7　BASE 主页

3.5.2　SciTech Connect

SciTech Connect（https://www.osti.gov/）是由美国能源部（DOE）下属的科学与技术信息办公室（OSTI）开发维护的搜索工具，于 2013 年推出，合并了以前的两个 DOE 搜索引擎（信息桥和能量引文数据库），为所有的研发信息创建了一个单一的搜索界面。SciTech Connect 主页见图 3-8。该数据库属于面向全球免费提取的一个搜索引擎，包含超过 70 年的能源相关引文和 OSTI 创建和/或收集的全文文档，包括技术报告、书目引用、期刊文章、会议论文等内容。其检索功能有基本检索和高级检索两种供用户选择，基本检索包括语义检索和词义检索两种检索方式。

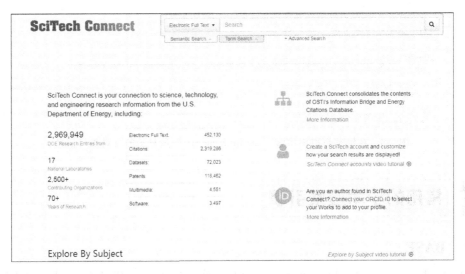

图 3-8　SciTech Connect 主页

3.5.3 CiteSeerX

CiteSeerX（http：//citeseer.ist.psu.edu/）是 CiteSeer 的换代产品。1997 年，CiteSeer 引文搜索引擎由美国普林斯顿大学 NEC 研究院研制开发。CiteSeer 引文搜索引擎是利用自动引文标引系统（ACI）建立的第一个学术论文数字图书馆。至今，CiteSeerX 存储的文献全文达 138 万多篇，引文 2674 万多条，内容主要涉及计算机和信息科学领域，主题包括智能代理、人工智能、硬件、软件工程、数据压缩、人机交互、操作系统、数据库、信息检索、网络技术、机器学习等。CiteSeerX 与 CiteSeer 一样，也公开在网上提供完全免费的服务，实现全天 24 小时实时更新。可见，CiteSeerX 的确称得上是广大科研人员和图书情报工作者免费获取计算机科学文献的搜索利器，值得推介和收藏。CiteseerX 主页见图 3-9。

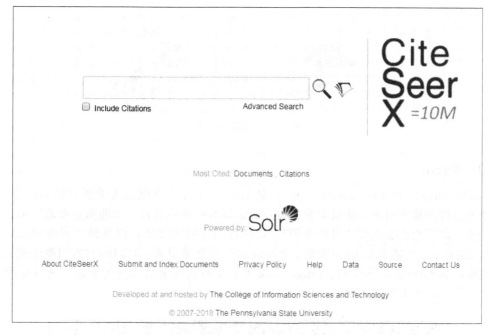

图 3-9　CiteseerX 主页

3.6　常用的元搜索引擎

3.6.1　Dogpile

Dogpile（http：//www.dogpile.com/）是 1996 年 1 月创建的一个并、串行相结合的元搜索引擎，它可以调用 Google、Yahoo!、Ask Jeeves、LookSmart、About、Overture、Teoma、FindWhat、Ditto、AltaVista、FAST、Infoseek、Real Names、Direct Hit、Deja、Lycos、Singingfish、Dmoz、Topix、Fox、WebCatalog 等 20 多个独立搜索引擎。Dogpile 是 InfoSpace 的四个元搜索引擎之一，具有独立的域名。Dogpile 将用户的查询请求同时向多个搜索引擎递交，按照自定义的关联运算法则对得到的结果进行重复排除、重新排序等智能处理后，以优化过的检索结果返回给用户。Dogpile 主页见图 3-10。

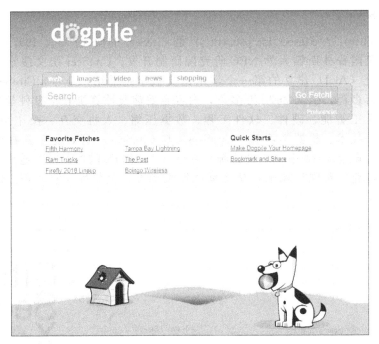

图 3-10　Dogpile 主页

3.6.2　Excite

Excite（http：//www.excite.com/）是 1993 年 2 月由斯坦福大学创建的 Architext 扩展而成的万维网搜索引擎，其最主要的特点是能够对检索词进行"智能概念提取"来提高它的查全率。同时它还会生成"自动文摘"，用户可以先浏览文摘，再选择合适的文档详细阅读。自 2002 年 5 月被 Infospace 收购，Excite 改用元搜索引擎，可以同时启用多个搜索引擎进行搜索，如 Google、Yahoo!、Bing、Ask 等，从而使搜索结果更为全面，而且更便于用户操作。Excite 主页见图 3-11。

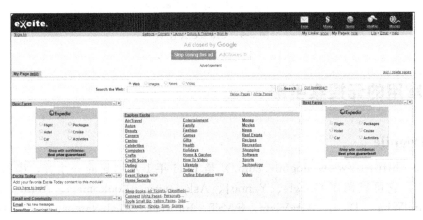

图 3-11　Excite 主页

3.6.3　Ixquick

Ixquick（http：//www.ixquick.com/）属于元搜索引擎的一个新贵，是一个跨资料库的搜索引擎。从 web 搜索的覆盖范围看，Ixquick 可同时调用包括 Aol、Alltheweb、Ask、Direct Hit、Yahoo！等在内的 14 个主流搜索引擎，但不能调用 Hotbot 和 Northern Light 等优秀的搜索引擎，尽管如此，也可以保障其信息源的全面性和可靠性。在检索性能的完善程度上，Ixquick 突破了传统元搜索引擎在这方面的局限性，支持各种基本的和高级的检索功能。Ixquick 主页见图 3-12。

图 3-12　Ixquick 主页

3.6.4　Mamma

Mamma（http：//www.mamma.com/）自称为"搜索引擎之母"（图 3-13），可同时调用 7 个最常用的独立搜索引擎（Alta Vista、Excite、InfoSeek、Lycos、Magellan、Yahoo！、WebCrawler），可查询网上商店、新闻、股票指数、图像和声音文件等资源，具有检索界面友好、检索选项丰富（可控制调用的独立搜索引擎、选择使用短语检索功能、设定检索时间、设定每页可显示记录数等）等特点。另外，Mamma 支持常用检索语法在不同搜索引擎中的转换，还提供了专门检索页面文件标题的特殊检索服务，以及通过 Email 传输检索结果的特色功能。检索结果按照相关性排序，内容包括网页名称、URL（统一资源定位符）、文摘、元搜索引擎，并且 Mamma 具有多媒体信息查询功能，从检索结果可以看出它对检索结

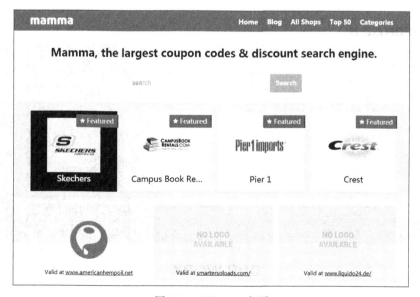

图 3-13　Mamma 主页

果进行了统一整理。其缺点是：对返回结果的集成功能非常简陋，缺乏相关度排序，欠缺高级选项。

3.6.5 Metacrawler

Metacrawler（http：//www.metacrawler.com/）是公认的功能强大的元搜索引擎，支持调用 12 个独立搜索引擎（Google、Yahoo!、Ask Jeeves About、LookSmart、Teoma Overture、FindWhat 等），除此之外，其本身还提供了涵盖近 20 个主题的目录检索服务。其检索特性非常丰富，包括常规检索、高级检索、定制检索、国家或地区的资源检索等检索服务模式。Metacrawler 的搜索过程非常清楚，有组织且具有深度，可以用多种检索方式进行检索，而且返回结果精确详细。Metacrawler 主页见图 3-14。

图 3-14　Metacrawler 主页

3.6.6 ProFusion

ProFusion（http：//www.profusion.com/）是一个优秀的并行式智能型元搜索引擎，可同时调用 11 个独立万维网搜索引擎（AltaVista、Excite、HotBot、InfoSeek、Lycos、Magellan、OpenText、Webcrawler、Yahoo 等），提供比较丰富的检索技巧和常见问题的内容，自动实现符合特殊检索语法要求的转换，ProFusion 提供了调用最佳的三个搜索引擎、最快的三个搜索引擎、全部搜索引擎和任意搜索引擎等四种调用方式，检索结果以统一的形式处理后返回。ProFusion 主页见图 3-15。

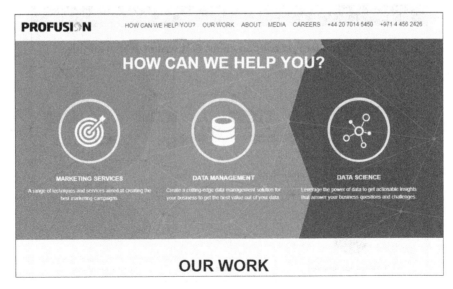

图 3-15　ProFusion 主页

3.6.7 Savvysearch

Savvysearch（http：//www.savvysearch.com/）可调用 200 多个搜索引擎或指南，内容覆盖新闻、共享软件、usenet 等 27 个主题范畴，可并行调用 5 个搜索引擎，或可作为一个专用搜索引擎的导航工具使用。Savvysearch 同时提供多种语言版本的搜索，其中包括中文的搜索。该搜索引擎专注于研究大量的搜索引擎在不同的主题或领域的检索效率以及访问一个搜索引擎需要的代价，由此为用户选择最优的搜索引擎进行检索。Savvysearch 主页见图 3-16。

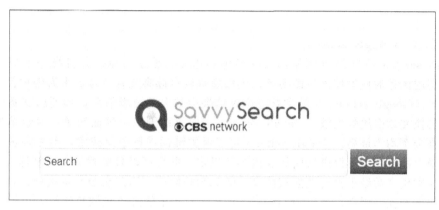

图 3-16　Savvysearch 主页

3.7　专业搜索引擎

3.7.1　专业搜索引擎的优势

（1）由于专业搜索引擎专注于特定学科领域，可以利用专业词汇表进行规范和控制，因而一词多义的现象降低，从而对相应的关键词进行深入的分析和研究，大大提高了查全率与查准率。

（2）由于采集的学科领域小，信息量相对较少，因此可以由专家对自动采集的信息进一步分类标引、优化和组织整理，提高信息的质量，建立起一个高质量的、专业信息收录全面并能够实时更新的索引数据库。

（3）由于索引的数据库规模小，有利于缩短查询响应的时间，可以采用复杂的查询语法，提高用户的准确查询精度。

总的来讲，专业搜索引擎的优势在于：针对性强；对特定范围的网络信息的覆盖率相对较高；具有可靠的技术和信息资源保障；有明确的检索目标定位；有效地弥补了综合性搜索引擎对专门领域及特定主题信息覆盖率过低的问题。

3.7.2　著名的专业搜索引擎

目前，很多综合型搜索引擎系统已经取得了极大的成功，几乎涵盖了各个领域。但是，当使用综合型搜索引擎来检索专业内容时，往往找不到用户所需要的内容。这些新的问题使用户对信息的需求有了新变化，于是产生了专业搜索引擎。相对于通用搜索引擎的海量信息的无序化，专业搜索引擎则显得更加专注、具体和深入。在国外，有关专业搜索引擎的研究正成为一个热点,而国内的这些系统目前还不够理想,并且化学领域的专业搜索引擎更是少之又少。下面介绍一些具有代表性的专业搜索引擎。

3.7.2.1 Collection Building Program (CBP)

CBP 这个项目源自美国国家科学数字图书馆,主要是为科学、数学、工程和技术创建大规模的在线数字图书馆,试图研究在某一主题上资源自动建设的可能性。CBP 具有自己的特点:第一,因为 CBP 是面向教育、面向教学,主题查准率(precision)比查全率(recall)更高;第二,CBP 不存储资源原文,而只提供 URL;第三,CBP 只需要用户最少量的输入(如关键词),系统就可以全自动将有关该主题的最相关的有限数量 URL 返回给用户。

3.7.2.2 Google scholar

Google scholar 是 2004 年新推出的一种纯学术型的搜索引擎。其自身并不拥有学术资源,只是利用优秀的检索技术将图书馆、出版商等的资源集成并整合起来为用户提供一站式的检索服务。Google scholar 滤掉了普通检索结果中的大量垃圾信息,排列出文章的不同版本以及被其他文章引用的次数。Google scholar 的收录范围广,界面简单,检索结果的独特率与期刊查全率均为最高。Google scholar 可以对关键词进行全面搜索,不需要进行细致的划分或者限定的搜索,可以进行时间和内容的设定,并且可以只搜索中文结果等。略显不足的是,它搜索出来的结果没有按照权威度(譬如影响因子、引用次数)依次排列,所以需要用户耐心往下查找。因而,可以说 Google scholar 对于不熟悉该领域科学的人更为适用。

3.7.2.3 Scirus

Scirus (http://www.scirus.com) 是专为搜索高度相关的科学信息而设计的,是目前互联网上综合性最强、最全面的科技文献搜索引擎。其中 40% 的信息来源于网络,60% 来源于期刊数据库,主要是对网上具有科学价值的资源进行整合,聚集了带有科学内容的网站及与科学相关的网页上的科学论文、科技报告、会议论文、专业文献、预印本等。Scirus 覆盖的学科相当广泛,包括农业与生物学,天文学,生物科学,化学与化工,计算机科学,地球与行星科学,经济、金融与管理科学,工程、能源与技术,环境科学,语言学,法学,生命科学,材料科学,数学,医学,神经系统科学,药理学,物理学,心理学,社会与行为科学,社会学等。同时,还有众多的权威数据库和专业网站作支撑。除此之外,Scirus 拥有功能完备的高级检索功能,能够对搜索条件进行准确的设定。所以说,Scirus 更适合那些对该领域有一定了解的用户。但是 Scirus 的科学性强,提供的个性功能较多,搜索结果中将资源分类比较系统,所以检出的文献总量较少,期刊查全率低,同时它的结果的显示格式及排列顺序比较有限,但也保证了 Scirus 搜索的专业性和查准率。

3.7.2.4 Focused Project

Focused Project (https://www.focusproject.co.uk/) 系统由印度裔的科学家 S. Charkrabarti 带头研究开发,他是最早从事这方面研究的人之一。该系统通过两个程序来指导爬行器:一个是分类器(classifier),用来计算下载文档与预定主题的相关度;另一个程序是净化器(distiller),用来确定那些指向很多相关资源的页面。

3.7.2.5 化工引擎 (ChemYQ)

化工引擎 (http://www.chemyq.com) 成立于 2005 年,是国内最先自主开发的化工专业的搜索引擎,化工引擎目前的内容包括化工产品供求搜索、化工新闻、化工网站、化工词典、化工产品供求发布、化工专利、化工网页搜索等栏目,覆盖了从市场到技术等方面的内容。化工引擎不同于电子商务网站，是主动的搜索，只要是互联网上的化学化工企业都是被搜索的对象，从而决定了化工引擎能提供给用户的有效信息远远胜过电子商务网站。化工引擎也不同于通用的搜索引擎，它会从这些纷繁复杂的信息中去挑选自己的所需，搜索结果对用户都是潜在有效的。化工引擎一直以开放的思路来进行发展，与 Google，化工行业的报纸、期刊、高校都进行了广泛的合作。

3.7.2.6 ChemIndusty

ChemIndusty (http：//www.chemindustry.com/) 是在 1999 年由犹太裔的化工工程师 Yaron Rapaport 创立的一个优秀化学化工专业搜索引擎。对化工及相关工业的专家来说，它的确是相当出色的分类搜索引擎，为化工及相关工业的专业人员提供了可通过全球网站搜索的所需产品及服务方面信息，其信息包括化学、石油化学、药学、塑料、涂料、染料及相关工业的所有方面，如科研、产品开发、市场经营、分销及应用等。该网站还有相应的中文、法文、德文等语言的网站。

百度搜索技巧

(http：//baidu.com/search/jiqiao.html)

常用搜索方法：在搜索框中输入关键词，并按一下"搜索"按钮或者直接敲"Enter"键，百度就会自动找出相关的网站和资料，并把最相关的网站或资料按照相关度顺序排列。

高级搜索功能：

(1) 减除无关资料，缩小查询范围　百度支持"－"功能，用于有目的地删除某些无关网页，但减号之前必须留一空格，语法是"A －B"。例如：要搜寻关于"化学"，但不含"国外"的资料，可使用"化学 －国外"查询。

(2) 并行搜索　使用"A|B"来搜索"包含关键词A，或者包含关键词B"的网页，例如：使用"化学｜物理精品课程"，搜索化学或物理方面的精品课程。

(3) 在指定网站内搜索　在一个网址前加"site:"，可以限制只搜索某个具体网站、网站频道或某域名内的网页。例如："site：scu.edu.cn 精品课程"，可用来在 scu.edu.cn 网站内搜索和"精品课程"相关的资料。

(4) 在标题中搜索　在一个或几个关键词前加"intitle:"，可以限制只搜索网页标题中含有这些关键词的网页。例如："intitle：精品课程"表示搜索标题中含有关键词"精品课程"的网页。

(5) 在 URL 中搜索　在"inurl:"后加入希望包含在 URL 中的文字，可以限制只搜索 URL 中含有这些文字的网页。例如："inurl：ppt"可以搜索网站下载链接中所有包含关键字"ppt"的网页。

第 4 章

文献检索概述

4.1 文献检索的意义

4.1.1 文献的定义

在国家标准《文献著录 第 1 部分：总则》（GB/T 3792.1—2009）中，文献（document）定义为记录有知识的一切载体[1]。

4.1.2 信息检索的含义

信息检索（information retrieval），是指从大量被存储的信息中加工、检索出需要的信息以及向计算机用户提供一整套信息的工作。广义的信息检索包括文献检索、数据检索和事实检索三个方面。狭义的信息检索仅指计算机化的文献检索[2]。

4.1.3 文献检索的意义

信息检索在工作、学习和日常生活中需求非常广泛，尤其在科研工作中，文献检索是必不可少的环节。文献检索贯穿于科研的全过程，包括科研立项前的选题、科研的进行、科研完成后的成果交流及后续研究，文献检索的目的是找到能够为科研提供高参考价值和强有力支撑的正确信息。

文献检索的意义：站在"巨人"的肩膀上，避免走弯路，节约大量时间和经费。

4.2 文献检索的基础知识

4.2.1 逻辑运算符

逻辑运算符（boolean logic operators）是表达检索词之间逻辑关系的算符，也称布尔算符。逻辑运算符主要包括"AND（与）""OR（或）""NOT/AND NOT（非）"三种。有些数据库（主要是国内数据库）中，也可以用"*""+""-"表示。

逻辑运算符含义图见图 4-1，逻辑运算符用法示例见表 4-1。

---

[1] GB/T 3792.1—2009, 文献著录 第 1 部分：总则 [S].
[2] 王春林主编. 科技编辑大辞典. 上海：第二军医大学出版社, 2001：306.

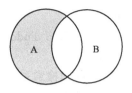

(a) A AND B　　　　　　(b) A OR B　　　　　　(c) A NOT B

图 4-1　逻辑运算符含义图

表 4-1　逻辑运算符用法示例

逻辑运算符	示　例	说　明
AND	beverage AND bottle	查找同时包含 beverage 和 bottle 这两个词语的记录
OR	beverage OR bottle	查找包含 beverage 或 bottle(或同时包含二者)的记录
NOT	beverage NOT bottle	查找包含 beverage,但不包含 bottle 的记录

逻辑运算符可以单独或者联合使用,在文献检索过程中,通常将检索词按照逻辑关系组成复杂的检索式进行检索,如:同义词或近义词之间用"OR"连接,不同概念之间用"AND"连接等。

4.2.2　通配符

通配符(wildcard characters)包括截词符和屏蔽符,一般用于西文词的检索中。

截词检索是在检索词的词干后面可能变化的字位处加上"*"或者"?"等截词符,利用检索词的词干或不完整的词形进行检索。因为西文词语经常会有后缀的词形变化,如动词的过去分词 ed、现代进行时 ing 等形式,名词的单复数等。利用截词符,可以提高查全率,例如 enzym *,可以代表 enzyme、enzymes、enzymic、enzymatic 等多个检索词。

屏蔽检索是在单词中间使用屏蔽算符,主要用于一些英美拼法不同的单词,避免漏检。例如:Web of Science 数据库中,ioni?ation 可代替"ionization"和"ionisation"。

注意:不同的检索系统,对逻辑运算符、通配符要求不尽相同,使用时要依据系统的要求,具体可以查看各个检索系统的帮助(help)页面。

4.2.3　位置算符

位置算符(proximity operators)是用来限定检索词之间位置关系的算符,可提高查准率,常用的位置算符有 NEAR、ONEAR、SAME 等。相比于逻辑算符"AND",采用位置算符的检索词之间的关系更为紧密。

4.2.3.1　NEAR、ONEAR

位置算符 NEAR、ONEAR、NEAR/x、ONEAR/x,都用于限定其前后连接的检索词之间的位置关系,数字 x 为检索词间隔的最大单词数量。其中 NEAR 连接的检索词前后顺序可以变化,ONEAR 连接的检索词前后顺序不可变化。如在 EV 平台中❶:

---

❶ Proximity/Near operators [EB/OL]. [2017-02-20]. http://help.engineering village.com/Engineering _ Village _ Help _ Left. htm # CSHID = search _ tips _ quick. htm | StartTopic = Content%2Fsearch _ tips _ quick. htm | SkinName = svs _ evillage.

laser NEAR/4 diode，可查找 laser、diode 之间最多相隔 4 个单词的记录，laser、diode 可以是任意次序。

laser ONEAR/5 diode，可查找 laser、diode 之间最多相隔 5 个单词的记录，laser 必须出现在 diode 前面。

注意：不同的检索系统，位置算符的规定和要求不同，使用前要查看数据库的说明，如 EV 平台中，NEAR 默认等同于 NEAR/4；WOS 平台中，NEAR 则默认等同于 NEAR/15。

4.2.3.2 SAME

在 WOS 中，在"地址"字段使用 SAME，是为了将检索词限制在同一地址中。
WOSCC 数据库中 AND 与 SAME 区别见表 4-2。

表 4-2 WOSCC 数据库中 AND 与 SAME 区别

检索式（地址字段）	检索结果（2017-02-10）	结果分析
tsinghua univ * SAME phy *	6243 条记录	均为清华大学物理系作者发表的文献
tsinghua univ * AND phy *	9983 条记录	还检索到北京大学物理系作者与清华大学材料系作者合作发表的文献

4.2.4 主要检索字段

4.2.4.1 title（TI）——标题/题名/篇名

title 是最常用的字段之一，为提高检索查准率，可以将重要的概念放在标题字段检索。常用中文数据库中，中国知网为"篇名"或"题名"，万方数据和维普中均为"题名"。

4.2.4.2 abstract（AB）——摘要/文摘

多数数据库都有摘要检索字段。在 Web of Science 数据库中，全记录有摘要字段，但没有单独的摘要检索字段，将其合并在"主题"字段中。

4.2.4.3 topic（TS）——主题

主题字段一般都包括题名、摘要和关键词这几个字段。一般的课题检索，建议在主题字段中检索，以保证查准率和查全率。仅在题名字段检索，查准率高，但有可能会遗漏，而在全文中检索，则会造成准确率偏低。

Web of Science 数据库中，topic 主要包括 title、abstract 和 key words 这几个字段。
Engineering Village 平台中，主题字段显示为：subject/title/abstract（KY），包括 abstract、title、controlled terms 和 uncontrolled terms 这几个字段。

注意：不同数据库中，对主题字段的定义不同，使用前一定要查看数据库说明，以免检索错误。

4.2.4.4 author_ 作者/著者/创作者

作者字段是非常重要的检索辅助字段，国内数据库中用作者名字检索即可，国外数据库中作者的拼写形式有各自规定，如：Web of Science 数据库中一般为姓氏的全拼＋空格＋名字首字母，如李亚栋，一般形式为 Li YD；Engineering Village（EV）平台中，作者名称有多种形式，如李亚栋，有 li, yadong、li, ya-dong、yadong, li、ya-dong, li、li, yd 等形式。

4.2.4.5 address/organization/author affiliation——地址/机构/单位

机构字段一般用于获取某个机构发表文献时所用的字段，通过检索并分析其发表的论文、申请的专利，可以了解该机构研究的学科方向、技术重点，跟踪其研究进展。

在期刊论文、会议论文中，机构一般以"address、单位"表示，注意 WOS 中 address 一般采用缩写形式（具体见数据库说明）；而专利中，"申请人""专利权人"等表示机构，当然也有个人。

4.2.4.6 classification number——分类号

分类号是按文献的学科知识属性揭示和组织文献，依据一定的分类工具（分类法），采用字母或（和）数字作为类目的标识符号。

文献检索中常用的分类号有《中国图书馆图书分类表》，专利中的《国际专利分类表（IPC）》《国际外观设计分类表（LOC）》《联合专利分类表（CPC）》、日本专利的 FI 和 F-term、DII 数据库中的德温特分类代码和手工代码等。

分类号检索与主题检索相比，结果经常会更准、更全一些，尤其在专利检索中，分类号的使用非常重要，可以单独或者与主题词结合使用。

4.2.5 文献资源分类

按照文献的记录内容，文献资源可以分为书目（文摘）数据库、全文数据库两大类。

4.2.5.1 书目（文摘）数据库

我们常用的 Web of Science、Engineering Village、Scopus、SciFinder 等都属于文摘数据库，这些数据库只能提供书目信息，要想获取全文，需要通过诸如 SFX 等的全文定向系统或者其他方式从订购的全文资源或免费资源中获取全文。

4.2.5.2 全文数据库

全文数据库中除了文献书目信息外，还有全文，可以查看或下载原文。Spring、Elsevier ScienceDirect、Wiley、ACS、RSC、中国知网、万方数据、维普等都为全文数据库。对于全文资源，要注意的一点，有可能本机构仅订购了其中部分年限的部分期刊全文或部分电子图书、标准等全文，而不是全部资源，只能获取已订购全文或 OA 全文。

4.2.6 主要文献类型

4.2.6.1 期刊论文

期刊论文是利用最广泛的学术文献类型，据 Ulrichsweb Global Serials Directory（乌利希国际期刊指南）可知，全世界发行中的各类期刊有 30 多万种。据统计，从期刊论文中获取的科技情报占整个情报来源的 60%～70%。

主要中文电子期刊资源有：

(1) 中国知网的《中国学术期刊》（网络版），收录国内学术期刊 8 千多种；

(2) 万方数据的《中国学术期刊数据库》；

(3) 维普的《维普期刊资源整合服务平台》。

综合类外文电子期刊资源有很多，常用的有：

(1) *Elsevier Science Direct* 全文库；

(2) *Springer Link* 电子期刊；

(3) *Wiley Online Library*；

(4) *ProQuest* 平台的多个期刊全文数据库；

(5) EBSCO 平台的 *Academic Search Complete* 等期刊全文数据库。

化学化工学科的专业期刊资源主要包括：

(1) *ACS Publications*（美国化学会电子出版物），包括 30 多种期刊；
(2) *RSC Publishing*（英国皇家化学学会电子出版物），包括 30 多种期刊。

4.2.6.2 会议论文

会议论文具有专业性强、内容新、出版发行快等优点，一些应用性较强的学科如计算机、土木等专业，会议论文在科研论文中所占的比重较大，科研人员应及时获取本领域的会议论文。

会议论文资源有很多，尤其是一些著名专业学会出版的电子资源，如美国电气电子工程师学会和英国工程技术学会出版的 IEEE/IET Electronic Library（IEL）全文数据库、美国计算机协会的 ACM Digital Library、美国物理联合会的 AIP Conference Proceeding、美国土木工程师学会的 ASCE Proceedings 等。

常用的中文会议论文资源有：
(1) 中国知网的《国内外重要会议论文全文数据库》；
(2) 万方数据的《中国学术会议文献数据库》。

另外，可以通过 Web of Science 核心合集中的 CPCI-S、CPCI-SSH 子库及 OCLC Firssearch 中的 Proceedings、PapersFirst 子库等二次文献数据库检索世界各地会议录和会议论文。清华大学图书馆主页的"查找会议文献"网页（http：//lib. tsinghua. edu. cn/find/find _ proceeding. html）可供参考。

4.2.6.3 学位论文

学位论文尤其是博士论文，除了研究本身具有较高的参考价值外，其对所研究课题已有的相关成果进行的综述是很好的参考文献。

很多大学和科研院所有本单位学位论文的系统，其中有些学位论文可以免费下载，也有一些免费网上资源可以获取学位论文，可参考清华大学图书馆主页的"查找学位论文"网页（http：//lib. tsinghua. edu. cn/find/find _ disser. html）。

其中，常用的中文学位论文资源有：
(1) 中国知网的《中国博硕士论文全文数据库》；
(2) 万方数据的《中国学位论文全文数据库》；
(3) CALIS 学位论文中心服务系统；
(4) 国家图书馆博士学位论文数据库。

常用的外文学位论文资源有：
(1) ProQuest 的学位论文全文库；
(2) FirstSearch 的 World Cat Dissertations。

4.2.6.4 专利文献和标准

专利文献和标准见第 7 章。

4.3 文献检索基本流程

文献检索的基本流程包括：需求分析，检索途径的选择，检索策略的制定（检索式的编制及调整），检索结果的分析，原文的获取，文献的管理及利用等。文献检索流程图见图 4-2。

检索策略的制定是整个检索过程的关键环节，对检索效果起决定作用，此过程包括：
(1) 课题分析，选择检索词　分析课题是最重要的，要从中提取主要概念，选择检索

图 4-2　文献检索流程图

词。为了保证查全率，还要注意主题概念的同义词或近义词。其中：

同义词、近义词的查找和选择：阅读相关文献，利用数据库辅助功能等。

对应英文词的查找：利用词典或科技词典、中国知网的翻译助手，通过查看中文相关文献的英文题名、关键词等途径。

（2）检索式的编制和调整优化　检索式的编制，应根据检索词之间的逻辑关系组配检索式，要注意逻辑算符、通配符、位置算符的使用。

检索式要经过多次试检、调整优化、再检索，最终确定查全率和查准率较好的检索式。

4.4　文献检索途径及案例

文献信息检索按照记录内容，一般分为研究类文献检索和数据事实检索两大类。这两类检索的资源和检索方式其有各自特点，研究类文献一般利用书目检索工具检索，而数据、事实则利用参考工具检索。信息检索时，基于不同信息需求选择合适的检索方式。

4.4.1　研究类文献检索

研究类文献一般通过主题检索、分类检索、机构检索、人名检索等方式获取。

4.4.1.1　主题检索

要想获取某个研究领域的相关文献，一般采用主题检索，将构造好的检索式在主题等字段检索。主题检索的字段有标题、摘要、关键词、主题词或化学结构等，其中化学结构检索参见"4.4.2　数据事实检索"。

4.4.1.2　分类检索

分类检索一般也用于某个主题方面的文献检索，尤其是专利检索中，常用国际专利分类号（IPC）检索某一领域的专利。

例如：为检索有关喹啉化合物的专利文献，在专利数据库的"IPC"字段输入 IPC 分类号"C07D215/00"（含义：杂环化合物，含喹啉或氢化喹啉环系），可以检索到题名、摘要等题录字段中未出现关键词"喹啉"但在权利要求书或说明书中涉及"含喹啉或氢化喹啉环系的杂环化合物"的专利，比仅用主题词检索得到的结果更为准确和全面。

4.4.1.3　机构检索

机构检索，一般用于检索所关注机构的文献。检索时，选择地址、单位、专利权人等表示"机构"的字段,输入机构名称或机构代码进行检索。

4.4.1.4 人名检索

人名检索,一般用于检索所关注作者发表的论文或发明人申请的专利。选择"作者/发明人"等字段,按照数据库要求输入作者名字进行检索。同一作者,在不同数据库中,书写方式有可能不同。

4.4.1.5 研究类文献检索案例

[检索案例 4-1] 利用离子液体催化剂合成生物柴油

文献检索目的:

(1) 了解国内外利用离子液体催化剂合成生物柴油的研究概况;

(2) 确认自己拟选用的离子液体或低共熔溶剂(deep eutectic solvent)是否已被研究利用;

(3) 确定研究思路,如离子液体的选择、实验步骤的确定等。

文献检索流程:

(1) 分析课题,提取核心概念:生物柴油,离子液体,催化。

概念1:生物柴油。同义词有燃料甲酯、燃料乙酯、脂肪酸低碳醇酯、脂肪酸低碳酯、脂肪酸甲酯、脂肪酸乙酯等。英文名为 biodiesel、bio-diesel。

概念2:离子液体。英文名为 ionic liquid、ion liquid。

概念3:催化。英文名为 catalysis、catalyst。

(2) 选择检索词 中英文关键词见表 4-3。

表 4-3 中英文关键词

中 文	英 文
生物柴油	Biodiesel(s)/bio-diesel(s)
离子液体	ionic liquid(s)/ion liquid(s)
催化/催化剂	catalysis/catalytic/catalyst(s)

(3) 构造检索式 考虑到该课题中,离子液体一般都是作为催化剂使用,"催化"这个关键词对检索效果影响不大,可以考虑去掉,仅保留生物柴油和离子液体两个主要概念,它们之间的逻辑关系为"AND(与)"。中英文检索式见表 4-4。

表 4-4 中英文检索式

中文检索式	生物柴油 AND 离子液体
英文检索式(WOS 数据库检索式,其他数据库如 EV 等稍有变化)	(biodiesel* OR bio-diesel*)AND"ion* liquid*"

(4) 检索

① 选择信息源,主要包括:

中文数据库:中国知网(http://www.cnki.net)、万方数据(http://g.wanfangdata.com.cn)、维普(http://libvip.calis.edu.cn)、国家知识产权局专利检索及分析系统(http://pss-system.cnipa.gov.cn/sipopublicsearch/portal/uiIndex.shtml)等。

外文数据库:Web of Science(包括 DII)、EV 平台、SciFinder 等。

② 选择"主题"字段,输入检索式检索 以中国知网为例,选择 10 个数据库跨库检索(http://epub.cnki.net/kns/brief/result.aspx?dbprefix=scdb&action=scdbsearch&db_

opt=SCDB)，选择"高级检索"模式，在主题字段输入相应检索词，或者选择"专业检索"模式输入命令式"SU=生物柴油 * 离子液体"，检索到文献 341 篇 (2017-02-20)。按照出版时间排序，最新的一篇为综述论文"离子液体催化制备生物柴油研究进展"。通过查看结果页面的"关键词"，可以发现"脂肪酸甲酯"等生物柴油的同义词，这些同义词可以扩充到检索式中。中国知网检索结果页面见图 4-3。

图 4-3 中国知网检索结果页面

外文数据库 Web of Science 中，选择"所有数据库"（http：//apps.webofknowledge.com），选择"主题"字段，输入检索式 (biodiesel * OR bio-diesel *) AND "ion * liquid * "，检索得到 716 篇文献，其中有 575 篇论文、90 篇专利。Web of Science 检索结果页面见图 4-4。

通过查看检索到的相关文献，可以发现在 "Improving the production of propyl and butyl ester-based biodiesel by purification using deep eutectic solvents"[1] 等文献中出现 "deep eutectic solvents" 等 ionic liquid 的近义词，这些近义词可以扩充到检索式中。

③ 利用调整后的检索式，再次检索。

④ 对检索结果进行宏观分析　选取、导出相关文献，并利用 EndNote 或 NoteExpress 等文献管理软件进行文献管理。EndNote 文献管理页面见图 4-5。

⑤ 获取原文　通过购买的全文数据库或免费资源获取原文，如检索得到的综述文献 "Application of ionic liquids and deep eutectic solvents in biodiesel production：A review"[2]，可以直接从 Elsevier ScienceDirect 数据库下载全文。获取的全文见图 4-6。

---

[1] Homan T，Shahbaz K，Farid MM. Improving the production of propyl and butyl ester-based biodiesel by purification using deep eutectic solvents [J]. Separation And Purification Technology，2017，174：570-576.

[2] Troter Dragan Z，Todorovic Zoran B，Dokic-Stojanovic，Dusica R. Application of ionic liquids and deep eutectic solvents in biodiesel production：A review [J]. Renewable & Sustainable Energy Reviews，2016，61：473-500.

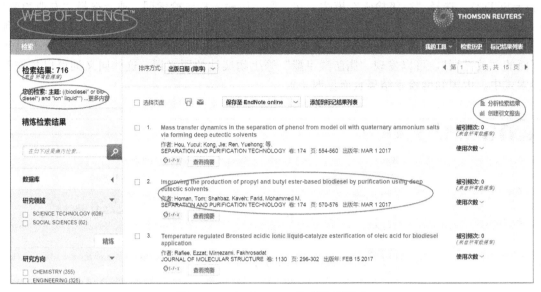

图 4-4 Web of Science 检索结果页面

图 4-5 EndNote 文献管理页面

4.4.2 数据事实检索

除了研究类文献外，另一重要的信息类型为数据事实。数据事实在化学相关学科中占据重要地位，用途广泛，如应用某个化学物质或发现一个新物质时，需要确定其各项数据事实，如化学名称、化学结构、分子式、化学物质登记号以及熔点、沸点等物理化学性质，红外、核磁、质谱等光谱数据，参与的化学反应，具有的生物活性、用途等。

数据事实通过各类参考工具获取，如字词典、手册、百科全书、年鉴等。参考工具既有大量纸质版，也有越来越多的电子资源可供使用。

图 4-6　获取的全文

常用的化学化工学科参考工具有 CRC Handbook of Chemistry and Physics（CRC 物理化学手册）、Landolt-Börnstein、SciFinder（https：//scifinder.cas.org）、Reaxys（https：//www.reaxys.com）、Knovel（http：//app.knovel.com）、ICSD（https：//icsd.fiz-karlsruhe.de）、SpringerMaterials（http：//materials.springer.com）等。

对于化学相关学科来说，可分别将文献、化学物质、化学反应作为着手点进行科学研究，文献与化学物质、化学反应密不可分，缺一不可。这是与其他学科的最大不同之处，因此除了文献检索外，还要掌握化学物质检索和化学反应检索方法。

4.4.2.1　化学物质检索

化学物质的各种数据信息，可以通过检索到该物质后获取。

（1）文献中化学物质的常用描述方式　文献中化学物质的常用描述方式主要有以下几类。

① 简单无机物或有机物，常用其化学名称、商品名、俗名或化学式描述，如对于氧化铝这种物质，其常用中英文表示方式：氧化铝、三氧化二铝、aluminium oxide、alumina、Al_2O_3 等。

② 复杂有机物等化学物质，一般采用如下两种描述方式：

a. 常见物质、药物或其衍生物、取代物，如：

青蒿素及其衍生物、类似物：artemisinin and derivatives；analogs of artemisinin。

喹啉取代物：6,8-disubstituted quinoline compound。

b. 具有同一 Markush 结构的物质，如：

Title compds. I [one R^1 and R^2 is H and the other is X-Y；G=alkyl, haloalkyl, cycloalkyl, etc.；L=S(O)$_2$, S(O)$_2$CH$_2$ or S(O)；X=CH$_2$, C(O)NH, S(O)$_2$NH, etc.；Y=alkyl, (un) substituted aryl, heteroaryl, etc.；Z=CH$_2$ or C(O)], and their pharmaceutically acceptable salts.

Markush 结构见图 4-7。

图 4-7　Markush 结构 I

（2）化学物质相关信息检索方法　电子资源中的化学物质检索，主要有以下两种方法。

① 从文献出发　用主题检索文献，再从文献记录或索引中查找定位

物质。如 SciFinder 数据库，可以采用"Explore References"模式检索文献，再查看文献的详细记录，从 Index 中找到所需的物质，点击该物质，就可以链接到"CAS REGISTRY"子库，通过该物质的详细记录查看分子式、CAS 登录号、物理化学性质、光谱、生物活性、管控信息等数据事实。

② 直接检索物质　用物质名称、物质登记号、化学结构等定位物质。

(3) 化学物质检索途径　直接检索化学物质主要有以下几种途径。

① 物质名称　可以采用化学名称、俗名、商品名等物质名称定位化学物质。如检索抗疟药物"青蒿素"（商品名黄花蒿素、黄蒿素）的相关信息，可以用其系统命名"($3R,5aS,6R,8aS,9R,12S,12aR$)-octahydro-3,6,9-trimethyl-3,12-epoxy-12H-pyrano [4,3-j]-1,2-benzodioxepin-10(3H)-one"或者其他名称 artemisinin、artemisine、artemisininum、qinghaosu、quinghaosu、qinghosu、huanghuahaosu 等直接检索。

利用物质名称检索，易定位物质。

② 分子式　很多化学相关资源提供分子式检索模式，但要注意的是，具有相同分子式的同分异构体可能有很多种，尤其是复杂有机物可能会有几千个同分异构体，必须从检索到的多个物质中进一步精炼，以找到所需的物质。

利用分子式，较难定位物质。

③ 化学结构　化学结构图是化学物质结构的直观展示，利用化学结构检索物质，是化学学科不同于其他学科的特殊之处。化学结构检索，尤其适用于检索具有复杂化学结构的物质，或者具有不同取代基的相似骨架结构的物质。具有复杂化学结构的物质，一般来说系统命名复杂、不直观，而化学结构图直观、简洁，可以一目了然地予以识别。

用化学结构检索，不仅可以准确定位物质，还可检索具有相似骨架的衍生物。

很多化学类信息源具有化学结构检索功能，如 SciFinder、Reaxys、Derwent Innovations Index 中的 Derwent Chemistry Resource，Web of Science 核心合集中的 Current Chemical Reactions 和 Index Chemicus 两个化学索引数据库等。

注意：一些数据库要求下载 Java、Accelrys JDraw 化学结构画图软件等插件，具体查看各个数据库的说明。

④ 化学物质登记号　多个化学类资源对化学物质进行了登记，每个登记号代表一种物质。常用的登记号有：CAS Registry Number（RN）、Derwent 化学资源号（DCR）、Reaxys Registry Number、PubChem Compound ID 等，其中 CAS RN 是世界通用的物质登记号，如青蒿素的 CAS RN 为 63968-64-9，利用 CAS RN 可以在 SciFinder、Reaxys、PubChem 等多个系统中检索到对应物质。

利用化学物质登记号，可以定位物质。

⑤ 物质性质　部分数据库可以利用物质的某些性质检索物质，如 SciFinder、Reaxys 等数据库都有性质检索模式。

如要寻找一种沸点在 200～210℃ 之间、密度在 2～2.1g/cm³ 之间的试剂，在 Reaxys 数据库进行性质检索，限定化学物质的沸点为 200～210℃、密度为 2～2.1g/cm³，检索到 20 种化学物质。Reaxys 性质检索页面见图 4-8，Reaxys 性质检索结果见图 4-9。

图 4-8　Reaxys 性质检索页面

图 4-9 Reaxys 性质检索结果

查看检索到的 20 种物质，发现其中有"邻二溴苯"，查看其相关数据，沸点为 203.16℃、密度为 2.003g/cm³，参考其具有的其他性质，满足要求，试剂选择较好。

（4）化学物质检索案例

[检索案例 4-2] 青蒿素的熔沸点、生物活性、制备方法及其衍生物

课题背景：中国科学家屠呦呦因为发现可以治疗疟疾的青蒿素，获得 2015 年度诺贝尔生理学或医学奖[1]。

检索目的：

① 深入了解青蒿素的物理化学性质、生物活性等相关信息；

② 由于青蒿素已使用多年，产生了一定的抗药性，需要研究新的抗疟药物，而具有青蒿素骨架结构的衍生物是可行的研究方向之一，为此，要了解有哪些青蒿素衍生物已被发现或合成，哪些具有生物活性。

信息源选择：SciFinder、Reaxy 是重要的化学专业检索平台，包含几千万篇化学文献、几千万种化学物质和化学反应，是集成文献和数据事实的综合平台，我们以 SciFinder 为例检索。

检索步骤：

① 登录进入 SciFinder（https：//scifinder.cas.org），选择"Explore Substances"检索模式。

② 方法 1：利用物质标识符（Substance Identifier）定位物质。对于青蒿素，其物质标识符包括化学物质名称（artemisinine，artemisinin，qinghaosu 等）、CAS 登录号（63968-64-9）等，其中物质名称比较容易得到，如利用外文字词典、中文文献的英文关键词、搜索引擎等。

a. 在 Substance Identifier 检索框中输入青蒿素的化学物质名称"artemisinin"或者 CAS 登录号"63968-64-9"，检索。SciFinder 物质检索页面见图 4-10。

b. 检索定位到青蒿素，点击其详细记录（图 4-11），得到其化学结构式、分子式、分子量、CAS 登录号、物质名称等信息，还可以查看其实验或预测性质、光谱数据、监管信息、

---

[1] The Nobel Prize in Physiology or Medicine 2015 [EB/OL]. [2017-2-20]. http：//www.nobelprize.org/nobel_prizes/medicine/laureates/2015/tu-facts.html.

图 4-10　SciFinder 物质检索页面

图 4-11　SciFinder 青蒿素详细信息页面

生物活性以及涉及该物质的文献、化学反应等信息。

c. 查看青蒿素的热力学性质（图 4-12），可以看到其熔点为 156～157℃（注意不同文献、不同测量条件的实验结果有差异）。

d. 查看青蒿素的光谱信息，发现有些光谱图可以直接打开，如图 4-13 所示的核磁共振谱，这些标准谱图可为未知物质的分析确认提供参考数据。

e. 查看青蒿素的生物活性数据（图 4-14），可以发现其主要具有抗疟疾、抗病毒等抗感染特性，并且具有抗肿瘤活性，由此预测青蒿素的抗肿瘤特性有可能成为以后的研究方向。

③ 方法 2：利用化学结构检索。利用物质标识符检索，可以定位物质，但不能直接检索到其衍生物。采用"化学结构"检索模式，可以检索物质及其衍生物。SciFinder 化学结构

图 4-12 青蒿素熔点数据

图 4-13 青蒿素 ^{13}C NMR 谱图

图 4-14 青蒿素生物活性数据

检索页面见图 4-15。

图 4-15　SciFinder 化学结构检索页面

检索步骤：

a. 选择"化学结构"检索模式，绘制或者导入青蒿素的化学结构式，选择"精确结构""亚结构""相似度"三种结构匹配方式中的一种进行检索。

b. 选择"亚结构"检索方式（意味着青蒿素母体结构必须存在，可以进行取代基修饰），并且限定为"Single component"检索。在候选项中，选择"Absolute stereo match"，得到立体结构完全匹配的物质 171 种（图 4-16）。如果将另外三个立体候选项（Stereo that doesn't match query、No stereo in answer structure、Relative stereo match）都选上，则检索得到具有青蒿素骨架结构的物质 325 种，只是其中的部分物质没有立体结构，部分物质的立体构型不匹配，但这些物质也具有一定的参考价值。

图 4-16　SciFinder 化学结构检索结果

c. 检索得到的这 171 种物质，都具有与青蒿素相同的立体结构，可以对这些物质的结构、性质、用途等信息进行深入分析。如查看这些物质的化学结构，可以发现有很多青蒿素衍生物是对 9 位基团进行了官能团修饰，如以乙基、丙基、丁基、戊基等基团取代原来的甲基；有部分衍生物则分别在 4 位、5 位、6 位、7 位等位置进行了羟基取代；部分衍生物是在 2 位上进行了卤素取代。

对 171 种物质的生物活性进行分析，可以发现 125 种物质具有抗感染特性，25 种物质具有抗肿瘤特性，可以分别查看具有这些特性物质的相关信息。

青蒿素及其衍生物的化学结构及生物活性数据都可以为后续研究提供思路。

4.4.2.2 化学反应检索

化学反应是化学及其相关学科的重要研究内容，尤其是有机物或药物的合成。

(1) 化学反应检索途径　化学反应检索一般采用以下几种途径。

① 通过化学反应结构图检索，或从化学物质出发，检索其作为反应物或产物等反应。

化学反应结构图检索，多用于特定的反应物、产物或者特定的骨架结构情况下。

② 化学反应主题检索　采用化学反应名称或者反应主题检索化学反应。

除化学反应结构图检索外，还有另外一种化学反应检索方式，如对于某一类型但不限于具体反应物、产物的化学反应，可采用反应主题进行检索。化学反应主题检索一般有以下几种方式：

a. 利用"反应名"在文献标题、摘要，甚至全文字段中检索，获得相关文献，阅读原文并获取相关反应信息；

b. 在一些专业数据库中，利用反应名直接检索化学反应，如 Reaxys、Web of Science 核心合集中的 Current Chemical Reactions 化学索引数据库等。

(2) 化学反应检索案例

[检索案例 4-3] 青蒿素的合成方法

背景：青蒿素作为最早从植物黄花蒿中提取的天然产物，其产量难以满足医药需求。因此采用化学合成或生物合成方法是大批量生产青蒿素的必然选择。

讨论：青蒿素的化学合成方法有哪些，哪些合成方法可供参考？

思路：SciFinder 和 Reaxys 这两个化学专业检索平台，收录了几千万种化学反应信息，是检索化学反应的最佳选择，我们选择其中的 SciFinder。由于青蒿素作为产物已经确定，化学结构也已确定，选择化学反应结构图方式检索其化学反应。

检索步骤：

① 登录进入 SciFinder 数据库。

② 方法 1：通过化学物质检索 (explore substances) 模式，检索到青蒿素 (参见检索案例 4-2)。

查看物质的详细记录，打开化学结构图右上角的箭头，点击 "Synthesize this"，或者点击 "Get Reactions where Substance is a"，选择青蒿素在反应中所起作用 (如反应物、产物、催化剂、溶剂等)，我们选择 "Product" (产物)。另外，点击物质详细记录页面上方的 "Get Reactions"，与 "Get Reactions where Substance is a" 效果相同。SciFinder 通过化学物质检索化学反应见图 4-17。

③ 方法 2：选择 "Explore Reactions" 检索模式，打开化学结构编辑器，绘制或者导入化学物质结构图，选择其在反应中所起作用 (如 "Product")，检索；也可以直接绘制化学反应结构图检索。

通过化学物质检索相关反应，检索结果较全，需要从诸多化学反应中加以筛选。

利用化学反应结构图检索，优势是既有产物、又有反应物，反应的针对性强；缺点是如

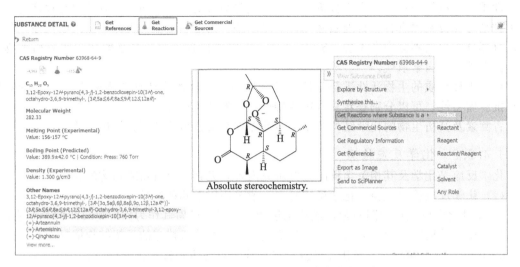

图 4-17 SciFinder 通过化学物质检索化学反应

果反应复杂，中间步骤较多，用反应图检索不一定能检索到，且检索不到其他合成方法。SciFinder 化学反应检索页面见图 4-18。

图 4-18 SciFinder 化学反应检索页面

④ 化学反应检索结果　检索得到 485 个合成青蒿素的化学反应（2017-02-24）。对这些化学反应结果可以进行"Analyze（分析）"或者进一步"Refine（精炼）"。其中：

a. "分析"包括反应的 Number of Steps（步骤数），Product Yield（产率），采用的催化剂、溶剂或研究机构、作者等多个方面。

分析这 485 个反应的 Product Yield（产率），发现有 4 个反应的产率≥90%；分析这些反应中应用最多的催化剂，分别有 p-MeC$_6$H$_4$SO$_3$H、RuCl$_3$、Mo、Cu(CF$_3$SO$_3$)$_2$ 等。

b. "精炼"包括 Product Yield（产率）、Number of Steps（反应步骤数）、Reaction Classification（反应分类）、反应结构等选项，如可以选择 Reaction Classification 中的一种或几种（Biotransformation、Catalyzed、Chemoselective、Electrochemical、Photochemical、Radiochemical、Regioselective、Stereoselective 等）进行二次检索。选择 Stereoselective

（立体选择性）时，得到 288 个涉及立体选择性的化学反应。

c. 对于每一个反应，可以查看其详细信息，包括反应图、反应步骤及条件、产率、反应出处（包含文献题名、作者、出处）等。

SciFinder 化学反应检索结果页面见图 4-19。

图 4-19　SciFinder 化学反应检索结果页面

[检索案例 4-4]　Friedel-Crafts Acylation（傅氏酰基化/付氏酰基化）反应

背景：作为经典的芳香亲电取代反应，傅氏酰基化反应在有机合成中非常重要，反应本身及催化剂都是研究重点。

目标：傅氏酰基化研究概况，重要催化剂。

思路：由于是针对确定的反应类型，不限定反应物或产物，因此采用反应主题检索，选择 Reaxys 数据库。

检索步骤：

① 进入 Reaxys 数据库（https：//www. reaxys. com），检索时间为 2017-02-28。

② 方法 1：选择 ReaxysTree 检索模式　ReaxysTree 中所有主题按树状结构排列，便于检索具有某主题的文献。ReaxysTree 分为 Chemical Transformations（化学转化）、Physico Chemical Analysis Methods（物化分析方法）、Physico Chemical Properties（物化性质）、Quantum Chemical Calculation Methods（量子化学计算方法）四大类主题，可以检索或浏览。

a. 点击 Chemical Transformations 主题，层层浏览，Chemical Transformations—Named Reaction—Friedel-Crafts Reaction—Friedel-Crafts Acylation，或者直接用"Friedel-Crafts Acylation"在 ReaxysTree 中检索（图 4-20）。

b. 获取 1413 篇涉及傅氏酰基化反应的文献（图 4-21）。

c. 可以对 1413 篇文献以及文献中涉及的 29033 个反应、16887 个物质进行分析过滤，如按照 Reaction Type 过滤，则显示 Friedel-Crafts Acylation（1765）、Friedel-Crafts Acylation（506），勾选后，点击"limit to"，则得到反应 2052 个，文献 411 篇。Reaxys 反应过滤后结果页面见图 4-22。

③ 方法 2：选择"Reactions"检索模式，然后通过 Structure（化学结构图）方式或者 Reaction Data（反应数据）方式，检索反应。Reaction Data 包括 Yield（产率）、Solvent（溶剂）、Reagent/Catalyst（试剂/催化剂）、Time（反应时间）、Temperature（反应温度）、Pressure（反应压力）、Reaction Type（反应类型）等多个选项。我们选择 Reaction Data 中的 Reaction Type，输入"Friedel-Crafts Acylation"，检索，得到 5732 个反应。

化学信息学

图 4-20　ReaxysTree 检索页面

图 4-21　ReaxysTree 检索结果页面

图 4-22　Reaxys 反应过滤后结果页面

Reaxys 反应检索页面见图 4-23，Reaxys 反应检索结果页面见图 4-24。

图 4-23　Reaxys 反应检索页面

图 4-24　Reaxys 反应检索结果页面

注意：通过"Reaction"检索到的反应数量（5732）与通过 ReaxysTree 中得到的反应数量（2052）不同。这是因为"Reaction"检索是基于反应的相关信息索引，ReaxysTree 检索则是基于文献的相关信息索引，如果文献涉及 Friedel-Crafts Acylation，但其书目信息或 Reaxys Terms 等索引信息中未出现 Friedel-Crafts Acylation 主题词，则不能通过 ReaxysTree 检索得到该文献及其反应。对于该案例，通过"Reaction"检索到的 Friedel-Crafts Acylation 反应数量更多。

④ 对这些反应，可以查看其反应结构式、反应条件、产率、反应出处以及详细的反应

步骤等信息。还可以对这些反应或相关物质、文献进行分析过滤，如通过"Reagent/Catalyst"分析，可以发现 $AlCl_3$ 是首选催化剂，trifluoromethanesulfonic acid（三氟甲磺酸）、$SnCl_4$、$ZnCl_2$ 等也是应用较多的催化剂。

4.4.2.3 化学数据图表检索

化学相关数据图表，如光谱图、相图、热力学图表等也是数据检索的一种类型。这些数据图表除了可从相关文献全文中获取外，也有一些专业的商用或免费资源，常用的电子资源如 SpringerMaterials、Knovel、FactSage 等。

① SpringerMaterials 来源于 Landolt-Börnstein 系列的多种材料数据和 MSI Eureka 等无机材料数据库，可以进行快速检索、元素检索、化学结构检索。SpringerMaterials 数据库首页面见图 4-25，Cu-Nb 二元相图见图 4-26。

图 4-25　SpringerMaterials 数据库首页面

图 4-26　SpringerMaterials 中的 Cu-Nb 二元相图

② Knovel 数据库是基于网络的交互式参考工具，收录了来自 120 多个出版机构的实践

经验、验证的方程和材料及物质数据，部分图表具有交互式功能。

[检索案例 4-5] 对二氯苯不同温度下的蒸气压曲线

背景：市售的多数防蛀剂（有的也称"樟脑丸"）主要成分为"对二氯苯"，不是樟脑，我们知道对二氯苯有较强毒性，并具有挥发性，想了解其不同温度下的蒸气压数据，以评价其安全性。

思路：利用一些数据手册，SciFinder、Reaxys 等数据库，也可以得到"对二氯苯"（p-dichlorobenzene）在某些具体温度下的蒸气压数据。如在 SciFinder 数据库中，得到对二氯苯在 25℃的蒸气压为 1.64 Torr（即 218.6Pa），但没有其他温度下的蒸气压数据。

考虑到 Knovel 数据库中有一些交互式图表，选择 Knovel 数据库。

检索步骤：

① 进入 Knovel 数据库。

② Knovel 提供全文检索和"Data Search"两种检索方式。我们选择"Data Search"，可以分别输入物质名称、分子式、CAS 登录号等进行检索。Knovel 中的 Data Search 检索页面见图 4-27。

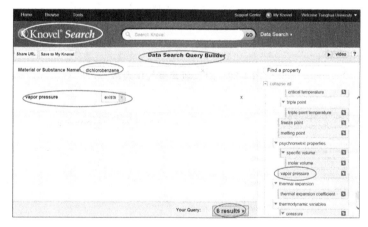

图 4-27　Knovel 中的 Data Search 检索页面

③ 输入物质名称"dichlorobenzene"，显示 231 个结果。在页面右侧查找或浏览相应性质，如本案例中的"vapor pressure（蒸气压）"，得到 6 个结果，点击获取。

④ 在涉及"vapor pressure（蒸气压）"的 6 个检索结果中，有 3 个 Interactive Graphs（交互式曲线图）和 3 个 Interactive Tables（交互式表格）。Knovel 检索结果页面见图 4-28。

⑤ 选择交互式曲线图，然后点击其中第三条结果的标题或"Click Link To View The Table"，得到来自工具书 *Yaws' Critical Property Data for Chemical Engineers and Chemists* 的有机物蒸气压图表 12（图 4-29）。

⑥ 点击表中第三行"p-dichlorobenzene"（对二氯苯）的"equation plotter"标志，得到对二氯苯的蒸气压/温度平衡曲线（图 4-30）。

⑦ 该曲线图（图 4-30）中，X 轴为变量——温度，Y 轴为函数——蒸气压。其中温度、蒸气压的单位可以自己选择，如温度可以选择摄氏度（℃）、开尔文（K）、华氏度（℉）等，蒸气压单位可以选择毫米汞柱（mmHg）、帕（Pa）、千帕（kPa）、巴（bar）等。

通过该曲线图，可以很方便地获取对二氯苯在不同温度下的饱和蒸气压。如在常温（25℃）时，对二氯苯的蒸气压为 2.477mmHg（即 330.3Pa），40℃时其蒸气压为 5.821mmHg（即 776.0Pa）。从该曲线图及相关数据可以看出，对二氯苯这种物质易挥发，低温及常温的蒸

图 4-28　Knovel 检索结果页面

图 4-29　对二氯苯蒸气压表格

图 4-30　对二氯苯的蒸气压/温度平衡曲线

气压数值就较大，并且随着温度的升高，蒸气压快速增大。物质的饱和蒸气压越大，就越容易挥发，在空气中的浓度就越高。

第 5 章

中文学术论文资源数据库

5.1 中国知网

5.1.1 中国知网概况

CNKI（China National Knowledge Infrastructure）是"国家知识基础设施"的简称，也可以解读为"中国知网"，是以实现全社会知识信息资源共享为目标的国家信息化重点工程，被认为是"国家级重点新产品重中之重"项目。自1999年正式建立以来，经过多年的努力，现在已经成为了世界上全文信息量规模最大的"CNKI数字图书馆"，目前CNKI的内容涵盖了工业、农业、医药卫生、经济、理学等知识信息资源。它的文献类型有期刊论文、图书、学位论文、会议论文、专利、报纸等。其中与化学化工紧密相关的数据库有：中国期刊全文数据库、中国优秀博硕士学位论文全文数据库、中国重要会议论文全文数据库、国家科技成果数据库、中国报纸全文数据库等。

5.1.2 中国学术期刊（网络版）

China Academic Journal Network Publishing Database（CAJD），《中国学术期刊（网络版）》是世界上最大的连续动态更新的中国学术期刊全文数据库，是"十一五"国家重大网络出版工程的子项目，是《国家"十一五"时期文化发展规划纲要》中的国家"知识资源数据库"出版工程的重要组成部分。

《中国学术期刊（网络版）》的出版内容以学术、技术、政策指导、高等科普及教育类期刊为主，内容覆盖自然科学、工程技术、农业、哲学、医学、人文社会科学等各个领域，收录国内学术期刊8千种，全文文献总量5000万篇。产品分为十大专辑：基础科学、工程科技Ⅰ、工程科技Ⅱ、农业科技、医药卫生科技、哲学与人文科学、社会科学Ⅰ、社会科学Ⅱ、信息科技、经济与管理科学。十大专辑下分为168个专题。《中国学术期刊（网络版）》的文献检索页面见图5-1。

5.1.3 中国学术辑刊全文数据库

辑刊是指由学术机构定期或不定期出版的成套论文集。《中国学术辑刊全文数据库》是目前国内唯一的学术辑刊全文数据库。中国学术辑刊全文数据库，从1979年开始收录出版论文集，共收录国内外出版的重要学术辑刊720种，累积文献总量249510篇。该全文数据库和《中国学术期刊（网络版）》的专辑专题一样，也是十大专辑下分为168个专题文献数据库。

图 5-1 《中国学术期刊（网络版）》的文献检索页面

从《中国学术期刊（网络版）》网页我们可以选择进入中国学术辑刊全文数据库。如图 5-2 所示，在下拉按钮的选项中，可以选择所需查询的数据库。我们可以选择中国学术辑刊全文数据库进入页面（图 5-3）。

图 5-2 选择数据库页面

图 5-3 CNKI 中国学术辑刊全文数据库的标准检索页面

数据库检索总体分为文献检索和期刊导航,其中文献检索包括快速检索、标准检索、专业检索、作者发文检索、科研基金检索、句子检索和来源期刊检索;期刊导航可以根据期刊名称进行检索,也可以根据列出的 A~Z 英文字母表进行期刊检索。另外,页面还列出各专栏目录所对应的学科,点击学科名的超链接,可逐级打开专栏目录,浏览各学科所包属的期刊,点击所需要的期刊名,进一步浏览各期刊所收录的文献。

快速检索直接输入检索词就可以进行快速查找,但是由于限定范围比较广泛,需要进一步筛选。

标准检索分为两部分,分别是输入检索控制条件和输入内容检索条件。在输入检索控制条件下,我们可以限定检索期刊的年期、指定时间和更新时间、精确来源期刊、精确支持的基金,对作者或者第一作者以及作者单位都可以精确限定,当不需要精确查找时可以设置为模糊查找。输入内容检索条件的设置包括:主题、篇名、关键词、摘要、全文、参考文献、中图分类号等。在检索页面只列出一行的检索条件输入框,但用户可根据需要增加至五行的检索条件框,点击"+"或"-"图标,可以增加或减少检索条件输入框的行数。连接检索条件的逻辑算符为:"并且包含""或者包含"和"不包含"。另外还增加了限定输入检索词出现的词频。

专业检索:图 5-4 是中国学术辑刊全文数据库的专业检索页面。专业检索可以进行两个以上检索字段的复杂检索。用户可使用逻辑算符、位置算符、截断符和检索字段组成复杂的检索表达式,进行准确的检索,点击检索表达式语法,可以获得构造专业检索式的操作指南。

图 5-4 中国学术辑刊全文数据库的专业检索页面

对于作者发文检索、科研基金检索和来源辑刊检索这三种检索方式,分别可以针对作者、科研基金名称和辑刊来源进行检索,针对性较强。在提供作者或者第一作者姓名、作者单位信息的情况下,用户就可以得到关于查询作者的相关学术内容。另外两个检索方式也是如此,故不赘述。

5.1.4 中国博士学位论文全文数据库

中国博士学位论文全文数据库(China Doctoral Dissertations Full-text Database,CDFD)以专题数据库的形式设计 CNN 知识仓库分类导航体系,将各学科的知识分为十大专辑,分别为:基础科学、工程科技Ⅰ类、工程科技Ⅱ类、农业科技、医药卫生科技、哲学与人文科学、社会科学Ⅰ类、社会科学Ⅱ类、信息科技以及经济与管理科学。10 个专辑下又分了 168 个专题文献数据库,共收集了 1998 年以来全国 450 家博士培养单位的博士学位论文。截至 2017 年,数据库中收录的博士论文达 30 多万篇。

图 5-5 所示的是 CNKI 博士学位论文数据库的标准检索界面,通过该界面用户可以输入相关的控制条件及检索内容进行查询,其中,可输入的控制条件包括:论文的发表时间、学位授予单位、授予学位年度、支持基金名称、作者姓名、作者单位、导师姓名、导师单位以

及论文的优秀级别。论文的优秀级别可设定为全国优秀学位论文、省级优秀学位论文或者校级优秀学位论文（该条件为可选，亦可不限定论文的优秀级别）。对于内容检索的条件限制，用户可以将输入的关键词限定于主题、题名、关键词、摘要、目录、全文、参考文献、中图分类号和学科专业名称之中。

图 5-5　CNKI 博士学位论文数据库的标准检索页面

这里我们给出了一个简单的例子来看看如何设定检索的条件以及检索的结果（图 5-6）。我们将授予学位年度设定为"2000 年至 2010 年"，优秀论文级别设定为"全国优秀学位论

图 5-6　标准检索模式的检索结果

文"，在内容限定方面，我们设定查找的论文与纳米材料相关，因此在主题的限定中我们输入"纳米材料"，最后点击"检索文献"按钮开始检索。

图 5-6 显示的是在标准检索模式下的检索结果，这些结果将直接显示在标准检索页面的下方，对于主题为"纳米材料"的全国优秀博士学位论文共有 16 篇，从记录列表中我们能够获得论文的题目、作者的姓名、被引频次和下载频次。之后点击论文的题目链接，用户可以获得该论文更为详细的资料，包括导师姓名、作者基本信息、论文关键词、摘要等（图 5-7），在详细信息页面中用户也可选择在线阅读论文全文或者将全文下载到本地存储设备。

图 5-7　博士论文全文详细信息页面

此外，在标准检索页面的左侧，数据库检索系统以列表的方式给出了 10 个专辑以及 168 个专题文献数据库的名称，用户在检索之前可以先设定检索的范围（即设定检索的学科和专题范围），系统的默认条件是对所有数据库进行检索。

为了满足不同用户的需求，博士学位论文数据库还提供了快速检索［图 5-8(a)］和专业检索［图 5-8(b)］功能。在快速检索页面中，用户只需输入关键词即可对数据库进行模糊检索，由于限定条件较少，因此符合条件的检索结果一般比较多，用户需要对结果记录再次

(a) 快速检索页面　　　　　　　　　　　　(b) 专业检索页面

图 5-8　CNKI 博士学位论文数据库的快速检索及专业检索页面

筛选以获得符合自己要求的文献；在专业检索页面的输入框中，用户可根据数据库提供的语法和字段自行组合成各种查询条件，编写查询条件的过程较为复杂，适合于对数据库查询有一定基础的高级用户，通过此方法能够快速获得符合要求的文献。为此，数据库系统为用户提供了一份详细的操作说明及示例（图5-9），用户依照说明中的示例语法及使用条件就能够编写出符合自身需要的检索式。

图5-9　CNKI博士学位论文数据库提供的专业检索操作说明

除了提供检索功能，博士学位论文数据库还为用户提供了两种浏览方式：学位授予单位导航和博士学位论文电子期刊导航。图5-10显示的是学位授予单位导航系统，其中导航的方式分为两类：地域导航［图5-10(a)］以及学科专业导航［图5-10(b)］。在地域导航中，系统将数据库中收录的436家博士学位授予单位所在地区划分为10个区域：华北地区、东北地区、华东（南）地区、华东（北）地区、华中地区、华南地区、西南地区、西北地区、

(a) 地域导航　　　　　　　　　　　　　　　(b) 学科专业导航

图5-10　CNKI博士学位论文数据库学位授予单位导航系统

港澳台以及其他国家。用户可在相应的地区分类中选择博士学位授予单位，之后对其中收录的博士学位论文进行浏览。在学科专业导航中，系统依据目前对学科的分类，共划分出了12个学科类别：哲学、经济学、法学、教育学、文学、历史学、理学、工学、农学、医学、军事学以及管理学。用户可以先找到相应的学科及子学科分类，再于其中浏览自己感兴趣的博士学位论文。

数据库根据划分好的10个专辑将收录的博士学位论文分期列出（图5-11），用户可以直接在某个专辑中选择特定的年份进行浏览。

图 5-11　CNKI博士学位论文数据库电子期刊导航系统

5.1.5　中国优秀硕士学位论文全文数据库

中国优秀硕士学位论文全文数据库（China Master's Theses Full-text Database，CMFD）是目前国内最全面的硕士学位论文数据库，截至2017年，它收录了来自743家培养单位的优秀硕士学位论文300多万篇，其中重点收录985高校、211高校、中国科学院、社会科学院等重点院校及研究单位的优秀硕士论文、重要特色学科（如通信、军事学、中医药）等专业的优秀硕士论文。与博士学位论文数据库相同，该数据库仍然将论文分为了10个专辑共168个专题，其查询界面和所提供的查询方式与博士学位论文数据库几乎一致，因此这里不再赘述，读者可参照本书对CNKI博士学位论文数据库的讲解进行操作。

5.1.6　中国重要会议论文全文数据库

《国内外重要会议论文全文数据库》收录了国内外会议主办单位或论文汇编单位书面授权并推荐出版的重要会议论文，是《中国学术期刊（光盘版）》电子杂志社编辑出版的国家级连续电子出版物，重点收录1999年以来，中国科协系统及国家二级以上的学会、协会，高校、科研院所，政府机关举办的重要会议以及在国内召开的国际会议上发表的文献。其中，国际会议文献占全部文献的20%以上，全国性会议文献超过总量的70%，部分重点会议文献回溯至1953年。目前，已收录出版国内外学术会议论文集3万本，累积文献总量200多万篇。同CNKI其他数据库一样，也分为十大专辑、168个专题。

中国重要会议论文全文数据库的页面见图5-12，可以看出在文献检索方式上与其他数据库相比并没有多大的差异，因此这里不再重复。但是，我们可以看到除文献检索外还包括会议导航、论文集导航、主办单位导航。其中，会议导航和论文集导航又包括三方面：学科导航[图5-13(a)]、行业导航[图5-13(b)]、党政导航[图5-13(c)]。学科导航是按CNKI的10大专辑分类，行业导航则是包括农业、林业、牧业、渔业、采矿业、制造业等20个专题行业。党政导航由12个方面组成，分别是党的建设、思想政治理论与精神文明建设、社会主义建设、国家机构与行政管理、群众组织、外交、法律、军事、其他国家政治、各国政治史、中国共产党机关、国家机构。主办单位导航[图5-13(d)]又可以按照单位性质、行业组织、党政组织的分类进行检索。

图5-12　CNKI中国重要会议论文全文数据库页面

5.1.7　CNKI国家科技成果数据库

《中国科技项目创新成果鉴定意见数据库（知网版）》主要收录正式登记的中国科技成果，按行业、成果级别、学科领域分类。每条成果信息包含成果概况、立项、评价，知识产权状况及成果应用，成果完成单位、完成人等基本信息。核心数据为登记成果数据，具备正规的政府采集渠道，权威、准确。数据库唯一收录了专家组对该项成果的推广应用前景与措施、主要技术文件目录及来源、测试报告和鉴定意见等内容的鉴定数据。与通常的科技成果数据库相比，《中国科技项目创新成果鉴定意见数据库（知网版）》每项成果的知网节集成了与该成果相关的最新文献、科技成果、标准等信息，可以完整地展现该成果产生的背景、最新发展动态、相关领域的发展趋势，可以浏览成果完成人和成果完成单位更多的论述以及在各种出版物上发表的文献。成果分类按照《中国图书资料分类法》（第四版）和GB/T 13745《学科分类与代码》，目前共收录科技成果789521项。

图5-14是CNKI国家科技成果数据库页面，如图中高级检索所示，它的检索条件限制比检索这一选项更详细，包括年限、成果应用行业、成果课题来源等信息，适合更详细的检索方式。另外，专业检索的说明参照前面的使用介绍（图5-9）。

第5章 中文学术论文资源数据库

图 5-13　CNKI 中国重要会议论文全文数据库检索导航

图 5-14　CNKI 国家科技成果数据库页面

5.2　万方数据知识服务平台

5.2.1　万方数据知识服务平台概况

"万方数据资源系统"是以中国科技信息所（万方数据集团公司）全部信息服务资源

为依托建立起来的,是一个以科技信息为主,集经济、金融、社会、人文信息为一体,以 Internet 为网络平台的大型科技、商务信息服务系统。该系统可以分为四个子系统,即科技信息系统、数字化期刊、企业服务系统以及医药信息系统。数字化期刊作为万方数据库资源系统中的主要的子系统,属于国家"九五"重点科技攻关项目。数字化期刊按理、工、农、医、人文五大类划分,共收录了 70 多个类目,大约有 3500 种学术核心期刊,其中全文期刊 2000 多种。万方收录的数据库很多,我们就简要介绍几个主要的数据库:中国学术期刊数据库、中国学位论文全文数据库、中国学术会议文献数据库、中文科技报告数据库。

5.2.2 中国学术期刊数据库

中国学术期刊数据库(China Science Periodical Database,CSPD)的期刊资源包括中文期刊和外文期刊,其中中文期刊共 8000 余种,核心期刊 3200 种左右,涵盖了自然科学、工程技术、医药卫生、农业科学、哲学政法、社会科学、科教文艺等各个学科;外文期刊主要来源于 NSTL 外文文献数据库以及牛津大学出版社等国外出版机构,收录了 1995 年以来世界各国出版的 20900 种重要学术期刊。

图 5-15 是万方中国学术期刊数据库页面,用户可以查询中文期刊和外文期刊,分别按照期刊首字母、核心收录、来源数据库、收录地区、出版周期和是否优先出版的方式选择需要限定的查询期刊。在页面左侧部分是万方数据化期刊的 8 个大类,用户也可以根据学科类别进行筛选。

图 5-15 万方中国学术期刊数据库页面

5.2.3 中国学位论文全文数据库

中国学位论文全文数据库(China Dissertation Database,CDDB),其学位论文资源包括中文学位论文和外文学位论文,中文学位论文收录始于 1980 年,收录中文学位论文共计 524 万多篇,年增 30 万篇,涵盖理学、工业技术、人文科学、社会科学、医药卫生、农业科学、交通运输、航空航天和环境科学等各学科领域;外文学位论文收录始于 1983 年,累计收藏 11.4 万余篇,年增量 1 万余篇。

图 5-16 是万方中国学位论文全文数据库分类页面,检索方式分为三大类,即学科、专业、授予单位,也可以在页面最上方点击高级检索,或者以论文题目直接进行检索。

万方高级检索页面[图 5-17(a)]可以选择文献类型和语种,在检索信息中检索字段有:主题、关键字、题名、第一作者、作者单位、关键词、摘要等。其逻辑算符有:"与""或""非"。用户可以在输入框内键入检索词,限定发表时间是更新时间,点击"检索"按钮,便

| 学科 | 专业 | 授予单位 |

综合性图书	环境科学、安全科学	航空、航天
交通运输	工业技术	农业科学
医药、卫生	生物科学	天文学、地球科学
数理科学和化学	自然科学总论	历史、地理
艺术	文学	语言、文字
文化、科学、教育、体育	经济	军事
政治、法律	社会科学总论	哲学、宗教
马克思主义、列宁主义、毛泽东思想、邓小平理论		

图 5-16 万方中国学位论文全文数据库分类页面

可以进行论文检索。万方专业检索页面 [图 5-17(b)]，同样也可以选择文献类型、语种、发表时间。对于专业检索字段的用法，用户可以点击查阅"教你如何正确编写表达式"的超链接。

(a) 高级检索页面　　　　　　　　(b) 专业检索页面

图 5-17 万方高级检索和专业检索页面

5.2.4 中国学术会议文献数据库

中国学术会议文献数据库（China Conference Paper Database，CCPD）的会议资源包括中文会议和外文会议资源，中文会议收录始于 1982 年，收录中文会议论文共计 538 万多篇，年收集 4000 多篇重要学术会议论文，年增 20 万篇全文，每月更新；外文会议资源主要来源于外文文献数据库，收录了 1985 年以来世界各主要学协会、出版机构出版的学术会议论文，共计 766 万多篇。

点击万方数据知识服务平台的菜单"≡"按钮，在资源栏下点击"会议"即可进入中国学术会议文献数据库页面，如图 5-18 所示。页面左边是对学科的分类，总共 20 类，右边的导航系列分为两部分：会议系列导航和会议导航。会议系列导航，用户直接输入会议系列名称查看会议内容；会议导航页面（图 5-19）则可以选择时间、主办单位、主办地、会议级别进行筛选。

图 5-18 中国学术会议文献数据库页面

图 5-19 中国学术会议文献数据库的会议导航页面

5.2.5 中文科技报告数据库

科技报告是描述科研活动的过程、进展和结果，并按照规定格式编写的科技文献。中文科技报告源于中华人民共和国科学技术部，收录始于 1966 年，共收录中文科技报告 20000 余份。在国家科技报告服务系统中也可以查阅外文科技报告，外文科技报告源于美国政府四大科技报告（AD、DE、NASA、PB），收录始于 1958 年，共收录外文科技报告 1100000 余份。

中国科技报告数据库页面见图 5-20，快速导航列出 A—Z 的英文字母排序，可根据首字母选择。另外页面左边可以看到四大分类，分别是按来源、按学科、按地域、按类型。用户也可以限定这些条件来进行中文科技报告检索。

图 5-20　中国科技报告数据库页面

5.3　维普网

5.3.1　维普期刊资源整合服务平台概况

维普中文科技期刊数据库（http://oldweb.cqvip.com/）自推出后就受到国内图书情报界的广泛关注和普遍赞誉。其首先推出的《中文科技期刊数据库》（全文版）（简称中刊库）是一个功能强大的中文科技期刊检索系统。数据库收录了 1989 年至今的 8000 余种中文科技期刊刊载的 2000 余万篇文献，并以每年 100 万篇的速度递增，内容涵盖自然科学、工程技术、农业科学、医药卫生、经济管理、教育科学和图书情报七大专辑。

维普期刊中文期刊服务平台有四类数据库检索方式：期刊导航（图 5-21）、学科导航、地域导航、期刊评价报告（图 5-22）。相比于其他期刊数据库，在维普的期刊评价报告中我们可以查到近十年来期刊的被引频次、影响因子、立即指数、发文量、被引半衰期、期刊他引率、平均引文量的指标，从而能更全面地评价查看的期刊。

5.3.2　中文科技期刊数据库

中文科技期刊数据库（China Science and Technology Journal Database，CSTJ）是我国最大的数字期刊数据库，该数据库受到国内图书情报界的广泛关注和普遍赞誉，目前已拥有包括港澳台地区在内的 6000 余家大型机构用户，是我国数字图书馆建设的核心资源之一，是高校图书馆文献保障系统的重要组成部分，也是科研工作者进行科技查证和科技查新的必备数据库。

中文科技期刊数据库页面见图 5-23，可以进行同义词和同名作者的检索，可限定期刊范围、年限。检索入口分为：题名或关键词、关键词、题名、文摘、作者、第一作者、机构、刊名、分类号、任意字段，也提供检索式检索和二次检索。在页面左下角，用户可以点击"高级检索"，进入高级检索页面（图 5-24）。

图 5-21　维普中文期刊服务平台期刊导航页面

图 5-22　维普中文期刊服务平台期刊评价报告页面

图 5-23 中文科技期刊数据库页面

图 5-24 维普高级检索页面

5.3.3 中国科学指标数据库

《中国科学指标数据库》(China Science Indicators System,CSI) 是维普公司于 2009 年 6 月正式推出的一款全新资讯类产品,是目前国内规模最大的基于引文评价的事实型数据库,是衡量国内科学研究绩效、跟踪国内科学发展趋势的有力工具。

CSI 涵盖了理、工、农、医和社会科学等方面的 4000 余种中文期刊和百万级中国海外期刊发文数据,数据评价时段从 2000 年至今,每双月更新。用户可以通过该产品查看关于学者、机构、地区、期刊的科研水平及影响力评价,并了解当前国内的科研动态、研究热点和前沿。该产品具有内容全面、数据客观、评价公正等显著特征。中国科学指标数据库页面见图 5-25。

图 5-25 中国科学指标数据库页面

第6章

外文学术论文资源数据库

6.1 Web of Science

6.1.1 Web of Science 概况

ISI（Institute for Scientific Information，网址 http://isiknowledge.com）是美国科学信息研究所的简称，1958 年 Dr. Eugene Garfield 在美国费城建立了 ISI 的总部，所以 ISI 也曾经被直译为中文"费城科技情报局"。ISI 自成立以来一直致力于文献信息领域，初期主要是出版印刷《科学引文索引（SCI）》等纸质读物和资料。随着信息全球化和网络技术的大力发展，1988 年开始出版发行 SCI 光碟，1997 开始构建 ISI 网络数据库。

2001 年，ISI 根据万维网所建立的超链接特性，推出了一个基于知识（knowledge-based）的学术信息资源整合检索平台——Web of Knowledge。它是一个"一站式"的数字研究平台，它将期刊文献、专利、化合物、基因序列和会议记录等信息资源进行整合，为不同层次、不同学科领域的学术研究人员提供海量的信息服务。Web of Knowledge 兼具知识的检索、提取、管理、分析与评价等多项功能。2003 年，该平台在将原有的 Web of Science 板块和 Web of Proceeding、ISI Journal of Citation Report 板块集成一体，并且增加了跨平台检索（CrossSearch）支持。平台发展至今，已经形成了以 Web of Science 为中心的包含十多个数据库的数据库群。

ISI Web of Knowledge 凭借独特的引文功能和互联网的链接特性，可以同时对多个数据库（包括专业数据库、多学科综合数据库及中国科学引文数据库）进行单个数据库或跨库检索。在 ISI Web of Knowledge 平台上，可以跨库检索 ISI Proceedings、Derwent Innovations Index、BIOSIS Previews、CAB Abstracts、INSPEC 等内部数据库以及外部信息资源。ISI Web of Knowledge 还与其他出版公司的数据库、原始文献、图书馆以及日益增多的网页等信息资源建立了相互连接，实现了信息内容、分析工具和文献信息资源管理软件的无缝连接。简单说，用户不仅可以同时检索所在机构订购的基于 ISI Web of Knowledge 平台上的所有资源，而且可以检索数据不在 ISI Web of Knowledge 平台上，但对研究者来说非常重要的学术信息资源。

2016 年 7 月，负责 Web of Knowledge 平台运营的 Thomson Reuters 公司宣布将其知识产权及科技业务出售，同年 10 月，Onex 公司和 Baring Private Equity Asia 公司完成收购，负责运行 Web of Science、Cortellis、Thomson Innovation、Derwent World Patents Index、Thomson CompuMark、MarkMonitor、Thomson IP Manager 以及 Techstreet 等业务下的板块。新独立出来的公司被正式命名为科睿唯安（Clarivate Analytics，网址 http://www.

thomsonscientific.com/），旨在"通过为全球客户提供值得信赖的数据与分析，洞悉科技前沿，加快创新步伐"。

目前 Clarivate Analytics 接管了绝大多数以前 Web of Knowledge 所包含的数据库，加上新增加的产品与服务，现有包括 Web of Science、Current Contents Connect、Derwent Innovations Index、Essential Science Indicators、INSPEC、Biosis Previews、中国科学引文数据库（Chinese Science Citation Database）、Journal Citation Reports 等，共 48 个系列的服务。

该平台下的主要数据库有：

(1) Web of Science Core Collection（Web of Science 核心合集），主要包括 SCI、SSCI、A&HCI 三大引文数据库，会议论文数据库（CPCI-SSH），化学反应数据库（CCR-EXPANDED）和化合物索引数据库（Index C）等。

(2) Current Contents Connect（全球期刊题录）是著名的多学科信息快讯数据库。Current Contents Connect 拥有世界上最重要的多学科最新资料通告资源，利用它可以通过网络方便地获取期刊目录、书目信息以及世界领先学术期刊最新一期和刚刚出版书籍的摘要信息，同时，用户在一些电子期刊正式出版之前即可获取其全部书目信息。

(3) Derwent Innovations Index（DII，专利数据库）将 Derwent World Patents Index 和 Patents Citation Index 有机地整合在一起，收录了来自全球 48 个专利授予机构提供的增值专利信息，涵盖了 5280 万份专利文献和 2400 万个同族专利，每周更新并回溯至 1963 年，为研究人员提供世界范围内的化学、电子与电气以及工程技术领域内综合全面的发明信息，是检索全球专利的最权威的数据库。

(4) INSPEC 是由英国电气工程师协会（IEEE）提供的综合文献索引，它涉及的主要学科领域包括物理学、电子与电气工程、计算机与控制工程以及信息科技方面文献的综合索引。该数据库涵盖了 1500 多万篇科技论文，它为物理学家、工程师、信息专家等研究人员提供了不可或缺的信息服务。

(5) Chinese Science Citation Database（CSCD，中国科学引文数据库）是由中国科学院创建的国内首个引文数据库，其在国内科技文献检索及文献计量评价等方面发挥了重要的作用。汤森路透与中国科学院合作，将 Chinese Science Citation Database 嵌入到 Web of Science™ 核心合集平台中，让全世界更多的科研人员了解中国的科研发展及动态，是 ISI Web of Knowledge 平台系列产品中首个非英文语种数据库。

(6) Journal Citation Reports（JCR，期刊引证报告）是一个独特的多学科期刊评价工具。JCR 是唯一提供基于引文数据统计信息的期刊评价资源。通过对参考文献的标引和统计，JCR 可以在期刊层面衡量某项研究的影响力，显示出引用和被引用期刊的相互关系。JCR 包括自然科学（Science Edition）和社会科学（Social Sciences Edition）两个版本。其中，JCR-Science 涵盖来自 83 个国家或地区，约 2000 家出版机构的 8500 多种期刊，覆盖 176 个学科领域。JCR-Social Sciences 涵盖来自 52 个国家或地区的 713 家出版机构的 3000 多种期刊，覆盖 56 个学科领域。

(7) Essential Science Indicators（ESI，基本科学指标）是一个基于 Web of Science 核心合集数据库的深度分析型研究工具。ESI 可以确定在某个研究领域有影响力的国家、机构、论文和出版物以及研究前沿。这种独特而全面的基于论文产出和引文影响力深入分析的数据，是政府机构、大学、企业、实验室、出版公司和基金会中的决策者、管理者、情报分析人员和信息专家的理想分析资源。通过 ESI，人们可以对科研绩效和发展趋势进行长期的定量分析。基于期刊论文发表数量和引文数据，ESI 提供对 22 个学科研究领域中的国家、机构和期刊的科研绩效统计和科研实力排名。

(8) BIOSIS Previews 提供了当今最新的生命科学和生物医学研究领域的综合资源，包括期刊、会议、专利、书籍等。人们能够通过检索获取多学科信息，例如 MeSH 疾病术语、CAS 登录号、Sequence Databank（序列数据库）注册号和 Major Concepts（主概念）等。

BIOSIS Previews（BP）是著名的生物学信息检索工具之一，由美国 BIOSIS 公司出版。它由 Biological Abstracts（生物学文摘）、Biological Abstracts-Reports、Reviews and Meeting（生物学摘要-报告、综述、会议）以及 BioResearch Index（生物研究索引）组合而成。数据库来自 5000 多种期刊以及国际会议、综述性文章、书籍、专利文献、图书和报告等，收录的文献涵盖世界 90 多个国家和地区的资源。数据最早可回溯到 1969 年，记录总数超过 1450 万条。数据每周更新，每年新增数据量超过 56 万条。数据还包括来自美国专利商标局的 21000 条专利信息，这些专利的时间跨度为 1986 年至 1989 年和 1995 年至今。

6.1.2 Web of Science Core Collection

Web of Science 是一个基于 web 而构建的整合的数字研究平台，通过强大的检索技术和基于内容的连接能力，将高质量的信息资源、独特的信息分析工具和专业的信息管理软件无缝地整合在一起，兼具知识的检索、提取、分析、评价、管理与发表等多项功能，从而大大扩展和加深了信息检索的广度与深度，加速了科学发现与创新的进程。

Web of Science 以 Web of Science 核心合集（著名的三大引文索引为 Science Citation Index Expanded, Social Sciences Citation Index, Arts & Humanities Citation Index）为核心，凭借强大的交叉检索功能，有效地整合了学术期刊（Web of Science 核心合集，Current Contents Connect）、发明专利（Derwent Innovations Index）、化学反应（Current Chemical Reactions, Index Chemicus）、学术专著（Book Citation Index）、学术分析与评价工具（Journal Citation Reports, Essential Science IndicatorsSM）、学术社区（Science Watch.com）及其他多个重要的学术信息资源（BIOSIS Previews, INSPEC, FSTA, Medline 等），提供了自然科学、工程技术、生物医学、社会科学、艺术与人文等多个领域中高质量、可信赖的学术信息。

在功能上，Web of Science 提供了强大的知识发现与管理工具，包括跨库跨平台检索工具 CrossSearch、独特的引文检索、主题检索、化学结构检索、基于内容与引文的跨库交叉浏览、检索结果的信息分析、定题跟踪 Alerting 服务、检索结果的信息管理（EndNote，Reference Manager, ProCite, WriteNote）等，帮助研究人员迅速深入地发现自己所需要的信息，把握研究发展的趋势与方向。

Web of Science 不仅收录核心期刊中的学术论文，而且把其认为有意义的其他文献类型也收录进数据库，包括期刊中发表的信件、更正、补正、编者按和评论、会议文摘等 17 种类型（其他文献数据库一般不收录这些类型的文献）。Web of Science 的数据为每周更新。

Web of Science 核心合集（Web of Science Core Collection）数据库收录了 12000 多种世界权威的、高影响力的学术期刊，数据最早回溯至 1900 年。数据库收录、涵盖了农业、生物科学、工程学、医学与生命科学、物理与化学科学、人类学、法律、图书馆学、建筑、舞蹈、音乐、电影和戏剧等诸多学科的信息，可以称得上是"全学科覆盖"。原先的 Web of Science 核心合集指的是三大引文数据库，分别是 Science Citation Index Expanded（SCI）、Social Sciences Citation Index（SSCI）和 Arts & Humanities Citation Index（A&HCI），而如今的 Web of Science 核心合集已扩展为可以提供八种综合性引文数据库和两种化学索引数据库。

(1) Science Citation Index Expanded（SCI，科学引文索引）涵盖 176 个学科的 8600 多种高质量学术期刊，数据最早可回溯至 1900 年。《科学引文索引》是人们最常用的数据库，是由美国科学信息研究所（ISI）于 1961 年创办出版的引文数据库，也是覆盖生命科学、临床医学、物理化学、农业、生物、兽医学、工程技术等方面的综合性检索刊物，尤其能反映自然科学研究的学术水平，是目前国际上三大检索系统中最著名的一种。其中以生命科学及医学、化学、物理学所占比例最大，收录当年国际上的重要期刊，尤其是它的引文索引表现出独特的科学参考价值，在学术界占有重要地位。许多国家和地区均以被 SCI 收录及引证的论文情况作为评价学术水平的一个重要指标。从 SCI 严格的选刊原则及严格的专家评审制度来看，它具有一定的客观性，能较真实地反映了论文的水平和质量。根据 SCI 收录及被引证情况，可以从侧面反映学术水平的发展情况，特别是每年一次的 SCI 论文排名成了判断一个院校科研水平的十分重要的标准。SCI 以《期刊目录》（Current Content）作为数据源。

（2）Social Sciences Citation Index（SSCI，社会科学引文索引） 涵盖 56 个社会科学学科的 3100 多种权威学术期刊，数据最早可回溯至 1900 年。社会科学引文索引（Social Sciences Citation Index）为 SCI 的姊妹篇，亦由美国科学信息研究所创建，是目前世界上可以用来对不同国家和地区的社会科学论文的数量进行统计分析的大型检索工具。1999 年时，SSCI 全文收录 1809 种世界上最重要的社会科学期刊，内容覆盖人类学、法律、经济、历史、地理、心理学等 55 个领域。SSCI 收录文献类型包括：研究论文、书评、专题讨论、社论、人物自传、书信等。

（3）Arts & Humanities Citation Index（A&HCI，艺术与人文引文索引） 收录人文艺术领域 1700 多种国际性、高影响力的学术期刊的数据内容，数据最早可回溯至 1975 年，是艺术与人文科学领域重要的期刊文摘索引数据库。

（4）Conference Proceedings Citation Index（CPCI，会议论文引文索引） 收录自 1990 年以来，来源于图书、期刊、报告、连续出版物及预印本的超过 164000 个会议录，包括科学技术会议录索引（Conference Proceedings Citation Index-Science，CPCI-S）和社会与人文科学会议录索引（Conference Proceedings Citation Index-Social Science & Humanities，CPCI-SSH）。

（5）Book Citation IndexSM（BKCI，图书引文索引） 截至 2014 年，收录了 60000 多本图书，共有 850000 多条记录，包括科学图书引文索引（Book CitationIndex-Science，BKCI-S）和社会与人文图书引文索引（Book Citation Index-Social Sciences & Humanities，BKCI-SSH）。

（6）Emerging Sources Citation Index（ESCI） 收录 2015 年至今，在地区内具有重要影响力的、新兴科学领域中的高质量、同行审阅的出版物。

（7）Current Chemical Reactions 包括超过 100 万种化学反应信息，数据最早可回溯至 1985 年（Institut National de la Propriété Industrielle 化学结构数据，可回溯至 1840 年）。

（8）Index Chemicus 包括 420 万种化合物，数据最早可回溯至 1993 年。

这十个数据库可帮助用户快速找到文献信息，并链接相关地址、进行全文下载。

Web of Science 有多种获取全文的途径：

（1）全文链接 目前，Web of Science 可以与全球 18 家出版社的 4000 多种期刊建立全文链接。

（2）文献传递服务 通过 ISI Document Solution 可以直接在网上订购全文。

（3）馆藏链接 目前，Web of Science 已经实现了为中国用户所使用的 INSPEC、HORIZON、SIRSI、南京汇文等多种 OPAC 系统的链接。授权用户只需点击在 Web of Science、Current Contents Connect 等数据库文献记录中的"Holdings"按钮，即可链接到该机构的 OPAC 系统中，找到该篇文献所在期刊的馆藏记录。

（4）作者 Email 地址 Current Contents Connect 提供作者 Email 地址，用户只需点击

该地址，即可发送电子邮件向作者索取全文。

(5) 互联网免费全文　通过严格的筛选和评估，ISI 将大量的学术性文献按照 Funding、Pre-Print、Research Activities 分类并提供给读者。

Web of Science 核心合集在检索时既可以分库检索，也可以多库联合检索。其中 Web of Science™ 核心合集收录的论文中所引用的参考文献，按照被引作者、出处和出版年代编成独特的引文索引。Web of Science 秉承 "cover-to-cover" 收录原则，对期刊中的各种类型的文献进行全部收录，包括原始研究论文、综述、社论、年表、摘要等。

Web of Science 提供了较完善的检索功能，目前主要有 General Search、Cited Reference Search 和 Advanced Search 三种检索方式。基本检索（General Search）主要通过主题、作者、作者地址以及来源期刊题名进行组合检索。被引参考文献检索（Cited Ref Search）提供了被引作者、被引文献、被引时间多种引文检索途径。Advanced Search 可以提供更加复杂的检索策略，支持语句化的命令行输入检索。

对于任何一个检索结果，Web of Science 都提供了三个重要的引文链接：times cited，cited references 以及 related records。通过这三个重要的链接，Web of Science 将整个记录组织成为一个网状结构，用户利用这些链接可以高效地完成各种关联查询。

图 6-1 所示为 Web of Science 的检索界面。

图 6-1　Web of Science 检索页面

用户可以在选择一个特定的检索范围后，与文本输入框中输入关键词进行文献检索。该平台提供了 18 种可以选择的搜索范围限制（字段），包括按照主题、标题、作者、作者识别号、团体作者、编者、出版物名称、DOI、出版年、地址、机构扩展、会议、语种、文献类型、基金资助机构、授权号、入藏号、PubMed ID 检索。用户可以通过使用 "AND" "OR" 或者 "NOT" 将检索条件进行组合，实现复杂的查询。

除了基本检索以外，Web of Science 还提供了 "被引参考文献检索"（图 6-2）、"高级检索"(图 6-3)等检索方式。点击检索方式选择栏中的"更多内容",可以看到通过化合物结构进行检索的检索方式框,可以通过绘制化合物结构,检索到包含此化合物的相关文献。

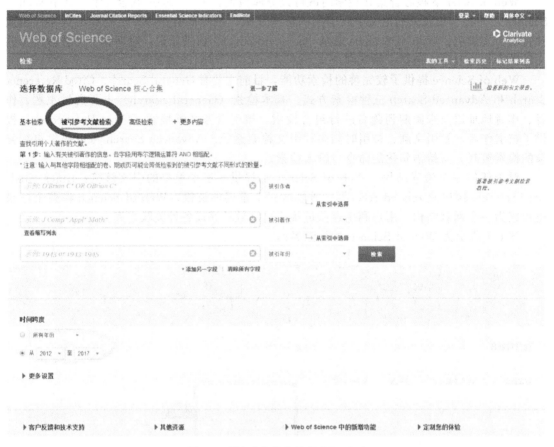

图 6-2 "被引参考文献检索"页面

被引参考文献检索可以通过被引用的文献,从单篇文献出发,检索文献发表后被其他文献引用的情况,从而将整个文献体系网络化,方便用户溯源和跟进相关科研进展。

高级检索支持用户"程序化"的命令行输入,在实现批量化查阅的时候,用户可编写"语句"实现复杂的文献检索过程,往往能够更加省时省力。高级检索能够添加更多的限定条件,得到更加精确的结果。在页面中有简单的例子和一些命令符号的含义对应,方便用户能够轻松上手操作(图 6-3)。

如图 6-4 所示,Web of Science 核心合集中主要提供的检索方式除了文献检索,还包括化学结构检索。在使用化学结构检索进行查看和绘制化学结构时,只需按照网页的自动向导安装相应的 Java 即可。用户进入检索页面后,可输入化学结构图或者任何所需的数据(如活性、温度、产率等),然后单击"检索"按钮查询。

用户通过在 Web of Science 主页点击"检查新的引文报告"(见图 6-1),可查看最新的文献引用情况的报告(见图 6-5)。该页面除了给出引用报告以外,还有各类说明文档及学习板块能够帮助用户快速地认识数据库,使数据库更充分地被利用。

下面以一个简单的例子展示检索的过程和结果。例如,检索于 2012 年至 2017 年收录在 Web of Science 核心合集中的主题词包含"近红外光谱""食品"和"定量"关键词的相关

图 6-3 "高级检索"页面

图 6-4 "化学结构检索"页面

图 6-5 Clarivate Analytics 主页

文献。

如图 6-6 所示,在基本检索页面中,首先选择"Web of Science 核心合集"数据库,然后在第一栏中设定关键词"near-infrared",在第二栏中设定关键词"food",在第三栏中设定关键词"quantification",选择检索字段为"主题",设定检索的发表年限是 2012 年至 2017 年,将三个检索条件之间采用并列(AND)关系连接,最后点击"检索"按钮来获取结果。如果还要继续设定更多的检索条件,用户可以通过点击"添加另一字段"来增加检索栏,达到指定更多限制条件的目的。检索结果如图 6-7 所示。

结果显示,满足我们检索条件的文献有 64 篇,能够看到在页面中部列出了每条文献的相关信息,包括标题、作者及期刊名称、年、卷、期等信息,并且提供了全文链接和摘要链接。页面右边是被引频次统计和数据库来源,页面左边列出了检索结果的统计数据,可以看到该方向文章所发杂志所在的大致领域、文献所属的类型、相关的机构等简明分析,还可以精炼结果。

点击"创建引文报告",可得到图 6-8 所示的结果,该界面给出了关于引用文献的相关分析信息,如出版物总数以及在所查年份内的分布情况、计算得出的 h-index 值和年平均引用量、被引用情况和施引情况报告。在引用频次折线图的下方的表格是按照引用频次由高到低的相关文献信息。通过查看一系列的引文报告的分析,用户能够快速获取所查询领域研究现状和重要文献,这对用户进一步的文献阅读方向和思路获取都可以起到引导作用。

点击"Web of Science"类别可以看到我们所查文献大致分布在哪一些细分的领域,在

第6章 外文学术论文资源数据库

图 6-6 "Web of Science 核心合集"检索页面

图 6-7 "Web of Science 核心合集"的检索结果

图 6-8 "创建引文报告"的结果

哪一个领域发表最多,以便了解所查文献的基本研究方向等信息(见图 6-9)。

图 6-9 Web of Science 学科类别列表

另外，用户可以通过左上方的"精炼检索结果"来实现在之前关键词基础上更细一层检索，进一步缩小搜索范围以确保准确获得符合条件的文献。

点击每条记录的标题，可以进入该篇文献的详细信息页面（见图6-10），该页面中会显示文献标题、作者、文献来源、摘要、关键词、作者地址等信息及资金资助、出版商和文献分类等文献信息。我们可以通过查看"全文选项"或"查找全文"来获取文献全文或馆藏信息。值得注意的是，通过点击"作者"可以跳转查看该作者发表过的收录在数据库中的文献列表，通过点击"查看期刊影响力"可以浏览该文献所在期刊的影响因子等信息。除此之外，在右侧的副栏中有该篇文献被引用文献和引用参考文献的链接，点击相应按钮可得到对应内容。比如我们点击"引用的参考文献"，可得到该文献中引用的参考文献列表，其中会存在一些高被引用量论文标记的论文（见图6-11），帮助用户合理选择阅读对象。

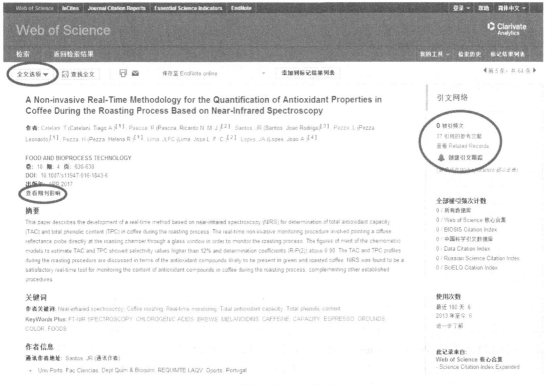

图 6-10　单篇文献的详细信息页面

在任何一个 Web of Science 数据库的页面右上方都有"我的工具"按钮，用户可以通过这个按钮中的下拉菜单选择建立"个性化"的文献库。用户注册后，可以保存检索式、建立定题跟踪，或将文献与著名的文献管理引用软件 EndNote 相互关联储存，实现文献的管理和引用，更能够支持 Researcher ID 的注册和设置，进一步制订以个人偏好为导向的文献检索方式。

6.1.3　Derwent Innovations Index

德温特专利数据库（Derwent Innovations Index，DII）是由 Thomson Scientific 出版的基于 web 的专利信息数据库。如今的 DII 将 Derwent World Patents Index 和 Patents Citation Index 有机地整合在一起，用户不仅可以通过它检索专利信息，而且可以通过这个数据库检索到专利的引用情况。用户还可以利用 Derwent Chemistry Resource 展开化学结构

图 6-11　点击引用的参考文献得到该文献所引用参考文献的列表

检索。同时,通过专利间引用与被引用这条线索,可以帮助用户迅速地跟踪技术的最新进展;可以利用其与 Web of Science 的连接,深入理解基础研究与应用技术的互动与发展,进一步推动研究向应用的转化。该数据库有来自世界各地超过 48 家专利授予机构提供的增值专利信息,涵盖 5280 万份专利文献和 2400 万个同族专利(截至 2013 年 6 月)。其每周更新并回溯至 1963 年,为研究人员提供世界范围内的化学、电子与电气以及工程技术领域内综合全面的发明信息,是检索全球专利最权威的数据库。

DII 支持快速而精确的专利和引文检索,以专利权人、发明人、主题词等为检索字段,快速获取基本信息,以节省时间。Derwent 重新编写了专利描述性的标题与摘要,避免用户面对专利书原有摘要与标题的晦涩,可迅速了解专利的重点内容,快速判断是否是自己所需的资料。此外,DII 还开发了辅助检索工具,能够帮助用户迅速找到相关的手工代码(Derwent Manual Codes)和分类代码(Derwent Class Codes),通过点击鼠标可将相应的代码添加到检索框中,直接进行检索。

通过 DII,用户能够了解所研究技术的最新进展,预测相关发展趋势,跟踪竞争对手的活动,发现和避免专利侵权行为,发现市场上的潜在突破口以及潜在的专利许可机会,比较研究机构的研究绩效,搜集相关文件以支持专利申请,将检索、分析、管理整合在一起,创建简单工作流程。

6.1.4 INSPEC

INSPEC 是由英国电气工程师协会提供的综合文献索引,是全球物理和工程领域中最全面的科技文摘数据库之一,它涉及的主要学科领域包括物理学、电子与电气工程、计算机与控制工程以及信息科技方面文献的综合索引。该数据库涵盖了 1500 多万篇科技论文,包括 5000 多种科技期刊以及书籍、报告和 2500 多个会议录。

和众多 Web of Science 中的数据库一样,INSPEC 拥有物理和工程领域广泛的学科覆盖,综合性、多样化的内容,专业而完善的主题分类与索引,直接链接到文章出版商页面。同时也开放提供相应的文献的管理与写作工具,如 EndNote® 网络版,使用户可以轻松在线检索并有效地组织管理手头的参考文献,或者可以通过保存一般检索、被引参考文献检索和化学结构检索的结果,创建电子邮件跟踪服务,可以及时获得所关注领域的最新信息(跟踪服务和 RSS feed)。

6.1.5 Chinese Science Citation Database

中国科学引文数据库(Chinese Science Citation Database,CSCD),作为国内首个引文数据库,其在国内科技文献检索及文献计量评价等方面发挥了重要的作用。1989 年创建以来,CSCD 收录我国农业科学、生物学、化学、工程学(计算机科学、机械学等)、地球科学、管理学、数学、医学和物理学等诸多领域出版的中英文科技核心期刊和优秀期刊千余种,覆盖近 1200 种来自中国的顶尖学术出版物,共有近 400 万条论文记录和近 1700 万条引文记录。CSCD 内容丰富、结构科学、数据准确,大多数论文信息(标题、作者、来源出版物)均提供简体中文和英文两种语言版本,其中约 40% 的条目包含英文摘要,超过 60% 的引文是英文。

CSCD 于 1995 年出版了我国的第一本《中国科学引文索引》印刷本,1998 年出版了我国第一张中国科学引文数据库检索光盘;1999 年出版了基于 CSCD 和 SCI 数据,利用文献计量学原理制作的《中国科学计量指标:论文与引文统计》;2003 年,与 Web of Knowledge 网络化进程几乎同步,CSCD 推出了网络版;2005 年,CSCD 出版了《中国科学计量指标:期刊引证报告》;2007 年,中国科学引文数据库与美国 Thomson-Reuters Scientific 合作,将中国科学引文数据库嵌入 ISI Web of Knowledge 平台,实现与 Web of Science 核心合集的跨库检索。中国科学引文数据库是 Web of Science 平台上第一个非英文语种的数据库,让全世界更多的科研人员了解中国的科研发展及动态。

和大多数 Web of Science 产品相似,CSCD 系统除具备一般的检索功能外,还提供新型的索引关系——引文索引,用户可通过检索迅速从数百万条引文中查询到某篇文献被引用的详细情况以及引用其他文献的情况。同时,中国科学引文数据库提供数据链接机制,支持用户获取全文。

通过 Chinese Science Citation Database,用户能够:
(1) 跟踪中国研究发展趋势,了解顶尖作者、研究机构和期刊等信息;
(2) 确定论文是否有中文版本;
(3) 检索自己的文章是否曾在中国被引用;
(4) 撰写反映全球发展趋势和研究情况的高质量论文;
(5) 跟踪国内和国际研究团体的交流活动;
(6) 确定高质量的合作者、评论者、编辑和作者。

此外,CSCD 还在我国科研院所、高等学校的课题查新、基金资助、项目评估、成果申报、人才选拔以及文献计量与评价研究等多方面作为权威文献检索工具而获得广泛应用。主要包括：
(1) 自然科学基金委国家杰出青年基金指定查询库；
(2) 第四届中国青年科学家奖申报人指定查询库；
(3) 自然科学基金委资助项目后期绩效评估指定查询库；
(4) 众多高校及科研机构职称评审、成果申报、晋级考评指定查询库；
(5) 自然科学基金委国家重点实验室评估查询库；
(6) 中国科学院院士推选人查询库；
(7) 教育部学科评估查询库；
(8) 教育部长江学者查询库；
(9) 中科院百人计划查询库。

6.1.6 Journal Citation Reports

期刊引用报告（Journal Citation Reports，JCR）依据来自 Web of Science（Science Citation Index Expanded 和 Social Sciences Citation Index）中的引文数据，提供可靠的统计分析方法，对全球学术期刊进行客观、系统的评估，帮助用户以定量的方式了解全球的学术期刊，并且通过这些分析数据可以了解某本学术期刊在相应研究领域中的影响力。

JCR 是一个独特的多学科期刊评价工具，是提供基于引文数据统计信息的期刊评价资源重要工具之一。JCR 从世界上经同行评议的学术期刊中，筛选出被引次数最高的近 8000 种期刊，涵盖了 200 多门学科，提供自 1997 年以来的期刊引文统计分析数据。用户可以根据需要，对检索到的期刊群进行以下各种方式的排序：影响因子、立即指数、总引用次数、刊载论文总数、被引半衰期或期刊名称。JCR 包括自然科学（Science Edition）和社会科学（Social Sciences Edition）两个版本。其中，JCR-Science 涵盖来自 83 个国家或地区，约 2000 家出版机构的 8500 多种期刊，覆盖 176 个学科领域；JCR-Social Sciences 涵盖来自 52 个国家或地区，713 家出版机构的 3000 多种期刊，覆盖 56 个学科领域。

如今，新平台上的 JCR 在旧版的基础上开发并加强了数据及其呈现方式，使其更加全面易用。JCR 与 Web of Science 核心合集的数据无缝链接、自由切换，并采用更加清晰、准确的可视化方式来呈现数据，用户可以更加轻松地创建、存储并导出报告。

6.2 美国《化学文摘》

6.2.1 美国化学文摘概况

最著名的化学商业数据库提供商首推美国化学文摘服务社（CAS），它是世界上最大、最具综合性的化学信息数据平台，主要的数据库有 Chemical Abstracts（CA）和 Registry。由于计算机技术的普及，先后推出了基于客户端软件的 SciFinder Scholar 和基于网络访问的 SciFinder 网络版。2012 年底，SciFinder Scholar 终止服务，现在主要是通过 SciFinder 网络版进行服务。

《化学文摘》（Chemical Abstracts，CA）是世界上著名的检索刊物之一，其创刊于 1907 年，由美国化学会所属化学文摘社（CAS）编辑出版。CA 自称是"打开世界化学化工文献的钥匙"，因此在每一期 CA 的封面上都印有"KEY TO THE WORLD'S CHEMICAL LITERATURE"字样。CA 的前身为《美国化学研究评论》和《美国化学会志》这两种刊物中的文摘部分，当时摘报的内容仅限于美国的化学文献，收录范围较窄。现在 CA（化学文摘）内容涵盖了自 20 世纪初以来的几乎所有与化学相关的信息，还包含了生命科学以及其他众多学科的丰富内容。

《化学文摘》由文摘和索引两部分组成，文摘按类目编排，按流水号连续编号。它的索引系统较完善，每期都刊有索引。以往《化学文摘》提供了 4 种索引方式，自 1981 年第 94 卷起改为了 3 种，即关键词索引、专利索引和作者索引。《化学文摘》出版的索引分为卷索引和多年度累积索引，卷索引每年出 2 卷，用于查阅当卷各期中的全部文摘。卷索引提供了 7 种方式：普通主题索引、化学物质索引、作者索引、专利索引、分子式索引、环系索引和杂原子索引。多年度累积索引每隔 5 卷单独出版一次，至 1997 年已出版第 13 次多年累积索引，其索引类型与卷索引相同，是卷索引的累积本。此外，《化学文摘》还出版多种辅助索引，如《登记号索引》《索引指南》和《CAS 资料来源索引》。

6.2.2 美国《化学文摘》（网络版）

SciFinder 是美国化学文摘服务社（Chemical Abstracts Service，CAS）所出版的《Chemical Abstracts》的网络数据库的学术版。其涵盖的学科包括应用化学、化学工程、普通化学、物理学、生物学、生命科学、医学、聚合体学、材料学、地质学、食品科学和农学等，涉及期刊、专利、评论、会议记录、论文、技术报告以及各种化学的研究成果报告。SciFinder 的数据来源包含 CAplus、CAS REGISTRY、CASREACT、CHEMCATS、CHEMLIST、CIN 和 MEDLINE 等多个数据库。

(1) CAplus 收录超过 4500 万种化学和与化学相关的研究记录，包含来自 180 多个国家的 50 多种语言的参考文献。

(2) CAS REGISTRY 收录超过 1.3 亿种有机、无机物质，6700 多万个生物序列，是世界上最大的物质数据库，涵盖了从 1957 年到现在的特定的化学物质。每种物质都有唯一对应的 CAS 化学物质登录号，可根据物质的结构、分子式查询，每天更新 15000 多种物质。

(3) CASREACT 收录超过 8420 多万条反应信息，其中还包括专利中的反应信息，是世界上最大的化学反应数据库，每周更新超过 15 万次反应记录。

(4) CHEMLIST 收录超过 34.8 万条管制品的详细记录，包含 1979 年到现在的 19 个政府的管制化学品信息，每周更新 50 多条信息。

(5) CHEMCATS 包含数百万种市售化学品及其供应商的信息，包括目录名称、订单号、化学和商业名称、CAS 登录号、化学结构、定价条款、供应商联系方式等，每周更新至少两次。

6.2.3 SciFinder 检索方式及检索结果

如图 6-12 所示，SciFinder 页面主要提供了三种类型的检索选项，文献检索（References）、物质检索（Substances）、反应检索（Reactions）。SciFinder 默认的检索页面为文献检索的主题检索（Research Topic）（见图 6-13）。文献检索中主要包括 7 种检索方式：Research Topic（主题检索）、Author Name（作者检索）、Company Name（公司检索）、Document Identifier（文献识别码检索）、Journal（期刊检索）、Patent（专利检索）、Tags（标签检索）。

(1) 文献检索 如图 6-13 所示，"Research Topic" 检索是直接在文本框中输入检索词，点击 "Search" 按钮进行相关文献的检索。主题检索时可使用介词来连接不同的关键词。此外，点击 "Advanced Search" 下拉菜单，可添加检索条件，如 "出版年份（Publication Years）" "文献类型（Document Types）" "语言（Languages）" "作者（Author）" "机构（Company）"。我们在文本框输入检索词 "quantification of near-infrared in food"，包括 3 个

图 6-12　SciFinder 检索页面

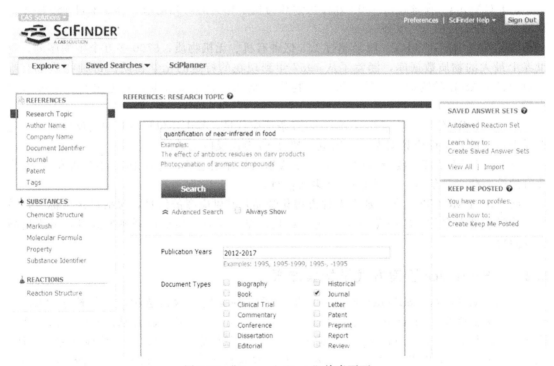

图 6-13　"Research Topic" 检索页面

关键词"quantification""near-infrared"和"food"。添加搜索条件："Publication Year"＝2012—2017；"Document Type"＝Journal；"Language"＝English。

图 6-14 为主题检索的候选项页面，SciFinder 会自动尝试不同的关键词的组合，检索结果以包含的关键词的个数和关键词的相关性进行归类。如图 6-14 所示，在检索的 11 类结果中，第一候选项的 31 篇相关文献，同时包含了 3 个关键词并且相互关联，第二候选项的 296 篇相关文献，包含的 3 个关键词同时出现在文献中。这里我们选择浏览第一类的结果，选定候

选项前的复选框，然后点击对话框底部的"Get References"按钮得到检索到的参考文献。

图 6-14 "Research Topic"候选项页面

图 6-15 显示了第一类检结果的 31 篇文献。

图 6-15 检索结果列表

在检索结果页面的左侧区域，有三个选项："Analyze"（分析）、"Refine"（精炼）、"Categorize"（分类），可以对检索结果进行进一步统计分析和精细筛选：

a."Analyze"选项包括："作者（Author Name）""CAS登录号（CAS Registry Number）""CA学科领域（CA Section Title）""机构（Company-Organization）""数据库（Database）""文献类型（Document Type）""索引词（Index Term）""CA概念标题（CA Concept Heading）""期刊名称（Journal Name）""语言（Language）""发表年份（Publication Year）""辅助索引词（Supplementary Term）"。

b."Refine"选项包括："研究主题（Research Topic）""作者（Author）""机构（Company Name）""文献类型（Document Type）""语言（Language）""数据库（Database）"。

c."Categorize"还可对检索结果根据类别进行分类，主要包括：基础化学（General chemistry）、分析化学（Analytical chemistry）、生物技术（Biotechnology）、遗传与蛋白质（Genetic & protein）、化学（chemistry）、物理化学（Physical chemistry）、高分子化学（Polymer chemistry）、工艺（Technology）、生物（Biology）、环境化学（Environmental chemistry）。

对于最终的文献搜索结果，可通过点击"Quick View"来查看文献摘要，或者通过"Other Sources"获得该文献的全文。文献详细信息见图6-16。

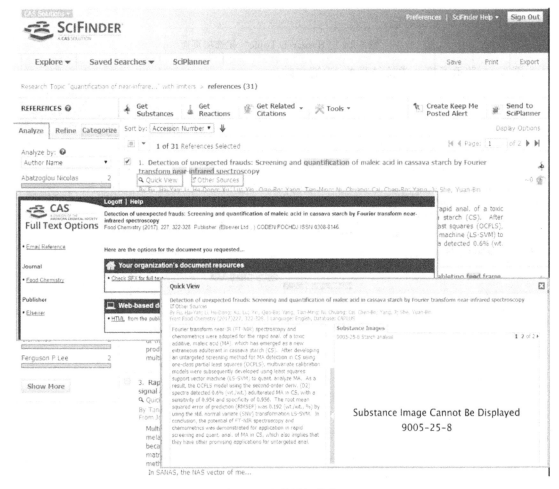

图 6-16　文献详细信息

（2）物质检索　图 6-17 显示了 SciFinder 对于物质检索的页面。

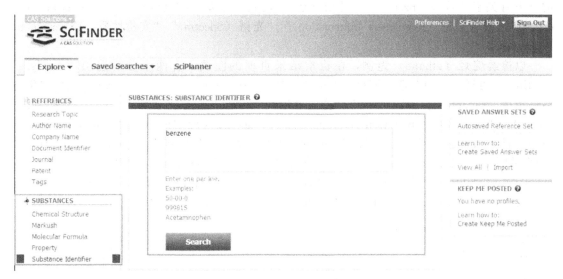

图 6-17　"Substances" 检索页面

物质检索主要有以下几种方式：化学结构（Chemical Structure）、分子式（Molecular Formula）、结构（Markush）、属性（Property）、物质标识符（Substance Identifier）等。我们以"物质标识符（Substance Identifier）"检索为例，在搜索框内输入"benzene"，点击"Search"按钮进行检索，可得到如图 6-18 所示的搜索结果，在苯环结构文本框中，点击出现的放大镜图标可快速浏览关于"苯（benzene）"的物理性质，包括：分子量（Molecular

图 6-18　"Substances" 检索结果

Weight)、熔点（Melting Point）、沸点（Boiling Point）、密度（Density）等。在检索结果的下方有关于"苯（benzene）"的性质描述，包括："主要的物理性质（Key Physical Properties）""监管信息（Regulatory Information）""光谱（Spectra）""实验性质（Experimental Properties）"。

以检索烷烃（alkane）为例，在检索结果页面的左侧，有两个分析选项"Analyze""Refine"，可通过这两个选项缩小检索范围。如图 6-19 所示，"Analyze"选项包括："生物活性指标（Bioactivity Indicators）""商业可用性（Commercial Availability）""元素（Elements）""相关反应（Reaction Availability）""物质在反应中的角色（Substance Role）""目标指标（Target Indicators）"。"Refine"选项包括："化学结构（Chemical Structure）""包含的同位素（Isotope-containing）""包含的金属（Metal-containing）""商业可用性（Commercial Availability）""属性（Property Availability）""属性值（Property Value）""是否有文献支撑（Reference Availability）""附加原子（Atom Attachment）"。

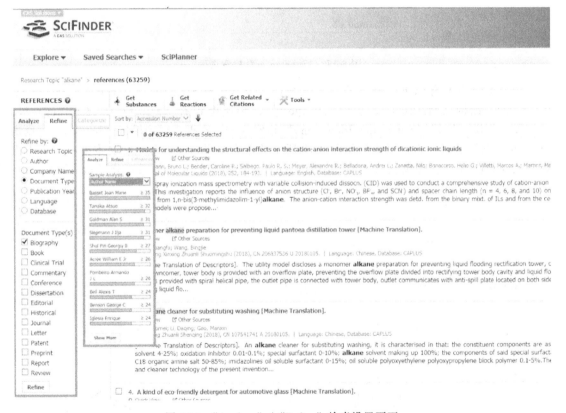

图 6-19 "Analyze"／"Refine"检索设置页面

在检索页面的上面，有 3 个按钮，"Get References""Get Reactions""Get Commercial Sources"。可通过"Get References"按钮对所检索的物质进行进一步的文献检索，如图 6-20 所示。此外还可对检索结果进行限定，如："分析研究（Analytical Study）""生物学研究（Biological Study）""晶体结构（Crystal Structure）""光谱性质（Spectral Properties）""反应物（Reactant or Reagent）"等。选择合适的限定条件后，点击"Get"按钮，可得到关于该物质的相关文献。

如图 6-21 所示，可通过"Get Reactions"得到关于该检索物质的相关反应，通过反应作用限制检索结果，如："产物（Product）""反应物（Reactant or Reagent）""催化剂（Cata-

图 6-20 "Get References"选项卡页面及文献检索结果

图 6-21 "Get Reactions"检索页面

lyst)""溶剂(Solvent)"等。此外,点击"Get Commercial Sources"按钮,可以检索到关于"苯(benzene)"的商业信息。

(3) 反应检索　反应检索则是通过反应式(Reaction Structure)进行检索,如图6-22所示,通过结构编辑器绘制化学反应图,还可以通过"高级检索(Advanced Search)"进行进一步限定,包括:"溶剂(Solvents)""未参与的功能组(Non-participating Functional Groups)""反应步骤数(Number of Steps)""分类(Classifications)""来源(Sources)""出版年份(Publication Years)"。

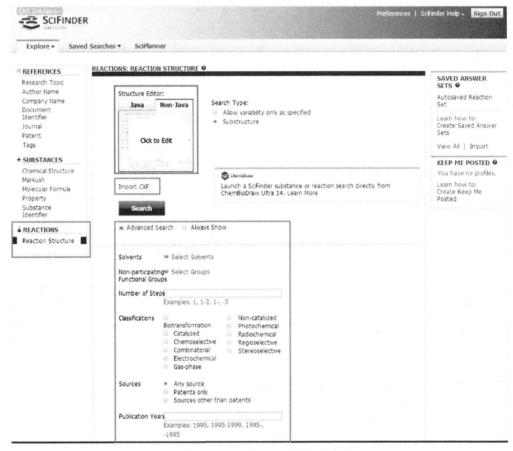

图6-22　"Reactions"反应检索页面

如图6-23所示,我们以通过结构编辑器"Structure Editor"输入为例,点击结构编辑器进入结构编辑器,点击左边工具栏中的"结构模板(Structure Templates)"按钮,出现"模板(Templates)"对话框,可选择基本的物质结构骨架,然后可通过左边工具栏的工具继续编辑结构式。我们直接选择"呋喃(Furan)"作为化学反应中的产物,点击"OK",在高级检索中选择出版年份为2012—2017作为搜索条件,点击"Search"进行检索。

图6-24为检索到的以"呋喃(Furan)"作为产物的相关化学反应,共检索到了687625条记录。在检索页面的左侧同样包括"Analyze"选项和"Refine"选项,可以对检索结果进行进一步的分析或精炼,缩小检索结果的范围。

a. "Analyze"选项包括:"作者(Author Name)""催化剂(Catalyst)""机构(Company-Organization)""文献类型(Document Type)""实验过程(Experimental Procedure)""期刊名字(Journal Name)""语言(Language)""方法(MethodsNow)""反应步数

图 6-23 "Structure Editor" 编辑页面

图 6-24 "Reactions" 反应检索结果列表

(Number of Steps)""产率(Product Yield)""出版年份(Publication Year)""反应剂(Reagent)""溶剂(Solvent)"。

b. "Refine"选项包括"反应结构(Reaction Structure)""产率(Product Yield)""反应步数(Number of Steps)""反应分类(Reaction Classification)""排除反应类型(Excluding Reaction Classification)""未参与功能组(Non-participating functional groups)"。

对于每一条检索到的检索结果,包括该反应的化学反应方程式和该反应的概况。此外,可通过"View Reaction Detail"按钮来得到该反应的详细信息(图6-25)。

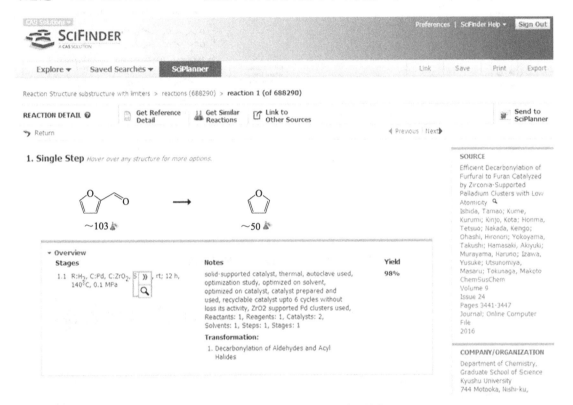

图 6-25 "Reactions"反应检索详细结果

6.3 《工程索引》

6.3.1 Engineering Village 概况

《工程索引》(The Engineering Index,EI)始创于1884年,是美国工程信息公司(Engineering Information Inc.)出版的著名工程技术类综合性检索工具。Engineering Village 作为最权威的工程研究在线搜索平台,提供了全面的工程文献以及专利信息索引,拥有12个工程文献和专利数据库,包括摘要、专利信息、电子书和会议记录信息等,广泛地覆盖了工程技术的相关领域。

Engineering Village 包含以下几个数据库:

(1) Ei Compendex 数据库 Ei Compendex 是世界上最完整和应用最广泛的工程文献数据库,拥有来自全球77个国家的190个工程学科的2200多万条索引记录。

(2) Inspec 数据库 Inspec 是由英国工程技术学会(IET)创建,是世界上最权威的科学文摘数据库，包含 1680 万条记录。

（3）GEOBASE 数据库　GEOBASE 是一个文献索引数据库，覆盖了地球科学、生态学、地质学、人和自然地理学、环境科学、海洋学、地质力学、替代能源、污染、自然保护等，收录了 340 多万条摘要记录，可提供任何所需地区的综合地理评估，包括地质结构与自然资源的关系以及资源管理、交通城市区域规划等。

（4）GeoRef 数据库　GeoRef 是地质研究最深入的文献数据库，包含 400 万个摘要记录。

（5）EnCompass 数据库　EnCompass 包含 EnCompassLIT 和 EnCompassPAT 两个专业数据库，分别收录了与石油炼制、石油化工、天然气和能源相关的技术文献和专利信息。两个数据库每周更新一次，其中，EnCompassLIT 涵盖了 115 条记录，EnCompassPAT 收录了 77 多万条记录。

（6）USPTO & EPO　其专利信息包括美国专利和商标局（USPTO）的 1510 万条记录和欧洲联盟专利局（EPO）的 520 万条记录。

（7）NTIS 数据库　国家技术信息服务工程数据库（NTIS）是美国和国际政府机构未分类报告数据的首要来源。NTIS 涵盖了 350 个主题领域的 250 多万份报告。

（8）PaperChem 数据库　PaperChem 是一个纸浆和造纸工业研究的摘要和索引文献数据库，涵盖了 15 个科学领域的文献，包含超过 69 万条记录。

（9）CBNB 数据库　CBNB 是化学商业性数据库，是化学商业信息的重要来源，包括 300 多个核心贸易期刊、报纸、市场报告、公司报告等，每周更新超过 180 万条记录。

（10）Chimica 数据库　Chimica 是一个化学和化学工程研究的工程文献摘要数据库，包括无机化学、有机化学、应用化学、分析化学、化学工程等。自 1970 年起，收录了 538 个国际化学期刊的 460 万条记录，每年增加 18 万条记录。

6.3.2　Ei Compendex 检索方式及检索结果

Ei Compendex 是世界上最完整和应用最广泛的工程文献数据库，拥有来自全球 77 个国家的 190 个工程学科的 2000 多万条索引记录，包含 1160 万篇期刊文章、690 万篇会议论文。Ei Compendex 涵盖了六大主要工程学科：土木工程、采矿工程、机械工程、电气工程、化学工程和一般工程。此外，也包括跨学科领域，如应用物理学、生物工程与技术、食品科学与技术、材料科学、仪器仪表、纳米技术等。

Ei Compendex 主要包括三种检索方式，"Quick search"（快速检索），"Expert search"（专业检索），"Thesaurus search"（词表检索）。如图 6-26 所示的 "Quick search" 检索页面中，"Search for" 区域的三个搜索框可用来输入关键词，在搜索框之间的下拉菜单中，"AND""OR""NOT" 运算符用来确定搜索条件之间的关系。点击 "All fields" 下拉菜单，可以选择对应搜索框的检索范围，包括："Subject/Title/Abstract（主题/题目/摘要）"、"Author（作者）"和 "Author Affiliation（作者单位）"等。点击 "Add search field" 按钮则可添加更多搜索条件。"Limit to" 区域，可以限定搜索范围，包括 "文献类型（Document types）""研究类别（Treatment）""语言（Languages）"搜索年限。"Sort by" 区域，可以选定搜索结果的排序方式，包括相关性、出版年限。

我们以关键词"毛细管（capillary）"和"电泳（electrophoresis）"，出版年限"2012—2017"为例，搜索相关文献。结果如图 6-27 所示，共检索到了 2810 篇相关文献，在检索结果页面的左侧有一个 "Refine results" 区域可对检索结果进行进一步分析或精炼，其中包括："受控词表（Controlled vocabulary）""作者（Author）""机构（Author affiliation）""分类代码（Classification code）""国家（Country）""文献类型（Document type）""语言（Language）""出版年份（Year）"等。可通过每条检索结果下方的 "Full text""Full Text

图 6-26 "Quick search"检索页面

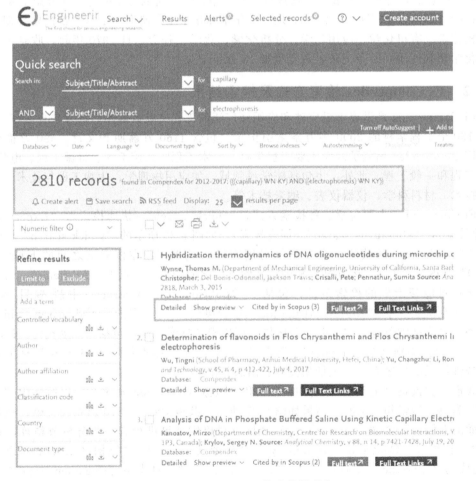

图 6-27 "Quick search"检索结果列表

Links"等按钮获得该检索记录的全文、全文链接、引用情况。

相比较于快速检索,"Expert search"是一个更强大、更灵活的检索工具。高级检索的"Search for"部分提供了一个单一的搜索框,"Search codes"部分则包括所有字段的代码。进行高级检索时,可同时组合使用多个检索字段。如图 6-28 所示:(((((capillary) WN AB) AND ((electrophoresis) WN CV)))),这组检索条件表示:检索同时符合"摘要(Abstract)"中含有"capillary"和"受控词表/学科领域(Controlled term/Subject Area)"中含有"electrophoresis"的文献,出版年份限制于"2012—2017",直接点击"Search"按钮,检索到了 2564 篇相关记录,结果如图 6-29 所示。

图 6-28 "Expert search"检索页面　　图 6-29 "Expert search"检索结果列表

"Thesaurus search"检索方式,即词表检索,首先是在数据库中检索每个检索词的描述语或者同义词,再根据检索到的词进行文献检索。词表检索主要有三种检索方式,"检索(Vocabulary search)""准确词组(Exact term)"和"浏览(Browse)"。如图 6-30 所示,

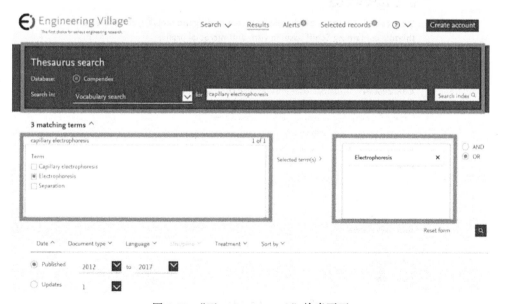

图 6-30 "Thesaurus search"检索页面

在"Search for"区域的搜索框中输入搜索条件"capillary electrophoresis",选择相应的检索方式"Vocabulary search",点击"Submit"。"Search"区域出现了3个匹配到的检索词,若选择相应的检索词"Electrophoresis",则该检索词将会出现在"Search box"区域,然后点击"Search"按钮,如图 6-31 所示,得到关于检索词"Electrophoresis"相关记录列表,点击"Detailed"按钮,即可得到该文献的详细信息(如图 6-32 所示)。

图 6-31 "Thesaurus search"检索结果页面

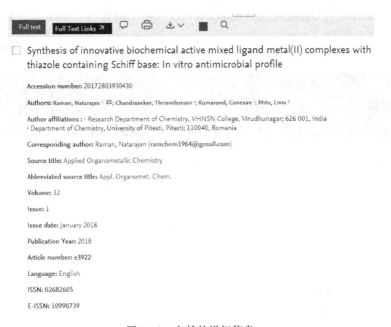

图 6-32 文献的详细信息

6.4 ScienceDirect

6.4.1 ScienceDirect 数据库简介

Elsevier 是 Reed Elsevier 集团中的科学部门，是全球最大的科学文献出版发行商，其理念是通过提供信息的解决方案，提高全球范围内研究人员的效率，推动科学、技术和医学的发展。Elsevier 的产品与服务包括期刊、图书专著、教科书和参考书的纸版和电子版，出版领域涵盖医学、生命科学、自然科学和社会科学等。

ScienceDirect（http：//www.sciencedirect.com）是荷兰 Elsevier 公司的核心产品，是集世界领先的经同行评审的科技和医学信息的全学科全文数据库，最早回溯至 1823 年创刊号，其中包含 3800 多种期刊以及 35000 多个电子图书以及 14000000 余篇出版物，并且目前能开放获取的文章有 250000 多篇，可以免费阅读和下载。期刊主要涉及 physical sciences and engineering（物理科学和工程学）、life sciences（生命科学）、health sciences（健康科学）、social sciences and humanities（社会和人文学科）四大领域 24 个学科数百个主题。

6.4.2 ScienceDirect 检索方式及结果

ScienceDirect 数据库主要提供三种检索方式：快速检索、高级检索及专家检索，按照期刊、图书名称进行浏览。

（1）快速检索 图 6-33 显示了 ScienceDirect 的主页，在页面中央的悬浮窗口中可进行快速检索，可在输入框中选择输入"Keywords（关键词）""Author name（作者名）""Journal/book title（期刊/图书名称）""Volume（卷）""Issue（期）""Page（页）"等信息，然后点击检索按钮即可。

图 6-33 ScienceDirect 主页及快速检索页面

(2) 高级检索　如需进行更为复杂的检索,可使用"Advanced search（高级检索）"功能,图 6-34 所示为高级检索页面。

图 6-34　ScienceDirect 的高级检索页面

在高级检索页面中,可以同时限定多个检索词,检索词之间使用"AND""OR""AND NOT"连接。ScienceDirect 数据库的可检索字段包括"All Fields（所有字段）"、"Abstract/Title/Key（摘要/题名/关键词）""Authors（作者）""Specific Author（特定作者）""Source Title（源标题）""Title（标题）""Keywords（关键词）""Abstract（摘要）""References（参考文献）""ISBN（国际标准书号）""ISSN（国际标准连续出版物编号）""Affiliation（机构）"。ScienceDirect 数据库高级检索页面主要提供了五种类型的检索资源类型:"All（所有检索）""Journals（期刊检索）""Books（书籍检索）""Reference Works（参考作品检索）""Images（镜像检索）",可根据需要选择合适的类型。为了使检索结果更加精确,还可以限定出版日期、学科范围等。

(3) 专家检索　若需要使用多个关键词进行复杂检索,则可使用"Expert search（专家检索）"功能（图 6-35）。

图 6-35　ScienceDirect 的专家检索页面

如图 6-35 所示，专家检索提供了逻辑关系符和通配符用于检索表达式中各检索词的连接；如表 6-1 所示，优先顺序依次是"OR""（W/n、PRE/n）""AND""AND NOT"。

表 6-1 ScienceDirect 数据库中检索语言

逻辑关系符	逻辑关系符定义
AND	省缺连接符，表示所连接的检索词必须同时出现
OR	表示所连接的关键词任意出现其中之一
AND NOT	表示不能出现所连接的关键词
W/n	两词相隔不超过 n 个词，词序不一定
PRE/n	两词相隔不超过 n 个词，词序一定
*	通配符，表示取代检索词中零个或多个字符
?	通配符，表示取代检索词中的 1 个字符
" "	宽松短语检索，标点符号、连字符、停用字符等会被自动忽略。若不使用双引号，则会在检索词之间自动加上"AND"进行检索
{ }	精确短语检索，所有符号都会被作为检索词进行严格匹配
( )	定义检索词顺序

专家检索模式中应用字段检索的形式为 field_name（search_term）。需要注意的是，字段名与逻辑关系符不区分大小写。对于字段名称，可以输入字段全称，也可输入简写编码。专家检索中常用的检索字段如表 6-2 所示。

表 6-2 ScienceDirect 数据库专家检索中常用的检索字段

常用检索字段	字段名（Field name）	
	字段全称	简写编码
所有字段	All	all
题名/摘要/关键词	Title-Abstr-Key	tak
作者	Authors	aut
特定作者	Specific-Author	aus
标题	Title	ttl
关键词	Keywords	key
摘要	Abstract	abs
参考文献	References	ref
作者机构	Affiliation	aff
标题（期刊、电子书籍、丛书、手册或参考书）	Srctitle	src

这里我们以专家检索为例展示使用 ScienceDirect 获取文献的过程。例如：检索于 2012—2017 年收录在 ScienceDirect 数据库中包含"近红外光谱""食品"和"定量"检索词的相关文献。如图 6-36 所示，在文本框输入检索词"near-infrared""food""quantification"，添加检索条件：选择出版日期为 2012 to Present，点击"Search"按钮（图 6-36）。

图 6-37 显示文献的检索结果，共有 1214 篇文献符合检索条件。检索结果可以按"Date（出版日期）"或"Relevance（相关度）"进行排序。每一篇文献的检索结果包括"题目（所检索文献的题目）""文献信息（所检索文献发表的期刊名称、卷、期、页及发表的时间）""作者（所检索文献的作者姓名）""Abstract（所检索文献的摘要，可通过其快速了解所检索文献的信息）""PDF（PDF 文件，点击该按钮将以 PDF 文件格式显示文献的全文，并可

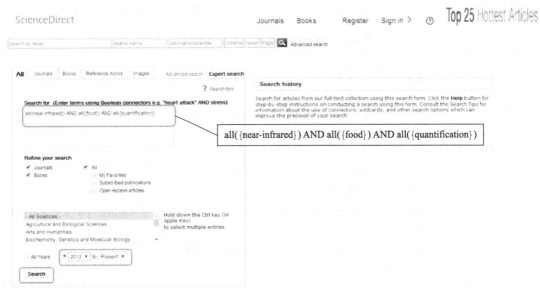

图 6-36　ScienceDirect 数据库的专家检索页面

以以 PDF 格式将文献下载保存)"等。在检索结果页面的左侧区域,"Refine filters"选项卡可为用户提供对检索结果的分类整理。"Refine filters"分为"Year(年份)""Publication title(期刊名)""Topic(主题)""Content type(目录类型)"选项等对检索结果进行统计,可根据需要对检索结果进行过滤筛选。对于文献检索结果,可以通过点击检索结果列表中的文献题目查询详细信息。

图 6-37　ScienceDirect 数据库的专家检索结果

（4）按期刊、图书名称浏览　ScienceDirect 提供的浏览方式，包括期刊浏览［在主页面点击"Journals（期刊）"］及图书浏览［在主页面点击"Books（图书）"］。点击主页面"Journals（期刊）"后可出现期刊浏览页面，如图 6-38 所示。"All titles（所有标题）"可根据需要选择。例如，点击"A"即可查看以字母 A 开头的出版物。该页面默认列出所有期刊，用户可使用过滤器，"Filter by"按字母显示期刊名称。页面右侧的过滤器可选择出版物的类型，包括 All publications（所有出版物）、All journals（所有期刊）、All books（所有图书）、Books（图书）、Book Series（丛书）、Handbooks（手册）、Reference Works（参考工具书），可根据需要选择。若想缩小检索范围，可通过页面左侧的"Filter by subject"选择自己想要查询的某一学科以及相应学科的主题。此外，点击主页面"Books（图书）"则可浏览数据库中收录的所有书籍。

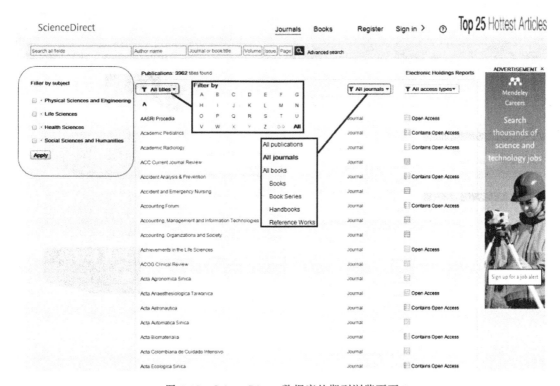

图 6-38　ScienceDirect 数据库的期刊浏览页面

6.5　Wiley Online Library

6.5.1　Wiley Online Library 数据库简介

约翰威立国际出版公司（John Wiley & Sons Inc）1807 年创建于美国，是全球知名的出版机构、全球最大的学协会出版商，面向专业人士、科研人员、教育工作者、学生、终身学习者提供必需的知识和服务。经过 200 多年的发展，威立（Wiley）已经在全球学术出版、高等教育出版和专业及大众图书出版领域建立起了卓越的牌，成为全球唯一一家业务涵盖这三大领域的独立出版商。

2010 年 8 月，Wiley 正式向全球推出了新一代在线资源平台"Wiley Online Library"

(http：//onlinelibrary.wiley.com/) 以取代已使用多年的 "Wiley InterScience"。Wiley Online Library 是世界上最广泛和最深入的多学科综合在线资源平台，该平台覆盖了生命科学、健康科学、理工科学、社会科学及人文科学领域 104 个分支学科。它提供无缝集成的访问，收录了 1500 余种期刊、19000 多本在线图书和丛书以及数以百计的参考工具书、实验室指南和数据库的 600 多万篇文章。

6.5.2 Wiley Online Library 检索方式及检索结果

如图 6-39 所示为 Wiley Online Library 数据库的首页。该数据库提供两种检索方式：快速检索和高级检索。该数据库提供两种浏览方式：按出版物名称浏览和按学科浏览。

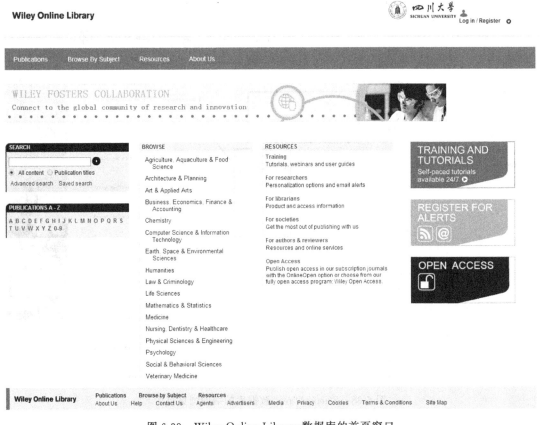

图 6-39 Wiley Online Library 数据库的首页窗口

（1）快速检索 如图 6-40 所示，使用快速检索方式进行检索，可在检索栏中输入检索词后进行检索。

快速检索方式提供两种检索范围限制，其中 "All content" 可检索所有的期刊文章、在线图书章节和参考工具书、数据库条目的任意字段内容；"Publication titles" 仅查询 Wiley Online Library 数据库中出版物的题目。

（2）高级检索 点击快速检索页面上 "Advanced Search（高级检索）" 即进入高级检索页面，如图 6-41 所示。

高级检索可以通过布尔算符 "AND" "OR" "NOT" 连接多个关键词。Wiley Online Library 数据库的检索字段包括 "All Fields（所有字段）" "Publication Title（出版物名称）" "Article Title（文章名称）" "Author（作者）" "FullText（全文）" "Abstract（摘要）"

图 6-40　Wiley Online Library 数据库快速检索页面

图 6-41　Wiley Online Library 数据库高级检索页面

"Author Affiliation（作者单位）""Keywords（关键词）""Funding Agency（出资机构）""ISBN（国际标准书号）""ISSN（国际标准连续出版物编号）""Article DOI（文章的 DOI 号）"和"References（参考书目）"。为了使检索结果更加精确，还可以限定出版日期等。这里我们以检索词"near-infrared""food""quantification"为例，展示如何利用高级检索进行文献的查询。如图 6-42 所示，我们在文本框输入检索词"near-infrared""food""quantification"，添加检索条件为：SPECIFY DATE RANGE = "Between（2012—2017）"，点击"Search"按钮。

检索结果如图 6-43 所示，在本例中通过筛选，共有 1334 篇文章符合检索条件。在出版物筛选列表中，共有 5 种出版物类别，分别是 Journals（期刊）、Books（在线图书）、Reference Works（参照工具书）、Database（数据库）、Lab Protocols（实验室指南），后面的

图 6-42 Wiley Online Library 数据库高级检索示例

图 6-43 Wiley Online Library 数据库高级检索的检索结果

数字代表的是相应出版物类别的统计文章数,可通过点击相应的出版物类型进一步筛选出需要的文章类型。如果想要详细查询某一篇文章,点击该文章的标题即可。

(3) 按出版物名称浏览 图 6-44 显示按出版物名称浏览页面,用户可在页面左侧检索框选中"Publication titles"(即基本检索中选择的检索范围为 Publication title)输入检索词,检索出版物名称,或者在主页菜单栏左侧点击"PUBLICATIONS A-Z"区域,按出版物名称浏览。例如:点击"A"即可查看以字母 A 开头的所有出版物。

(4) 按学科浏览 此外,在浏览页面用户可按学科分类进行浏览(见图 6-45)。用户可通过主页上的浏览栏,单击某个学科即可查看该学科范围内的出版物(将鼠标移至最高一级的学科上,下一级学科列表会在右侧显示),学科页面会出现所有该学科范围内的出版

图 6-44　Wiley Online Library 数据库按出版物名称浏览页面

物。如果想缩小检索范围，可通过学科页面右侧的"TOPICS（主题）"选择自己想要查询的某一主题。若直接使用导航栏的"Browse by Subject"（学科浏览）亦可获得同样的结果。

图 6-45　Wiley Online Library 数据库按学科浏览页面

6.6 SpringerLink

6.6.1 SpringerLink 数据库简介

SpringerLink 是世界领先的综合在线科学、技术和医学（STM）资源的研究平台。通过该平台可快速、准确地收集获得超过 1000 万篇的覆盖各学科的科学、技术和医学以及人文和社会科学（HSS）图书、期刊、参考书及协议。

SpringerLink 平台为用户提供了极大的灵活性和实用性，它的精细检索及发掘工具可以快速、准确、方便地为用户提供需要的结果，同时，无数字版权管理的限制意味着注册用户可免于许可限制，可以无论何时以任何的方式来获取资源。数据库的内容定期更新，SpringerLink 数据库的服务主页位于 https：//link.springer.com。

6.6.2 SpringerLink 检索方式及检索结果

SpringerLink 平台的主页如图 6-46 所示。

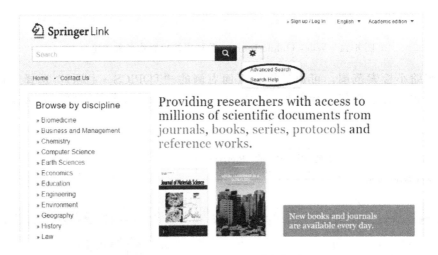

图 6-46　SpringerLink 平台主页

如图 6-46 所示，页面左侧为学科分类导航，其中包括生物医学、商业与管理、化学、计算机科学、地球科学、经济学、教育、工程、环境、地理学、历史、法律、生命科学、文学、材料科学、数学、医学与公共卫生、药剂学、哲学、物理、政治学与国际关系、心理学、社会科学和统计学。快速检索栏位于页面上方，输入关键词即可进行普通搜索，点击快速搜索栏旁边的"Options"，可以选择"Search Help"了解如何进行搜索。

常规检索页面如图 6-47 所示，若输入的检索词为完整的短语，则需在单词两侧加上引号，如"evolutionary patterns of families"；若在两个单词间加"OR"，则搜索结果只包含其中的一个；若直接输入检索词 evolutionary patterns of families，则搜索的内容实际上为"evolutionary AND patterns AND of AND families"；该检索工具还支持"NEAR"逻辑检索，若在搜索栏中输入"system NEAR testing"，则检索结果中同时出现检索词"system"与"testing"，并且二者的间隔为十个单词之内的所有内容均被认为是合格的检索结果。

点击快速搜索栏旁边的"Options"，选择"Advanced search"可进入高级搜索栏（图 6-48）。通过高级检索页面，可以实现多个关键词的组合检索。如图 6-48 所示，在 Advanced

图 6-47　常规检索页面　　　　　图 6-48　"高级检索"页面

Search 页面中提供了多种检索条件：a. 同时以多个关键词进行检索（with all of the words）；b. 以精确检索词进行检索（with the exact phrase）；c. 以匹配任意检索词进行检索（with at least one of the words）；d. 以排除指定关键词进行检索（without the words）；e. 以规定文章题目所含的关键词进行检索（where the title contains）。

如图 6-49 所示，页面左侧可对检索结果进行分类，可分类别有：内容类型（文章、章

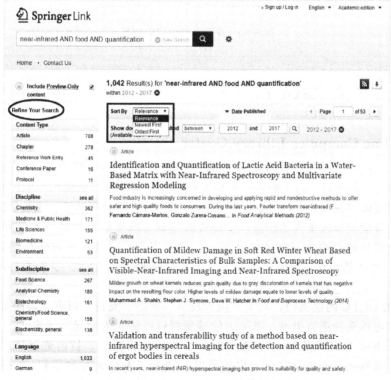

图 6-49　SpringerLink 的检索结果

节、会议论文）；相关学科（化学、药物及公共健康、生物医学、生命科学及计算机科学）；学科分支（化学、食品科学、分析化学、微生物学、生物技术）；语种。在页面上方有检索结果排序方式，可以按相关性排列（Relevance）、时间顺序排列（Newest First）和时间倒序排列（Oldest First）。

图 6-50 显示了单篇文献的相关信息。单击文献题目，即可查询相关信息，其中包括文献标题、作者全名、文献来源、文献摘要、关键词、作者全名、版权信息、下载次数等文献信息。界面的右侧有获得该篇文献 PDF 格式的方式，有些需要购买，有些则可以免费下载。除此之外，在页面底部有个性化的建议，是与该篇文献相关性较高的文献，帮助用户合理选择阅读对象。

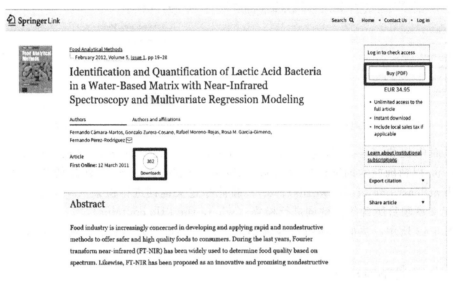

图 6-50　单篇文献的相关信息

6.7　其他外文文献数据库

6.7.1　Online Computer Library Center

OCLC（http：//www.oclc.org/）全名为联机计算机图书馆中心（Online Computer Library Center），是世界上最大的提供网络文献信息服务和研究的机构，它创建于 1967 年，总部在美国俄亥俄州都柏林。OCLC 是一个面向图书馆、非盈利性质、成员关系的组织，以推动更多的人检索世界范围内的信息、实现资源共享并减少信息的费用为主要目的。OCLC 主要提供以计算机和网络为基础的联合编目、参考咨询、资源共享和保存服务。据最新统计，使用 OCLC 产品和服务的用户遍及 112 个国家和地区的 60000 多个图书馆和教育科研机构。

图 6-51 为 OCLC 的主页面，左上方包含成员、产品、支持、研究、新闻及活动等内容。在页面右上方可以选择语言类型，其下方的搜索栏可以输入关键词进行搜索。

FirstSearch 是 OCLC 从 1991 年推出的一个联机检索服务，目前通过该系统可检索 80 多个数据库，这些数据库涉及广泛的主题范畴，覆盖了各个领域和学科。FirstSearch 基本组数据库包括 FirstSearch 中最受图书馆欢迎的 13 个子数据库整合在一起。自 2013 年 7 月 1

图 6-51 OCLC 主页面

日起，OCLC 正式把 World Almanac 数据库从 FirstSearch 基本组数据库包中迁出，同时新增了 GPO 美国政府出版物数据库和 SCIPIO 在线的艺术品和珍本拍卖目录数据库。表 6-3 所列为 FirstSearch 基本组数据库包的 13 个子数据库。

表 6-3 FirstSearch 基本组数据库包的 13 个子数据库

数据库名称	数据库简介
ArticleFirst	OCLC 为登载在期刊目录中的文章所作的索引
ClasePeriodica	OCLC 在科学和人文学领域中的拉丁美洲期刊索引
Ebooks	OCLC 为世界各地图书馆的联机电子书所撰写的目录
ECO	OCLC 的学术期刊索引
ERIC	以教育为主题的期刊文章及报道
OAIster	全球联合机构知识库
WorldCatdissertations	WorldCat 中所有的硕士和博士论文
MEDLINE	医学的所有领域，包括牙科和护理的文献
PapersFirst	OCLC 为在世界各地会议发表的论文所撰写的索引
Proceedings	OCLC 为世界各地的会议目录所撰写的索引
GPO	美国政府出版物数据库
SCIPIO	在线的艺术品和珍本拍卖目录数据库
WorldCat	OCLC 为世界范围的图书和其他资料所撰写的目录

6.7.2 ProQuest 平台

ProQuest Information and Learning 公司通过 ProQuest 平台（http：//search.proquest.com/）提供文献数据库，自 2012 年起，原剑桥科学文摘（Cambridge Scientific Abstracts，CSA）平台的数据库全部合并到 ProQuest 平台。这些数据库涉及商业经济、人文社会、医药学、航空航天、生命科学、水科学与海洋学、环境科学、土木工程、计算机科学、材料科学等广泛领域，包含学位论文、期刊、报纸等多种文献类型，检索结果为文摘题录和部分全文。

图 6-52 为 ProQuest 平台检索主页，在页面的左上角可以选择检索方式，如基本检索、高级检索等。在搜索栏右下角可以点击"检索技巧"进入搜索帮助页面。点击主页面的高级检索，关键词之间可以选择"AND""OR"和"NOT"来进行连接。其他筛选条件还包括：出版日期、出版类型、文档类型、语言等。

化学信息学

图 6-52　ProQuest 平台检索主页

第 7 章 专利文献与技术标准

专利制度自 1416 年威尼斯共和国首次实行以来，已经历了 600 多年的历史，经过不断的改革、完善与发展，至目前为止已有 100 多个国家建立起了专利制度。世界上许多实行专利制度的国家的经验证明，专利制度可有效促进本国的技术发明，调动广大科技人员探索先进、尖端、适用技术的积极性。

技术标准最早起源于工业革命的发源地英国，1901 年英国成立了世界上第一个全国性的标准化机构。到今天，世界上已有 100 多个国家建立了全国性的标准化组织，其中 70 多个国家制定了国家标准。钱学森先生曾经说过："标准是一门系统工程，任务就是设计、组织和建立全国的标准体系，使它促进社会生产力的发展。"

7.1 专利文献

7.1.1 专利概述

7.1.1.1 专利的概念及特点

专利（patent），从字面上理解，是指专有的权利和利益。"专利"一词来源于拉丁语 litterae patentes，意为公开的信件或公共文献，是中世纪的君主用来颁布某种特权的证明，后来指英国国王亲自签署的独占权利证书。如今，专利主要指由专利机构依据发明申请所颁发的一种文件。这种文件叙述发明的内容，并且产生一种法律状态，即该获得专利的发明在一般情况下只有得到专利所有人的许可才能利用（包括制造、使用、销售和进口等），专利的保护有时间和地域的限制。专利的两个最基本的特征是"独占"与"公开"，以"公开"换取"独占"是专利制度的基本核心，分别代表了权利与义务的两面，其主要特点如下。

（1）独占性（排他性） 独占性是指在一定时间（专利权有效期内）和区域（法律管辖区）内，任何单位或个人未经专利权人许可都不许实施其专利；对于发明和实用新型专利，即不许为生产经营目的制造、使用、许诺销售、销售、进口其专利产品；对于外观设计专利，即不许为生产经营目的制造、许诺销售、销售、进口其专利产品，否则属于侵权行为。

（2）区域性 区域性是指专利权是一种有区域范围限制的权利，它只有在法律管辖区域内有效。除了在有些情况下，依据保护知识产权的国际公约，以及个别国家承认另一国批准的专利权有效以外，技术发明在哪个国家申请专利，就由哪个国家授予专利权，而且只在专利授予国的范围内有效，而对其他国家则不具有法律的约束力，其他国家不承担任何保护义务。但是，同一发明可以同时在两个或两个以上的国家申请专利，获得批准后其发明便可以在所有申请国获得法律保护。

(3) 时间性　时间性是指专利只有在法律规定的期限内才有效。专利权的有效保护期限结束以后，专利权人所享有的专利权便自动丧失，发明便随着保护期限的结束而成为社会公有的财富，其他人便可以自由地使用该发明来创造产品。专利受法律保护的期限的长短由有关国家的专利法或有关国际公约规定。世界各国的专利法对专利的保护期限规定不一。

7.1.1.2 专利类型

专利的类型在不同国家有不同规定，大多数国家将专利分为发明专利、实用新型专利和外观设计专利三种。

(1) 发明专利　发明专利是指对产品、方法或者其改进所提出的新的技术方案。发明专利并不要求它是经过实践证明可以直接应用于工业生产的技术成果，它可以是一项解决技术问题的方案或是一种构思，具有在工业上应用的可能性。发明专利的保护期限一般为 20 年。

发明专利包括产品发明、方法发明以及改进发明，其中：

a. 产品发明是指经过人工制造的各种新产品，包括有一定形状和结构的物品以及固体、液体、气体之类的物质。完全在自然状态下的天然物，未经人工加工制造，则不属于专利法规定的产品发明。

b. 方法发明主要是指为解决某一技术问题所采用的手段与步骤，可以是机械方法发明、化学方法发明、生物方法发明等。

c. 改进发明是指对已知产品或方法的改进，经过改进改善了已知产品的性能或已知方法的效果，使其获得新的特性或特征。

(2) 实用新型专利　实用新型专利是指对产品的形状、构造或者其结合所提出的适于实用的新的技术方案。同发明专利一样，实用新型专利保护的也是一个技术方案。但实用新型专利保护的范围较窄，它只保护有一定形状或结构的新产品，不保护方法以及没有固定形状的物质。实用新型的技术方案更注重实用性，其保护期限一般为 10 年。

(3) 外观设计专利　外观设计专利是指对产品的形状、图案或者其结合以及色彩与形状、图案的结合所作出的富有美感并适于工业应用的新设计。其注重装饰性和艺术性。外观设计专利与发明专利、实用新型专利有着明显的区别，外观设计注重的是设计人对一项产品的外观所作出的富于艺术性、具有美感的创造，但这种具有艺术性的创造，不是单纯的工艺品，它必须具有能够为产业上所应用的实用性。外观设计专利实质上是保护美术思想，而发明专利和实用新型专利保护的是技术思想。外观设计专利的保护期限一般为 10 年。

7.1.1.3 专利申请的特性及原则

授予专利权的发明和实用新型，应当具备新颖性、创造性和实用性。

a. 新颖性是指该发明或者实用新型不属于现有技术，也没有任何单位或者个人就同样的发明或者实用新型在申请日以前向国务院专利行政部门提出过申请，并记载在申请日以后公布的专利申请文件或者公告的专利文件中。

b. 创造性是指与现有技术相比，该发明具有突出的实质性特点和显著性进步，该实用新型具有实质性特点和进步。

c. 实用性是指该发明或者实用新型能够制造或者使用，并且能够产生积极效果。这里必须指出的是，专利法并不要求其发明或者实用新型在申请专利之前已经经过生产实践，而是分析和推断在工农业及其他行业的生产中可以实现。

专利申请原则主要为形式法定原则、单一性原则以及优先申请原则。

a. 形式法定原则是指申请专利的各种手续，都应当以书面形式或者国家知识产权局规定的其他形式办理。以口头、电话、实物等非书面形式办理的各种手续，或者以电报、电传、传真、胶片等直接或间接产生及印刷、打字或手写文件的通信手段办理的各种手续均视为未提出，不产生法律效力。

b. 单一性原则是指一件专利申请只能限于一项发明创造。但是属于一个总的发明构思的两项以上的发明或者实用新型，可以作为一件申请提出；同一产品两项以上的相似外观设计，用于同一类别并且成套出售或者使用的产品的两项以上的外观设计，可以作为一件申请提出。

c. 优先申请原则是指两个或者两个以上的申请人分别就同样的发明创造申请专利的，专利权授给最先申请的人。

7.1.1.4　专利文献及特点

专利文献是包含已经申请或被确认为发现、发明、实用新型和工业品外观设计的研究、设计、开发和试验成果的有关资料，以及保护发明人、专利所有人及工业品外观设计和实用新型注册证书持有人权利的有关资料的已出版或未出版的文件（或其摘要）的总称。其主要特点包括：

(1) 专利文献集技术、法律、经济信息于一体；
(2) 专利文献传播最新科学技术信息；
(3) 专利文献形式统一，数据规范，便于检索。

7.1.2　美国专利文献概述

美国于1790年通过了第一部专利法，正式建立了专利制度并出版专利文献。但是，有正式文献编号顺序的专利说明书于1836年出版。目前实施的美国专利法于1952年公布，1953年开始生效，1994年最近一次重大修订，1995年6月8日开始实施。美国专利中，除了美国本国的技术外，也包括了英国、法国、日本、德国、瑞士、瑞典等国的先进技术。查阅美国专利文献，除了解技术发展动向和水平之外，在与外国进行技术和产品的进出口贸易中，尤其是在与美国进行的技术贸易中，有极其重要的作用。

(1) 美国专利文献的类型　主要包括专利说明书和专利公报两种：

① 美国专利说明书撰写颇具特点，每部分均以小标题引导，一目了然。一般包括扉页、权利要求书、说明书正文和附图简介。其中说明书正文又包括：发明背景（background the invention），指明本发明所属技术领域、现有技术状况和存在的不足、解决问题的方法和要达到的目的；发明概要（summary of the invention），概述本发明内容；附图简介（brief description of the drawings），简要说明附图的参看方法；实施例（embodiment 或者 examples），详细、完整、清晰地对发明内容给以叙述，使任何熟悉该发明所属技术领域的一般工程技术人员阅读后，能制作及使用该发明。发明如有附图，应结合加以说明。这是专利说明书的主要部分，提供了解决技术问题的最佳方案。

美国专利说明书主要包括以下文献类型：

a. 发明专利（united states patent）　发明专利说明书是发明专利申请经实质审查、授予专利权时出版的专利说明书，自1790年开始出版。发明专利说明书的内容极广，涉及一般的机械、化工、电气等领域。某些其他国家的实用新型也包括在内，占美国专利文献总量的95%以上，是美国专利文献的主体。

b. 植物专利（united states plant patent）　美国自1930年起开始保护植物发明，规定："任何人的发明、发现及用无性繁殖方法培育出的独特的植物新品种，包括培育出的变态的、变异的、新发现的种子苗（除了块茎繁殖的植物和非栽培状态下发现的植物），都可以申请植物专利。"1931年开始出版说明书。

c. 设计专利（united states design patent）　设计专利说明书是外观设计申请经实质审

查授予专利权时出版的外观设计专利说明书,1842年开始出版设计专利。设计专利只保护物品的外观,而不保护物品的结构性和功能性的特点。

d. 再版专利(reissued patent)　再版专利又译为再公告专利、再颁专利,1838年开始出版并单独编号。在发明专利授权后2年之内,发明人发现说明书或附图由于非欺骗性失误、权利要求过宽或过窄而影响原专利的完全或部分有效性,这时美国专利商标局可根据发明人提交的再版专利申请,对上述问题进行修正,授予再版专利。专利号前冠有"Re"、扉页上也有原来专利的有关信息。

e. 再审查证书(reexamination certificate)　美国自1981年7月1日实行再审查制,专利授权后,任何人(包括专利权人或第三人)在有效期内引证现有技术对该专利提出质疑时,即提交再审查请求。依据再审查请求,美国专利商标局对此专利进行复审之后,颁发再审查证书,并出版复审之后的专利说明书。

f. 专利申请公开(patent application publication)　根据《1999年美国发明人保护法案》规定,自正式专利申请日(或优先权日)起18个月公开发明专利申请说明书。

g. 依法登记的发明(statutory invention registration)　依法登记的发明的前身是防卫性公告(defensive publication),于1968年11月5日起开始设置,以文摘形式进行报道。依法登记的发明不是专利,它具有专利的防卫性特征,而不具有专利的实施性特征。

② 美国专利公报由美国专利商标局出版,是权利要求型公报,每周一期,每月出版的各期合为1卷,全年12卷。主要由文摘部分、事务部分和索引部分三部分组成:

a. 第一部分主要报道有关专利事务的各种通知、命令;法规的变化;分类的改变;对公众开放的收藏美国专利的图书资料馆名单等。

b. 第二部分主要报道各类授权专利的著录项目、主权利要求、附图。报道顺序依次为再审查证书、法定发明登记、再版专利、植物专利、发明专利、设计专利。

c. 第三部分主要报道各种索引,如专利权人索引、分类号索引等,还有可用于出售或转让的专利的名单。

(2) 美国专利文献代码　2001年之前,由于专利制度的问题,美国出版的文献种类比现在要少,因此代码比较简单。2001年1月2日,美国开始在其出版的专利文献上全面使用WIPO PCIPI制定的《标准16专利文献类型识别代码》,见表7-1。

表7-1　自2001年1月2日开始使用的文献类型识别代码

文献类型	文献类型识别代码	说明
专利申请公开	A1	授权前公开
专利申请公开(再公开)	A2	授权前公开
专利申请公开(修正)	A9	授权前公开
发明专利	B1	授权前未曾公开
发明专利	B2	授权前曾公开
再审查证书	C1,C2,C3	原来使用的代码B1、B2现用于授权专利
再版专利	E	无变化
依法登记的发明	H	无变化
植物专利申请公开	P1	授权前公开
植物专利	P2	授权前未曾公开
植物专利	P3	授权前曾公开
植物专利申请公开(再公开)	P4	授权前公开
植物专利申请公开(修正)	P9	授权前公开
设计专利	S	无变化

(3) 美国专利申请号的编号体系 美国专利申请号主要由两位数字的申请号系列码（application number series code）和六位数字的申请顺序号两部分组成，不足位数的，以零补位，如 Appl. No.：09/000001。美国专利申请号的编号体系见表 7-2。

表 7-2 美国专利申请号的编号体系

申请种类	系列码/申请顺序号	申请提交时间
发明专利申请、植物专利申请	01/000001～	1925～1934
	02/000001～	1935～1947.12
	03/000001～	1948.1～1959.12
	04/000001～	1960.1～1969.12
	05/000001～	1970.1～1978.12
	06/000001～	1979.1～1986.12
	07/000001～	1987.1～1992.12
	08/000001～	1993.1～1997.12
	09/000001～	1998.1～2001.10
	10/000001～	2001.10～2004.12
	11/000001～	2004.12 至今
外观设计专利申请	29/000001～	1992.10.1 至今
临时专利申请	60/000001～	1995.6.8 至今
单方再审查请求	90/000001～	1981.7.1 至今
临时专利申请	95/000001～	2001.7.27 至今

(4) 美国专利说明书的文献编号体系 自 2001 年起，美国专利商标局开始出版发明专利申请和植物专利申请的两种公开说明书。公开号（publication number）由四位数字的文献公开年号和七位数字的文献公开顺序号两部分组成，不足位数的，以零补位。需要注意的是，发明专利和植物专利申请中包括申请的再公开文献（A2、P4），以及申请的更正文献（A9、P9），所有公开文献按流水号顺序编排，如 US 2006/0070159 P1、US 2006/0070159 A1。美国专利说明书的文献编号体系见表 7-3。

表 7-3 美国专利说明书的文献编号体系

文献种类	2001.1.2 之前	2001.1.2 之后
专利申请公开	无	US 2001/0001111 A1
专利申请再公开	无	US 2001/0002222 A2
专利申请的更正	无	US 2001/0003333 A9
发明专利说明书（无授权前公开的说明书）A	5123456	US 6654321 B1
发明专利说明书（有授权前公开的说明书）	无	US 6654322 B2
植物专利申请公开	无	US 2001/0004444 P1
植物专利说明书（无授权前公开的说明书）P	Plant 11000	US PP12345 P2
植物专利说明书（有授权前公开的说明书）	无	US PP12345 P3
植物专利申请再公开	无	US 2001/0005555 P4
植物专利申请的更正	无	US 2001/0006666 P9
外观设计专利	Des. 456789	US D654321 S
再版专利	Des. 456789	US RE12345 E
再审查证书	—	—

续表

文献种类	2001.1.2 之前	2001.1.2 之后
发明专利、植物专利、外观设计专利或再版专利,第一次再审查 B1	B1 5123456 B1 Plant 11000 B1 Des. 123456 B1 RE 12345	US 6654321 C1 US PP12345 C1 US D654321 C1 US RE 12345 C1
发明专利、植物专利、外观设计专利或再版专利,第二次再审查 B2	B2 5123456	US 6654321 C2
发明专利、植物专利、外观设计专利或再版专利,第三次再审查 B3	B3 5123456 B3 5123456	US 6654321 C3 US 6654321 C3
依法登记的发明专利	H1234	US H2345 H

其他专利文献按各自的文献编号系列顺序编排,如 US 6654321 B1,US PP12345 P2。

7.1.3 中国专利文献概述

中国专利文献是随着中国专利法的实施应运而生的。中国专利文献是中国国家知识产权局受理、审批专利过程中产生的各种官方文件及其出版物的总称。中国国家知识产权局出版的专利文献包括中国专利说明书、中国专利公报及其索引以及这些文献的电子出版物。

(1) 中国专利说明书 中国各类专利说明书自 1985 年 9 月 10 日开始出版以来,随专利审批程序的变化不断推陈出新。1985 年,专利法规定对发明专利申请实行"早期公开、延迟审查"制度,专利申请自实质审查开始到授予专利权期间内设异议程序;对实用新型、外观设计专利申请实行初步审查制,专利申请从初审公告开始到授予专利权期间内设异议程序。当时的专利说明书类别有:

① 发明专利申请公开说明书(文献类型识别代码 A);
② 发明专利申请审定说明书(文献类型识别代码 B);
③ 实用新型专利申请说明书(文献类型识别代码 U);
④ 外观设计专利公告(专利公报)(文献类型识别代码 S)。

1993 年 1 月 1 日开始实施第一次修改后的专利法,由于取消了三种专利申请授权前的异议程序,专利说明书出现了新的类型:

① 发明专利说明书(文献类型识别代码 C);
② 实用新型专利说明书(文献类型识别代码 Y);
③ 外观设计授权公告(文献类型识别代码 D)。

自 2010 年 4 月起至今,按照中国国家知识产权局 2004 年 7 月 1 日实施的《专利文献种类标识代码标准》,国家开始出版各种类型专利说明书单行本,同时各类说明书扉页的著录项目及出版格式也做了相应调整,目前使用的专利说明书类别为:

① 发明专利申请(单行本)(文献种类标识代码 A);
② 发明专利(单行本)(文献种类标识代码 B);
③ 实用新型专利(单行本)(文献种类标识代码 U);
④ 外观设计专利(单行本)(文献种类标识代码 S)。

(2) 中国专利公报 专利公报是中国国家知识产权局报道最新发明创造专利申请的公开、公告和专利授权情况以及专利著录事项变更等信息的定期连续出版物,记录的是有关专利申请和授权的公告信息,是专利文献的重要组成部分,是查找中国专利文献、检索中国最新专利信息和了解中国国务院专利行政部门专利审查业务活动的主要工具书。

中国专利公报包括《发明专利公报》《实用新型专利公报》《外观设计专利公报》三种,

1985 年 9 月创刊时以月刊形式出版，自 1990 年起改为周刊发行。封面顶部有卷期号和期号，每年一卷，依次类推，卷号后是期号，表明公报出版周次。这三种专利公报所刊载的内容均大体分为公布或公告专利申请和授权决定、发布专利事务公告、索引三个部分。

① 第一部分公布或者公告发明专利申请和实用新型专利申请中记载的著录事项、摘要和摘要附图，著录事项包括该申请的名称、国际专利分类号、申请日、申请号、公开号或授权公告号等。对于实用新型专利，公报的公开就是授权公告公布。但发明专利的授权公告只有著录事项。外观设计专利公报公告除著录事项之外，还包括外观设计的各种视图或者照片以及简要说明，不出单行本。1994 年我国参加了《专利合作条约》（简称 PCT），中国国务院专利行政部门已经成为 PCT 申请的受理局，国际专利合作条约联盟大会指定的国际检索单位和国际初步审查单位，所有《发明专利公报》增加了国际申请有关著录事项。

② 第二部分是专利事务，记载与专利申请的审查及专利的法律状态有关的事项，诸如申请的撤回、专利权的撤销、专利权的无效宣告、专利权的终止、专利权的继承或转让等。由于三种专利的审查方法不一，所以专利事务略有不同。

③ 第三部分是索引，这部分将每期公报所公布的专利申请以及授权的专利，按 IPC（国际专利分类号）、专利号和专利权人编排三个索引，同时给出授权公告号/专利号对照表。

(3) 中国专利文献的编号体系　中国专利说明书编号体系包括六种文献号：

① 申请号，在提交专利申请时给出的编号；

② 专利号，在授予专利权时给出的编号；

③ 公开号，对发明专利申请公开说明书的编号；

④ 审定号，对发明专利申请审定说明书的编号；

⑤ 公告号，对实用新型专利申请说明书、公告的外观设计专利申请的编号；

⑥ 授权公告号，对发明、实用新型专利说明书和公告的外观设计专利的编号。

7.1.4　中国专利全文数据库

《中国专利全文数据库（知网版）》（China Patent Full-text Database，SCPD）收录了由国家知识产权局知识产权出版社出版的专利，包含发明专利、实用新型专利、外观设计专利三个子库，准确地反映了中国最新的专利发明情况。专利相关的文献、成果等信息来源于 CNKI 各大数据库，可以通过申请号、申请日、公开号、公开日、专利名称、摘要、分类号、申请人、发明人、优先权等检索项进行检索，并一次性下载专利说明书全文。

按照专利种类分为发明专利、外观设计专利和实用新型专利三个类型，其中发明专利和实用新型专利采用国际专利分类法（IPC 分类）和 CNKI 168 学科分类，外观设计专利采用国际外观设计分类和 CNKI 168 学科分类。从 1985 年至今，共收录了专利 16821994 条，更新频率为双周更新。与通常的专利数据库相比，《中国专利全文数据库（知网版）》每条专利的知网节点集成了与该专利相关的最新文献、科技成果、标准等信息，可以完整地展现该专利产生的背景、最新发展动态、相关领域的发展趋势，可以浏览发明人与发明机构更多的论述以及在各种出版物上发表的文献。中国专利全文数据库主页见图 7-1。

7.1.5　万方中外专利数据库

"万方知识服务平台"上的《中外专利数据库》（Wanfang Patent Database，WFPD），其专利资源来源于中外专利数据库，收录始于 1985 年，目前共收录中国专利 1500 万余条，国外专利 3700 万余条，年增 25 万条。收录范围涉及 11 个国家，包括中国、美国、澳大利亚、加拿大、瑞士、德国、法国、英国、日本、韩国、俄罗斯，以及世界知识产权组织、欧洲专利局 2 个组织。《中外专利数据库》内容涵盖自然学科的各个领域，采用国际通用的

图 7-1　中国专利全文数据库主页

IPC 国际专利分类，包括：(1) 人类生活必需；(2) 作业，运输；(3) 化学，冶金；(4) 纺织，造纸；(5) 固定建筑物；(6) 机械工程，照明，采暖，武器，爆破；(7) 物理；(8) 电学。万方中外专利数据库主页见图 7-2。

图 7-2　万方中外专利数据库主页

7.1.6　SIPO 中国及多国专利查询系统

中华人民共和国国家知识产权局（State intellectual Property Office of the P. R. C，SIPO）的专利检索系统，收录了 103 个国家、地区和组织的专利数据以及引文、同族、法律状态等数据信息，收录范围涵盖了中国、美国、日本、韩国、英国、法国、德国、瑞士、俄罗斯、欧洲专利局和世界知识产权组织等。1985~2017 年，中国地区已收录了 40010155 条记录。更新情况为：中外专利数据，每周三更新；同族、法律状态数据，每周二更新；引文数据，每月更新。该系统提供专利检索与专利分析两大类服务，检索功能包括常规检索、表格检索、药物专题检索、检索历史、检索结果浏览、文献浏览、批量下载等；分析功能包括快速分析、定制分析、高级分析、生成分析报告等。国家知识产权局专利检索及分析入口为 http：//www.pss-system.gov.cn/（图7-3）。

图7-3　国家知识产权局专利检索及分析主页

除国家知识产权局专利检索系统外，专利检索系统还包括：美国专利商标局网上专利检索、韩国知识产权局网上专利检索、欧洲专利局网上专利检索、世界知识产权组织网上专利检索等。

美国专利商标局（United States Patent and Trademark Office）网站上提供的专利信息检索资源包括全文专利数据库（patent full-text database）、专利申请信息查询数据库（public PAIR）、专利权转移数据库（assignment database）。其中，全文专利数据库可检索到自1790年以来授权的美国发明专利（utility patents）、外观设计专利（design patents）、植物品种专利（plant patents）、再颁专利（reissue patents）、依法登记的发明（statutory invention registration，SIRs）等。美国专利商标局网上专利检索本国公共检索资源地址为 https：//www.uspto.gov/patent。

韩国知识产权局网上专利检索可通过韩国知识产权信息服务（Korea Intellectual Property Rights Information Service，KIPRIS）获取，该检索系统可检索发明专利实用新型（patent）、和外观设计（design）、商标（trademark）和韩国专利英文摘要（KPA），可检索语种包括韩语和英语。韩国知识产权局本国公共检索资源地址为 http：//www.kipris.or.kr/enghome/main.jsp。

欧洲专利局（European Patent Office，EPO）提供了专利检索（espacenet）、公开专利服务（open patent services）、欧洲专利登记簿（European patent register）、欧洲专利文献出版服务器（European publication server）和全球专利索引（global patent index）五种检索资源。其中espacenet（专利检索）数据库包括德语、英语、法语多种检索页面，通过该数据库可获得超过9500万项专利信息。欧洲专利局专利检索资源地址为https://www.epo.org/。

世界知识产权组织（World Intellectual Property Organization，WIPO）提供的专利检索数据库（PATENTSCOPE）可检索PCT国际申请及WIPO收录的国家/地区专利文献。该数据库可检索资源语种包括：中文、英语、西班牙语、法语、德语、日语、俄语等，并提供德语、英语、西班牙语、法语、日语、韩语、俄语、葡萄牙语、中文九种检索页面。PATENTSCOPE收录了6500万个专利文件，其中包括320万个已经发布的国际专利申请（PCT）。世界知识产权组织专利检索数据库资源地址为https://patentscope.wipo.int/search/en/search.jsf。

7.2 技术标准

7.2.1 技术标准概述

技术标准是指重复性的技术事项在一定范围内的统一规定。标准能成为自主创新的技术基础，源于标准指定者拥有标准中的技术要素、指标及其衍生的知识产权。它以原创性专利技术为主，通常由一个专利群来支撑，通过对核心技术的控制，很快形成排他性的技术垄断，尤其在市场准入方面，它可采取许可方式排斥竞争对手的进入，达到市场垄断的目的。技术标准包括基础技术标准、产品标准、工艺标准、检测试验方法标准及安全、卫生、环保标准等。

技术标准有三个方面的特点：

（1）各个企业通过向标准组织提供各自的技术和专利，形成一个个产品技术标准；

（2）企业产品的生产按照产品技术标准来进行，所有的产品满足统一的标准，设备之间可以互联互通，这样可以帮助企业更好地销售产品；

（3）标准组织内的企业可以以一定的方式共享彼此的专利技术。

7.2.2 国际标准化组织（ISO）简介

国际标准化组织（International Organization for Standardization，ISO）是一个全球性的非政府组织，是国际标准化领域中一个十分重要的组织。ISO国际标准组织成立于1946年，总部设于瑞士日内瓦，成员包括162个会员国。该组织自我定义为非政府组织，官方语言是英语、法语和俄语，参加者包括各会员国的国家标准机构和主要公司。它是世界上最大的非政府性标准化专门机构，是国际标准化领域中一个十分重要的组织。其宗旨是：在世界范围内促进标准化工作的发展，以利于国际物资交流和互助，并扩大知识、科学、技术和经济方面的合作。其主要任务是：制定国际标准，协调世界范围内的标准化工作，与其他国际性组织合作研究有关标准化的问题。中国是ISO的正式成员国，代表中国参加ISO的国家机构是中国国家技术监督局（CSBTS）。

7.2.3 ISO9000族标准及ISO14000族标准简介

ISO9000族标准是国际标准化组织（ISO）于1987年制定，后经不断修改完善而成的系列标准。现已有90多个国家和地区将此标准等同转化为国家标准。ISO9000族标准并不是产品的技术标准，而是针对组织的管理结构、人员、技术能力、各项规章制度、技术文件和内部监督机制等一系列体现保证产品及服务质量的管理措施的标准。

ISO9000认证族标准就是在以下四个方面规范质量管理：

（1）机构　标准明确规定了为保证产品质量而必须建立的管理机构及职责权限。

（2）程序　组织的产品生产必须制定规章制度、技术标准、质量手册、质量体系操作检查程序，并使之文件化。

（3）过程　质量控制是对生产的全部过程加以控制，是面的控制，不是点的控制。从根据市场调研确定产品、设计产品、采购原材料，到生产、检验、包装和储运等，其全过程按程序要求控制质量，并要求过程具有标识性、监督性、可追溯性。

（4）总结　不断地总结、评价质量管理体系，不断地改进质量管理体系，使质量管理呈螺旋式上升。

ISO9000族标准不仅在全部发达国家推行，发展中国家也正在逐步加入到此行列中来，ISO已成为一个名副其实的技术上的世界联盟。造成这种状况的原因，除上述它能给组织带来的巨大实际利益之外，更为深刻的原因在于ISO9000族标准是人类文明发展过程中的必然之物。因此，在一个组织或一个国家实行ISO9000族标准并非是一个外部命令，而是现代组织的本质要求。

ISO14000环境管理系列标准是国际标准化组织（ISO）第207技术委员会（ISO/TC207）组织编制的环境管理体系标准，其标准号从14001～14100，共100个标准号，统称为ISO14000系列标准。ISO14000环境管理标准是国际标准化组织响应全球性环境保护而采取的标准化行动。它的重点是全人类所密切关注的环境问题，规范和约束世界各国环境管理，用于各国商业运作的环境管理和评估对环境的影响。

ISO14000标准是一个多标准组合系统，按标准性质分三类：

第一类：基础标准——术语标准。

第二类：基础标准——环境管理体系、规范、原则、应用指南。

第三类：支持技术类标准（工具），包括①环境审核；②环境标志；③环境行为评价；④生命周期评估。

如按标准的功能，可以分为两类：

第一类：

评价组织：①环境管理体系；②环境行为评价；③环境审核。

第二类：

评价产品：①生命周期评估；②环境标志；③产品标准中的环境指标。

7.2.4　中国标准的分类

按照标准化的对象，通常可以把标准分为技术标准、管理标准和工作标准三大类。其中，技术标准是对标准化领域中需要协调统一的技术事项所制定的标准，包括基础标准、产品标准、工艺标准、检测试验方法标准及安全、卫生、环保标准等。管理标准是对标准化领域中需要协调统一的管理事项所制定的标准。工作标准是对工作的责任、权利、范围、质量要求、程序、效果、检查方法、考核办法所制定的标准。

按照标准的适用范围，我国的标准分为国家标准、行业标准、地方标准和企业标准四个级别。国家标准、行业标准和地方标准按性质又分为两类：一类是强制性标准，国家要求必须执行，其代号为"GB"（"国标"汉语拼音的第一个字母）；另一类是推荐性国家标准，是国家鼓励企业自愿采用，其代号为"GB/T"（"T"为汉语拼音"推"的第一个字母）。除了这两大类以外，还有"GB/Z"国家标准指导性技术文件、"GJB"国家军用标准代号等。

（1）国家标准　由国务院标准化行政主管部门国家质量技术监督总局与国家标准化管理委员会（属于国家质量技术监督检验检疫总局管理）制定（编制计划、组织起草、统一审批、编号、发布）。国家标准在全国范围内适用，其他各级别标准不得与国家标准相抵触。

(2) 行业标准　由国务院有关行政主管部门制定，如化工行业标准（代号为 HG）、石油化工行业标准（代号为 SH）、建材行业标准（代号为 JC）等。行业标准在全国某个行业范围内适用。

(3) 地方标准　地方标准是指在某个省、自治区、直辖市范围内需要统一的标准。《中华人民共和国标准化法》规定："没有国家标准和行业标准而又需要在省、自治区、直辖市范围内统一的工业产品的安全卫生要求，可以制定地方标准。地方标准由省、自治区、直辖市标准化行政主管部门制定；并报国务院标准化行政主管部门和国务院有关行政部门备案。在公布国家标准或者行业标准之后，该项地方标准即行废止。"

(4) 企业标准　没有国家标准、行业标准和地方标准的产品，企业应当制定相应的企业标准，企业标准应报当地政府标准化行政主管部门和有关行政主管部门备案。企业标准在该企业内部适用。

此外，围绕当前国家技术创新体系的重要组成部分——产业技术创新战略联盟，国家目前还正在酝酿开展联盟标准试点工作，将通过试点的方式，支持有条件的国家级试点联盟，探索开展联盟标准化与当前标准体系并存、互相补充的标准管理方式。

7.2.5　国家标准全文数据库

《国家标准全文数据库》收录了由中国标准出版社出版的，国家标准化管理委员会发布的所有国家标准，占国家标准总量的 90% 以上。其数据库中收录了 1950 年至今的所有国家标准，更新频率为每月更新。可以通过标准号、中文标准名称、起草单位、起草人、采用标准号、发布日期、中国标准分类号、国际标准分类号等检索项进行检索。国家标准全文数据库首页为 http：//cn.oversea.cnki.net/kns55/brief/result.aspx? catalogName=ZJCLS& db-prefix=SCSF（图 7-4）。

图 7-4　国家标准全文数据库首页

如图 7-4 所示，用户可以选择性查询现行、作废、被代替、废止转行标以及即将实施的标准，并且与大多数检索数据库一样，用户能够通过限定检索关键词、关键词性质（中文标准名称、标准号、起草单位、起草人、采用标准、发布日期、中国标准分类号、国际标准分类号）和年份等标准全文信息来进行更加精确的检索。

7.2.6　中国行业标准全文数据库

《中国行业标准全文数据库》收录了现行、废止、被代替以及即将实施的行业标准，全部标准均获得权利人的合法授权,相关的链接文献、专利、成果等信息来源于 CNKI 各大数据库。用户可以通过标准号、中文标准名称、起草单位、起草人、出版单位、发布日期、中国标准分类号、国际标准分类号等检索项进行检索,更新频率为每季度更新。中国行业标准全文数据库首页为 https://dbpub.cnki.net/grid2008/dbpub/brief.aspx?id=schf(图 7-5)。

图 7-5 中国行业标准全文数据库首页

类似地,用户可以选择性查询现行、作废、被代替、废止转行标以及即将实施的标准,并且与大多数检索数据库一样,用户能够通过限定检索关键词、关键词性质(中文标准名称、标准号、关键词、出版单位、起草单位、主要起草人、发布单位、实施日期、全文、中标分类号、国际分类号)和词频等标准全文信息来进行更加精确的检索。

7.2.7 中外标准数据库

中外标准数据库(Wanfang Standards Database,WFSD)是中国标准化研究院国家标准馆作为国内标准的馆藏单位制作的标准文摘库,具有很强的权威性。其包括标准文摘数据库和标准全文数据库,收录内容包括中国国家标准、建设标准、建材标准、行业标准及国际标准、国际电工标准、欧洲标准以及美国、英国、德国、法国国家标准和日本工业标准等各类标准题录。中外标准数据库首页为 http://c.g.wanfangdata.com.cn/standard.aspx(图 7-6)。

图 7-6 中外标准数据库首页

第 8 章

化学信息数据库资源

8.1 数据库简介

数据库（database）是按照数据结构来组织、存储和管理数据的仓库，它产生于距今几十年前。随着信息技术和市场的发展，特别是 20 世纪 90 年代以后，数据管理不再仅仅是存储和管理数据，而转变成用户所需要的各种数据管理的方式。并且，对于当今世界来说，数据库的建设规模、数据库的信息量的大小和使用频率已经成为一个国家信息化程度的重要标志。同样地，一个学科数据库的大小也代表着此学科的发展水平。

读者可以通过本章内容了解数据库。本章将从基本概念、发展过程、原理、分类这四个方面介绍数据库系统，并对几个常用数据库的使用进行介绍。在开始介绍数据库之前，我们先来了解一些数据库的常用术语和基本概念。

8.1.1 数据

数据（data）是数据库中存储的基本对象，给我们大部分人的第一印象就是数字，例如 3.14159、0、−100 等。广义方面理解，数据的种类有很多：文本（text）、图形（graph）、图像（image）、音频（audio）、视频（video）等，这些都是数据。可以对数据做如下定义：描述事物的符号记录，可以是数字，也可以是文字、图形、图像、声音、语言等。数据有多种表现形式，它们都可以经过数字化后存入计算机。

8.1.2 数据库

数据库（database，DB），顾名思义是存放数据的仓库，只不过这个仓库是在计算机存储设备上，而且数据是按一定的格式存放的。

人们收集并抽取出一个应用所需要的大量数据之后，将其保存起来，以供进一步加工处理，进一步抽取有用信息。在科学技术飞速发展的今天，人们的视野越来越广，数据量急剧增加。过去人们把数据存放在文件柜里，现在人们借助计算机和数据库技术科学地保存和管理大量复杂的数据，以便能方便而充分地利用这些宝贵的信息资源。

严格地讲，数据库是长期储存在计算机内、有组织、可共享的大量数据的集合。数据库中的数据按一定的数据模型组织描述和储存，具有较小的冗余度、较高的数据独立性和易扩展性，并可为各种用户共享。概括地讲，数据库数据具有永久存储、有组织和可共享三个基本特点。

8.1.3 数据库管理系统

学习了数据和数据库的概念，下一个问题就是如何科学地组织和存储数据并且高效地获取和维护数据。这一任务的完成依赖于系统软件——数据库管理系统（database management system，DBMS）。

数据库管理系统是位于用户与操作系统之间的数据管理软件。数据库管理系统和操作系统一样是计算机的基础软件，也是一个大型复杂的软件系统。它的主要功能包括以下几个方面。

（1）数据定义　DBMS 提供了数据定义语言（data definition language，DDL）。用户通过它可以方便地对数据库中的数据对象进行定义。

（2）数据组织、存储和管理　DBMS 分类组织、存储和管理各种数据，包括数据字典、用户数据、数据的存取路径等。要确定以何种文件结构和存取方式在存储级上组织这些数据，如何实现数据之间的联系。数据组织和存储的基本目标是通过提高存储空间利用率和方便存取，提供多种存取方法（如索引查找、Hash 查找、顺序查找等）来提高存取效率。

（3）数据操作　DBMS 还提供数据操作语言（data manipulation language，DML）。用户可以使用 DML 实现对数据库的基本操作，如查询、插入、删除和修改等。

（4）数据库的事务管理和运行管理　数据库在建立、运用和维护时由数据库管理系统统一管理、统一控制，以保证数据的安全性、完整性、多用户对数据的并发使用以及发生故障后的系统恢复。

（5）数据库的建立和维护功能　其中包括：数据库初始数据的输入、转换功能，数据库的转储、恢复功能，数据库的重组织功能和性能监视、分析功能等。这些功能通常是由一些实用程序或管理工具完成的。

（6）其他功能　包括：DBMS 与网络中其他软件系统的通信功能；DBMS 之间、DBMS 与文件系统之间的数据转换功能；异构数据库之间的互访和互操作功能等。

8.1.4　数据库系统（database system）

数据库系统是指在计算机系统中引入数据库后的系统。它是由数据库及其管理软件组成的系统。简单来看，我们可以用图来概括它们之间的关系，见图 8-1。

图 8-1　数据库系统

8.2　数据库历史及分类

8.2.1　数据库历史

数据库的历史可以追溯到几十年前。这几十年期间，数据库发展阶段大致划分为如下几个阶段：人工管理阶段，文件系统阶段，数据库系统阶段，高级数据库阶段。

（1）人工管理阶段　20 世纪 50 年代中期之前，计算机的软硬件均不完善，硬件存储设备只有磁带、卡片和纸带，软件方面还没有操作系统，当时的计算机主要用于科学计算。这个阶段由于还没有软件系统对数据进行管理，程序员在程序中不仅要规定数据的逻辑结构，还要设计其物理结构，包括存储结构、存取方法、输入输出方式等。当数据的物理组织或存储设备改变时，用户程序就必须重新编制。由于数据的组织面向应用，不同的计算程序之间不能共享数据，使得不同的应用之间存在大量的重复数据，难以实现对应用程序之间数据一致性的维持。

这一阶段的主要特征可归纳为如下几点：
① 计算机中没有支持数据管理的软件；
② 数据组织面向应用，数据不能共享，数据重复；
③ 在程序中要规定数据的逻辑结构和物理结构，数据与程序不独立；
④ 数据处理方式为批处理。

（2）文件系统阶段　20 世纪 50 年代中期到 60 年代中期，由于计算机大容量存储设备（如硬盘）的出现，推动了软件技术的发展，而操作系统的出现标志着数据管理步入一个新的阶段。这一阶段的主要标志是计算机中有了专门管理数据库的软件——操作系统。在文件系统阶段，数据以文件为单位存储在外存，且由操作系统统一管理。操作系统为用户使用文件提供了友好界面。文件的逻辑结构与物理结构脱钩，程序和数据分离，使数据与程序都有了一定的独立性。用户的程序与数据可分别存放在外存储器上，各个应用程序可以共享一组数据，实现了以文件为单位的数据共享。

但由于数据的组织仍然是面向程序，所以存在大量的数据冗余，而且数据的逻辑结构不能方便地修改和扩充，数据逻辑结构的每一点微小改变都会影响到应用程序。由于文件之间互相独立，因而它们不能反映现实世界中事物之间的联系，操作系统不负责维护文件之间的联系信息。如果文件之间有内容上的联系，那也只能由应用程序去处理。这一阶段的主要特征可归纳为如下几点：
① 数据可以长期保存；
② 由文件系统管理数据；
③ 数据共享性大，冗余度大；
④ 数据独立性差。

（3）数据库系统阶段　20 世纪 60 年代后，随着计算机在数据管理领域的普遍应用，人们对数据管理技术提出了更高的要求：希望面向企业或部门，以数据为中心组织数据，减少数据的冗余，提供更高的数据共享能力，同时要求程序和数据具有较高的独立性，当数据的逻辑结构改变时，不涉及数据的物理结构，也不影响应用程序，以降低应用程序研制与维护的费用。数据库技术正是在这样一个应用需求的基础上发展起来的。

按照数据模型的进展情况，数据库系统的发展可划分为三代：

第一代：层次数据库系统和网状数据库系统，主要支持层次和网状数据模型。

第二代：关系数据库系统，支持关系数据模型，该模型有严格的理论基础，概念简单、清晰，易于用户理解和使用。因此一经提出便迅速发展，成为实力性最强的产品。

第三代：新一代数据库系统——面向对象数据库系统，基于扩展的关系数据模型或面向对象数据模型的尚未完全成熟的一代数据库系统。

数据库系统阶段有如下特点：
① 数据结构化，这是数据库系统和文件系统的本质区别；
② 数据的共享性高，冗余度低，易扩充；
③ 数据独立性高；
④ 数据由 DBMS 统一管理和控制。

从文件系统发展到数据库系统，这在信息领域中具有里程碑的意义。在文件系统阶段，人们在信息处理中关注的中心问题是系统功能的设计，因此程序设计占主导地位；而在数据库方式下，数据开始占据了中心位置，数据的结构设计成为信息系统首先关心的问题，而应用程序则以既定的数据结构为基础进行设计。

8.2.2 数据库的模型分类

数据库是一个长期存储在计算机内的、有组织的、有共享的、统一管理的数据集合。数据库的特点就是能够被各种用户共享。数据库系统一般基于某种数据模型，每一个数据库可以根据自身的模型来对其数据库里面的数据进行结构化。按照不同的模型结构，我们可以将数据库分为：层次型数据库、网状型数据库、关系型数据库、面向对象型数据库。

(1) 层次型数据库　层次型数据库（见图 8-2）的数据模型为层次模型，是数据库中最简单的一种结构，由一组通过链接互相联系在一起的记录组成。树结构图是层次数据库的模式。层次模型的特点是记录之间的联系通过指针实现，表示的是对象的联系。层次数据库的优点在于不同层次数据库间的关系简单，保证了数据模型的有效性和简单性等。其缺点是无法显示多个对象之间的联系，并且由于层次顺序的严格和复杂，引起数据的查询和更新操作复杂，因而使得应用程序的编写也比较复杂。

图 8-2　层次型数据库示意图

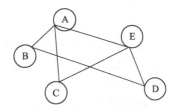
图 8-3　网状型数据库示意图

(2) 网状型数据库。网状型数据库（见图 8-3）是基于网络模型建立的数据库系统，它是层次模型的改进版。网状模型通过网络结构表示实体类型及实体间联系的数据模型。网状模型的特点是记录之间的联系通过指针实现，多对多的联系容易实现；缺点是编写运用程序比较复杂，程序员必须熟悉数据库的逻辑结构。也就是由于该数据库的复杂性和错误可能性，只有很少成功的网络数据库的例子。

(3) 关系型数据库　关系型数据库是基于关系模型建立的数据库。关系模型由一系列表格组成，用表来表达数据集，用关系来表达数据之间的联系。关系数据模型能够有效利用内存，避免数据冗余，这个结构的主要特点是可以单独提取数据元和组合表中的数据，在改变了数据结构的时候可以不改变应用程序。它的缺点是可能引起硬件和操作系统超载，导致系统变慢。

(4) 面向对象型数据库　面向对象模型中最基本的概念是对象和类，对象是现实世界中实体的模型化，共享同一属性集和方法集的所有对象构成一个类。这种数据库可用不同的数据类型进行表达，支持临时和高位数据以及对象可以重复使用。它的缺点就是难以设计数据库管理系统，并且执行速度很慢。

8.3　三类化学信息数据库

根据化学类的信息，我们可以按数据库里的内容将数据库分为 3 类。因为大部分的数据库可能都是包含混合数据类型，因而很难进行严格的分类，我们这里的分类是基于主要的数据类型：文献数据库、事实数据库、结构数据库。

8.3.1　文献数据库

文献数据库是目前我们用得比较多的数据库类型，它是查询文献信息的专用数据库。文献数据库包含目录数据库、全文数据库、专利数据库。

(1) 目录数据库　这类数据库只是收录了文献的目录信息，目录信息包括：标题、作者、地址、期刊名、摘要等。著名的目录数据库有 ISI 等。

(2) 全文数据库　这类数据库收录了文献的全文或者文献的主要内容。全文数据库是我们用得较多的一类数据库。著名的全文数据库有 Science Direct 等。

(3) 专利数据库　这类数据库中收录了专利信息。其中包含专利号、发明者、申请人以及摘要。著名的专利数据库有 ESP 欧洲专利数据库、CPD 加拿大专利数据库等。

8.3.2　事实数据库

事实数据库是一种存放某种具体事实、知识数据的信息集合。它能够为用户提供可以被直接使用的信息资源。事实数据库可以分为数字数据库、光谱数据库、化合物目录数据库、研究计划数据库。

(1) 数字数据库　这类数据库主要包括化合物的数字数据信息。它包括化合物的物化性质以及一些实验的测量值等。著名的数字数据库有 Beilstein 等。

(2) 光谱数据库　这类数据库主要收集了一些可利用的光谱的谱图信息供用户进行结构解析、谱图预测等。著名的光谱数据库有 Specinfo 等。

(3) 化合物目录数据库　这类数据库主要收录了各类化合物的名称、分子式、结构式等化合物的基本信息。著名的化合物目录数据库有 Chemline 等。

(4) 研究计划数据库　这类数据库中收录了各个时间和区域的研究报告。著名的研究计划数据库有 UFORDAT 等。

8.3.3　结构数据库

结构数据库是一个包含化学结构和化合物信息的集合。结构数据库可以分为化学结构数据库、化学反应数据库。

(1) 化学结构数据库　这类数据库存储的是化合物的结构信息，它包含化合物的三维结构以及化学键的连接状况。著名的结构数据库有 ICSD (https://icsd.fiz-karlsruhe.de/index.xhtml)、CSD (http://www.ccdc.cam.ac.uk/products/csd/) 和 PDB (http://www.rcsb.org/pdb/)。

(2) 化学反应数据库　这类数据库存储的是化学反应的反应物、产物、反应条件以及该反应的类型、反应机理等信息。著名的反应数据库有美国化学文摘社提供的 CasReact 等。

8.4　Internet 上的化学化工数据库

8.4.1　Spectral Database for Organic Compounds

Spectral Database for Organic Compounds (SDBS, http://sdbs.db.aist.go.jp) 是一个有机化合物的综合光谱数据库（见图 8-4），包括 6 种不同类型的光谱数据，分别是：电子轰击质谱 (EI-MS)、傅里叶变换红外光谱 (FT-IR)、^{1}H 核磁共振光谱 (^{1}H NMR)、^{13}C 核磁共振光谱 (^{13}C NMR)、激光拉曼光谱和电子自旋共振光谱 (ESR)。该数据库中约有 34000 个化合物的图形结构和光谱信息，大多数情况下光谱信息中都会有峰值归属。我们可以通过化合物的名称、分子式、分子量、CAS 登录号、原子数或者元素、光谱数据等信息来搜索化合物。

关于数据库的详细信息可以查看 Introduction 部分，该页面给出了到 2015 年 3 月为止收录的化合物数量。另外也对质谱 (MS)、^{1}H 核磁共振光谱、^{13}C 核磁共振光谱、傅里叶变换红外光谱、激光拉曼光谱和电子自旋共振光谱（ESR）这几种检测仪器的测试条件给出了详细的说明，点击 FAQ 可以查看如何下载数据、纠正错误信息等操作，本书不再叙述。SDBS 数据库收录的谱图数据信息见表 8-1。

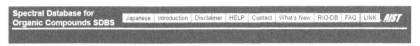

图 8-4　SDBS 数据库主页

表 8-1　SDBS 数据库收录的谱图数据信息

项目	Ca 34600 compounds	更新
MS	Ca 25000 spectra	更新
^{1}H NMR	Ca 15900 spectra	更新
^{13}C NMR	Ca 14200 spectra	更新
FT-IR	Ca 54100 spectra	更新
Raman	Ca 3500 spectra	—
ESR	Ca 2000 spectra	—

8.4.2　NIST Chemistry WebBook

美国国家标准技术研究院（National Institute of Standards and Technology，NIST，https：//www.nist.gov/srd）属于美国商业部的技术管理部门，在国际上享有极高的声誉。NIST 的网站具有非常丰富而且很有价值的信息资源，其参考数据检索服务包含：标准参考数据库、在线数据库服务、化学网络手册。很多参考数据资源都是需要付费的，NIST Chemistry WebBook、NIST/EPA/NIH 属于免费使用的数据库。

NIST Chemistry WebBook（http：//webbook.nist.gov/chemistry/）数据库如图 8-5 所示。表 8-2 提供了五类关于化合物的谱图数据。

图 8-5　NIST Chemistry WebBook 数据库主页

表 8-2　Chemistry WebBook 数据库收录的谱图数据信息

数据库名称	化合物数量	数据库名称	化合物数量
化合物的红外光谱	16000+	化合物的电子和振动光谱	5000+
化合物的质谱	15000+	气相色谱数据	27000+
化合物的紫外-可见光光谱	1600+		

该数据库提供了两大查询方式，分别是普通查询和物理性质查询，我们可以在页面的 Search Options 看到这两类包含的可查询信息目录。在查询检索化合物时，我们可以根据已知的这些目录信息进行检索。另外为了方便用户使用，NIST 提供了 Chemistry WebBook 的使用指南和说明，它的介绍比较详细，在页面下方可查看 Documentation。Documentation 不仅介绍了使用指南，也对各种热力学数据、检测波谱的仪器数据进行了相应的说明。

除了 NIST Chemistry WeBook 提供化合物的谱图信息外，NIST/EPA/NIH 还可以提供专门的质谱信息图，它是由美国环境保护局（EPA）和国家卫生研究院（NIH）联合建立的一个质谱数据库，如图 8-6 所示（https：//www.nist.gov/srd/nist-standard-reference-database-1a-v17）。

图 8-6　NIST/EPA/NIH 数据库主页

这个质谱数据库非常普及，每一个谱图都有至少两个质谱专家对化合物的结构、名称和谱图进行了校对，由此确保了它的准确性。

8.4.3　NIST Atomic Spectra Database

原子光谱数据库 NIST Atomic Spectra Database（ASD，https：//www.nist.gov/pml/atomic-spectroscopy-databases）的主页如图 8-7 所示。

我们点击 Atomic Spectra Database 进入数据库查询页面，目前更新版本为第五版。该数据库包含原子和离子的能级跃迁，辐射跃迁的严格评估 NIST 数据，有 99 个元素的过渡态数据和 89 个元素的能级数据。ASD 包含从大约 0.04nm～20000μm，总计超过 1000 个光谱、90000 个能级和 180000 条谱线。在最新的这一版本中，添加了用于检索所有原子光谱的离子化能和基态结合能的新 web 界面。在新界面中可以通过指定电离序列或电离阶段的

图 8-7 NIST Atomic Spectra Database 数据库主页

范围来实现对多个光谱的检索；也可以检索任意原子和离子的多重态平均数据。

ASD 数据库提供 4 种检索页面，分别是 LiNES、LEVELS、GROUND STATES & IONiZATiON ENERGiES 和 LIBS。下面我们以 LiNES 检索页面为例，简单介绍 web 页面。图 8-8 所示为 ASD 数据库的谱线检索页面，我们可以限定检索元素以及相应的能级态，指定检索波长的范围，选择波长单位。另外对检索结果也可以进行选择，如果检索结果不太令人满意，我们还可以在 Additional Criteria 中进一步筛选。

图 8-8 ASD 数据库谱线检索页面

8.4.4 Reaxys 数据库

Reaxys 数据库（http://www.reaxys.com），由爱思唯尔（Elsevier）公司创建，为 CrossFire Beilstein/Gmelin 的升级产品，是内容丰富的化学数值与事实数据库。该数据库主页如图 8-9 所示。Reaxys 将贝尔斯坦（Beilstein）、盖墨林（Gmelin）和化学专利数据库

(Patent) 的内容整合为统一的资源，包含 2800 多万个反应、1800 多万种物质、400 多万条文献，其相关实验数据均经过实验验证。

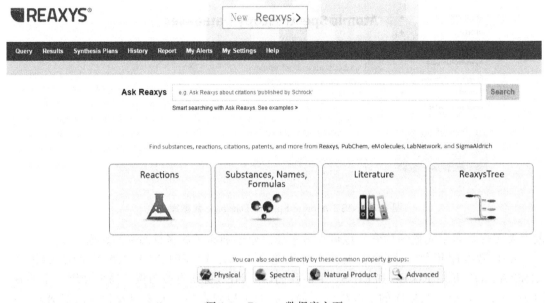

图 8-9　Reaxys 数据库主页

　　Reaxys 对相关化学信息进行了深入挖掘，包括化学反应、化学结构、性质数据、引文等信息，可以利用化学物质名称、分子式、CAS 登录号、结构式、化学反应等进行化学物质及性质、化学反应、文献信息的检索，并具有数据可视化、分析及合成设计等功能。

　　我们点击 Reaxys 数据库主页的 Reactions，进入快速检索页面，如图 8-10(a) 所示。在快速检索页面不仅可以检索物质及物质的反应，也可以查看相关的文献。另外点击 Create Structure or Reaction Drawing，即可进入绘制结构和反应途径的编辑器页面 [图 8-10(b)]，用户在这里编辑好检索物质的相应结构或者反应就可以实现具体的查询功能。如果是对数据库不熟悉的用户，点击帮助按钮⑦获得快速开始等说明文件。

8.4.5　剑桥晶体数据库

　　剑桥晶体数据中心（The Cambridge Crystallographic Data Centre，CCDC），自 1965 年起就从事晶体数据的收集、整理与计算机化工作。该中心的剑桥结构数据库（The Cambridge Structural Database，CSD）是基于 X 射线和中子射线衍射实验的唯一的小分子及金属有机分子晶体的结构数据库。多年来，CSD 一直保持着每年更新超过 50000 个结构信息，同时完善已有的结构信息。目前总共收录了超过 875000 种有机及金属有机化合物的 X 射线衍射和中子射线衍射的分析数据，它独特的 3D 结构已经成为世界上众多科学家必不可少的资源。图 8-11 显示了自 1972 年以来，CSD 数据库收录数据的增长情况，柱状的阴影部分表示每两年增加的结构量。

　　图 8-12 是 CSD 数据库的网页版，网址为 https://www.ccdc.cam.ac.uk。在这里我们可以查看 2017 年以来的数据库更新信息，也可以下载软件版的 CSD，点击 Download CSD 2017 即可进入下载页面，需要填写用户的 Email Address、Site Number、Confirmation

第8章　化学信息数据库资源

Quick search　Query builder　Results　Synthesis planner　History

Search substances, reactions and documents
in Reaxys, PubChem, eMolecules, LabNetwork and SigmaAldrich

🔍 Substance Names, e.g. Atenolol

AND

✏️ Create Structure or Reaction Drawing

(a) Reaxys快速检索页面

✎ Structure editor　　　　　　　　　　　　　　Create structure template from name ›

Marvin JS
by ChemAxon

(b) Reaction Drawing编辑器

图 8-10　Reaxys 检索页面

图 8-11　CSD 数据库年收录量增加趋势

Code 这些信息，之后会在邮箱里发送下载链接，下载安装即可。

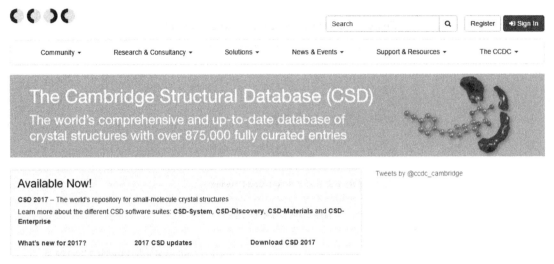

图 8-12　CSD 数据库主页

在 CSD 数据库主页也提供另外两种检索数据结构的方式，分别是 Deposit Structures 和 Access Structures。对于 Deposit Structures，用户可以上传自己的数据到 CCDC 上进行比对，这种方式需要注册账户才可以使用。

第 9 章

化 学 软 件

9.1 概述

  计算机软件（software）是计算程序与相关数据的集合，通过它可以向计算机传达指令，从而完成一系列的计算任务，因此我们可以将任一存储于计算机上的程序和数据的集合视为软件。一般来说，计算机软件包括应用软件、程序设计语言、操作系统、硬件监控程序、驱动程序等。从实际应用的角度出发，人们大致将软件分为系统软件、程序设计软件以及应用软件三大类：①系统软件主要包括驱动程序、操作系统、系统服务以及系统工具，它主要为计算机中各独立的硬件提供最底层的支持和管理，使得各硬件能够协同工作，用户在使用计算机时不需要去关注各硬件之间的任务是如何调配的；②程序设计软件主要包括编译器、调试程序、解释程序、链接程序以及文本编辑程序，通常一个集成的开发环境（如 Microsoft Visual studio）会包含上述的各类程序，它为程序员提供了一个编写计算机程序的平台；③应用软件主要包括商业软件、视频软件、游戏软件、计算软件、数据库管理系统、医学软件、教学软件、图像处理软件等，它将根据用户的需求提供特定的功能，从而协助终端用户完成一个或多个任务。

  软件同传统的工业产品相比，有其独特的性质：

  （1）软件是一种逻辑实体，具有抽象性。这个特点使它与其他工程对象有着明显的差异。人们可以把它记录在纸上、内存、磁盘和光盘上，但却无法看到软件本身的形态，必须通过观察、分析、思考、判断，才能了解它的功能。

  （2）软件没有明显的制造过程。软件一旦研制开发成功，就可以大量拷贝同一内容的副本。对软件的质量控制，必须着重在软件开发方面下工夫。

  （3）软件在使用过程中，没有磨损、老化的问题。软件在生存周期后期不会因为磨损而老化，但会为了适应硬件、环境以及需求的变化而进行修改，这些修改会不可避免地引入错误，导致软件失效率升高，从而使得软件退化。当修改的成本变得难以接受时，软件就被抛弃。

  （4）软件对硬件和环境有着不同程度的依赖性，这导致了软件移植的问题。软件的开发至今尚未完全摆脱手工作坊式的开发方式，生产效率低，需要投入大量高强度的脑力劳动。现在软件的研发成本已大大超过了硬件。

  （5）软件的复杂性。软件是人类有史以来生产的复杂度最高的工业产品，它涉及人类社会的各行各业。软件开发常常涉及其他领域的专业知识，这对软件工程师提出了很高的要求。

  （6）软件工作牵涉到很多社会因素。许多软件的开发和运行涉及机构、体制和管理方式等问题，还会涉及人们的观念和心理。这些人为因素，常常成为软件开发的困难所在，直接决定到软件项目的成败。

（7）专业软件的研发需要具有专业知识的行业专家参与需求调查和分析，并进行系统分析和设计，对开发的软件进行不同阶段的测试。高质量的软件对上述过程通常采用循环迭代模式。

毋庸置疑，化学软件和计算机的发展紧密相关，特别是随着网络技术的成熟，各类化学软件通过光盘、网络等载体迅速向广大化学和计算机爱好者传播，更值得欣慰的是由于网络的共享与互动性，国内外软件开发人员能及时根据用户的需求开发出更具实用性的软件并实时更新。同时由于互联网的方便快捷和使用的广泛性，它理所当然地成为可供试用和下载软件的极为重要的来源。几乎所有大的站点，都提供一些有用的软件供用户下载。关于软件方面的站点，其内容包括对软件的评述，同时也提供软件下载和更新。一些专门收集软件包的站点还有软件搜索引擎，方便来访者快速找到所需要的软件。

9.2 化学软件的分类

随着化学信息量的日益增加，化学工作者们同样需要借助计算机来对这些数据进行管理与分析，而化学软件则应运而生。我们将化学软件进行分类是为了更好地了解、使用化学软件，从而促进化学及相关学科的发展。

国内外一些化学站点通常将化学软件按照学科类别分为：无机化学软件、有机化学软件、分析化学软件、物理化学软件、生物化学软件、化学教育软件、其他化学软件等。表9-1 中列出了三种常用的化学软件分类方法。

表 9-1 化学软件常用分类方法

常用分类方法一	常用分类方法二	常用分类方法三	
无机化学软件	仪器分析软件	生物信息学	
有机化学软件	化学计算软件	化学信息学	
分析化学软件	化学编排软件	实验室信息管理系统	
物理化学软件	分子模拟软件	结构化学	晶体学
			红外光谱
			质谱
			核磁共振谱
生物化学软件	化学学习软件	分子模拟	生物大分子模拟
			计算机辅助药物/分子设计
			构象搜索
化学教育软件	画图作图软件	计算模拟	分子力学与分子动力学
			量子化学
其他化学软件	谱库图库软件	通用软件工具	公用编程工具
			数据分析
			图形化工具
	其他化学软件	其他化学软件	

9.3 语言软件和依托算法的化学计算软件

9.3.1 MATLAB

20世纪70年代，美国新墨西哥州立大学计算机系主任Cleve Moler为了减轻学生的编程负担，用Fortran编写了最早的MATLAB。1984年后，由Little、Moler、Steve Bangert合作成立的MathWorks公司正式把MATLAB推向了市场。目前的MATLAB（Matrix Laboratory）是一款商业软件，主要应用于算法开发、数据可视化、数据分析以及数值计算的高级技术计算语言和交互式的环境（网址为www.mathworks.com）。

MATLAB的应用范围十分广泛，涉及信号和图像处理、通信和控制系统设计、财务建模和分析、计算生物学等众多应用领域。附加的工具箱（单独提供的专用MATLAB函数集）扩展了MATLAB的功能，用于解决这些应用领域内特定类型的问题。此外，MATLAB还具有良好的可扩展性，每一个使用者都可以编写属于自己的应用程序，以完成既定目标。

对我们已知的化学信息类型及其处理方法进行归纳分析，可以看出，化学中应用较多的数学方法主要有四种类型：

(1) 数值计算，溶液pH值计算、浓度计算、体系平衡常数计算等；
(2) 数据图示，体系平衡图、相图等；
(3) 曲线拟合，根据实验数据的曲线拟合；
(4) 数学模型应用，神经网络、最优化方法等处理复杂化学问题。

使用MATLAB处理以上问题，不仅快速准确，而且简单易用，不需烦琐的汇编语言，只需要简单的数学表达式即可完成计算和分析。

除了简单易用外，MATLAB还具有如下特点：

(1) 友好的工作平台和编程环境；
(2) 强大的科学计算机数据处理能力；
(3) 出色的图形处理功能；
(4) 应用广泛的模块集合工具箱；
(5) 实用的程序接口和发布平台。

MATLAB R2016b版工作界面见图9-1。

本节将对MATLAB作一简单介绍，详细信息可参考其他相关书籍。

9.3.1.1 版本及帮助信息

图9-1显示了MATLAB运行的主界面，在主界面运行环境中输入helpdesk、doc和helpwin均可得到MATLAB软件的相关帮助信息，这些信息根据所属工具箱的类别进行了划分，对各子类（工具箱）来说，帮助信息一般包括用户说明文档、函数列表及说明、示例程序及数据、相关函数程序演示以及参考资料。MATLAB软件帮助信息列表如图9-2所示。

MATLAB软件当中包含了众多的工具箱，随着软件版本的更新，工具箱中的函数也可能发生改变，可以通过ver和version命令查看各工具箱的版本号以及当前MATLAB的版本号。

9.3.1.2 变量控制及基本操作符

在MATLAB中可使用简单的命令对内存中的变量实行管理，基本的操作命令如下：

a. Clear   清除工作区中的所有变量，亦可使用Clear variable清除指定名称的变量。

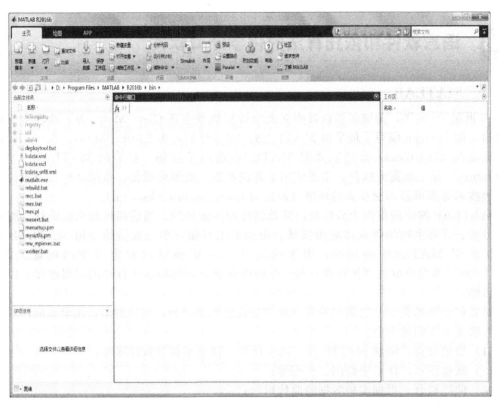

图 9-1　MATLAB R2016b 版工作界面

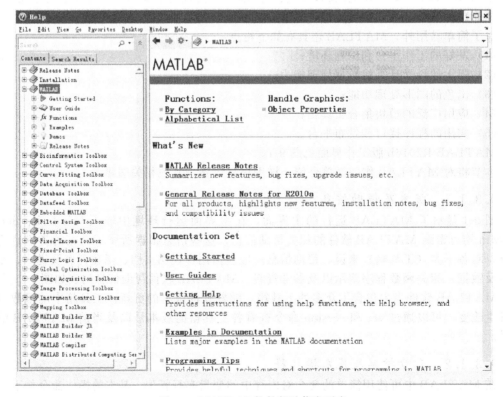

图 9-2　MATLAB 软件帮助信息列表

b. Clc　清除当前命令窗口显示的所有内容。

c. Disp（variable）　显示指定名称的变量内容。

d. Save Filename　将工作区中的所有变量存入文件中，亦可使用 Save variable Filename 将指定名称的变量存入文件中。

e. Load Filename　将文件中的所有变量读入 MATLAB 工作区中，亦可使用 Load variable Filename 将指定名称的变量读入 MATLAB 工作区中。

在运算符方面，除了使用与 C++、Java 等程序设计语言常用的运算符之外，MATLAB 还定义了一些简单的符号来完成简单的数值计算（见表 9-2）。

表 9-2　MATLAB 中常用的运算符

基本运算符		矩阵运算符		关系运算符		特殊运算符	
加	+	乘	*	大于	>	范围	:
减	−	点乘	.*	小于	<	建立数组	[]
乘	*	除	/	大于等于	>=	字符	' '
除	/	点除	./	小于等于	<=	索引	( )
乘方	^			等于	==	数组转置	'
开方	sqrt()			不等于	~=		

9.3.1.3　矩阵数据输入

在 MATLAB 的使用过程中接触最多的就是矩阵的运算，该软件为用户提供了多种生成矩阵的方式：

（1）直接输入法　在 MATLAB 中可以使用建立数组运算符"[ ]"以及分隔符"；"生成相应的矩阵。

【例 9-1】　输入矩阵 $A = \begin{bmatrix} 2 & 4 & 6 & 8 & 10 \end{bmatrix}$

在运行环境中直接输入：A=[2, 4, 6, 8, 10]

【例 9-2】　输入矩阵 $B = \begin{bmatrix} 1 & 2 & 3 & 4 \\ 2 & 4 & 6 & 8 \\ 1 & 3 & 5 & 7 \\ 7 & 8 & 9 & 10 \end{bmatrix}$

直接输入：B=[1, 2, 3, 4; 2, 4, 6, 8; 1, 3, 5, 7; 7, 8, 9, 10]

注意，矩阵中同一行的元素一般以逗号分隔，不同行的元素以分号分隔。

（2）使用范围运算符　一般格式为：A=Start：step：End。其中 Start 为向量的起始值，step 为步长（设定的 step 值为 1 时可以省略），End 为向量的终止值。通过该命令可生成等差数列。

【例 9-3】　生成向量 $A = \begin{bmatrix} 1 & 2 & 3 & 4 & 5 \end{bmatrix}$

直接输入：A=1：5

【例 9-4】　生成向量 $B = \begin{bmatrix} 1 & 1.5 & 2 & 2.5 & 3 \end{bmatrix}$

直接输入：B=1：0.5：3

（3）使用函数生成特殊矩阵　除了人工输入数据外，用户还可以使用 MATLAB 提供的函数方便地生成相应的特殊矩阵，函数名称与相关说明参见表 9-3。

表 9-3　函数名称与相关说明

函数名称	函数简介
zeros(m, n)	产生 m 行×n 列，所有元素为 0 的矩阵
ones(m, n)	产生 m 行×n 列，所有元素为 1 的矩阵

续表

函数名称	函 数 简 介
eye(n)	产生 n 行×n 列的单位矩阵
rand(m,n)	产生 m 行×n 列,数值范围为[0,1]的均匀随机数矩阵
randn(m,n)	产生 m 行×n 列,满足正态分布的随机矩阵
magic(n)	产生 n 行×n 列的魔方阵
diag(v)	产生以向量 v 为对角元素的对角阵
linspace(a,b,n)	生成 n 个元素的向量,它们在区间[a,b]间线性分布

【例 9-5】 生成一个 3×2 的 0 矩阵。

输入:A=zeros(3,2)

【例 9-6】 生成一个对角线元素为 [1 2 3 4],其他元素为 0 的方阵。

输入:v=[1,2,3,4];

　　　A=diag(v);

结果如下:

v=

　1　2　3　4

A=

　1　0　0　0

　0　2　0　0

　0　0　3　0

　0　0　0　4

(4) 从 Excel 文件中读入数据　用户还可以先将数据存入 Excel 表格中,再通过 MATLAB 提供的数据导入功能直接从 Excel 中导入矩阵数据。

【例 9-7】 从 Excel 文件中导入数据矩阵。

首先将数据存入名为 data.xls 的 Excel 文件中,如图 9-3 所示,

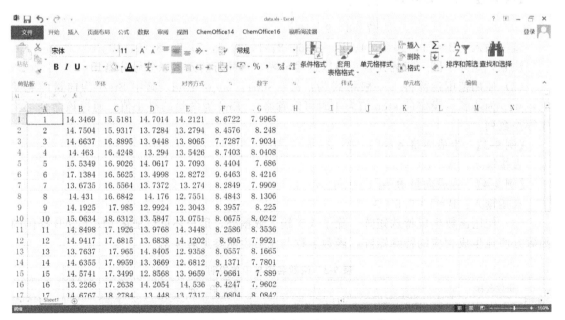

图 9-3　在名为 data.xls 的文件中存入矩阵数据

用 MATLAB 的工具菜单栏中的"导入数据"选项可从 Excel 文件中读入数据，如图 9-4 所示。

图 9-4　在 MATLAB 文件管理区中使用"导入数据"菜单功能

通过 MATLAB 提供的数据导入向导选择需要导入的表单，点击确认即可。数据导入向导见图 9-5，数据导入结果见图 9-6。

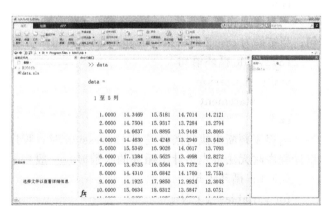

图 9-5　数据导入向导　　　　　　　　　图 9-6　数据导入结果

9.3.1.4　MATLAB 中的流控制

在程序设计中，语句是程序执行的最小单位，一条语句的任务是完成一项操作。根据结构化的设计思路，多条语句在执行时可构成三种结构：顺序结构、条件结构和循环结构。其中顺序结构即根据语句书写的先后顺序依次执行；条件结构是在出现判断的时候，程序选择性地执行满足条件的语句，MATLAB 软件中提供了 if、if…else…以及 switch…case…三种常用的条件控制语句；循环结构是程序在满足一定条件时，重复性地执行某条或多条语句，MATLAB 提供了 while 和 for 两种常用的循环控制语句。

(1) If 语句

If　expression
　　statements
end

其中 expression 为设定的执行条件，当满足条件时程序将执行 statements 语句。另外也可采用 if…else…结构进行多条判断：

If　expression 1
　　statement 1
elseif expression 2
　　statement 2
elseif expression 3
　　statement 3
else
　　statement 4
end

(2) switch…case 语句

switch expression
case case 1,
　　statement 1
case case 2,
　　statement 2
otherwise
　　statement 3
end

当程序遇到判断条件 expression 时会做出选择，当结果为 case 1 时将执行 statement 1 语句；当结果为 case 2 时将执行 statement 2 语句；当结果为其他时将执行 statement 3 语句。

(3) while 循环语句

while expression
　　　statement
end

当程序判断出执行条件满足 expression 时，程序将重复执行 statement 语句。当用户在设计程序时无法事先估计出循环的次数时，一般会采用 while 循环。

(4) for 循环语句

for variable=1：N
　　　statement
end

其中，variable 为变量名，N 为自然数，程序在执行时遇到 for 循环语句，将会执行 N 次 statement 语句。当用户在程序设计时事先知道需要循环的次数，可以采用 for 循环进行控制。

【例 9-8】 fibonacci 数组满足规则：

$a_{k+2}=a_k+a_{k+1}$　($k=1, 2, \cdots, N$)，且 $a_1=a_2=1$

现希望求出该数组中第一个大于 100000 的数值。

程序如下：

　　a(1)=1;a(2)=1;

```
i=2;
while a(i)<=100000
    a(i+1)=a(i-1)+a(i);
    i=i+1;
end
disp(['i=',num2str(i)])
disp(['a(i)=',num2str(a(i))])
```
程序执行结果如下：
i=26
a(i)=121393

9.3.1.5 文件输入与输出

MATLAB运行环境中可处理的文件主要有两类：M文件（程序文件）及数据文件。其中，M文件主要是将一系列的执行语句放在一起，用户可以通过使用M文件的文件名（函数名）来完成对一个指令集的调用。

数据文件一般存放于磁盘介质之上，它们一般有两种格式：二进制格式与ASCII文本文件格式。MATLAB提供了对数据文件的建立、打开、读、写以及关闭等一系列函数，用户可以通过这些函数完成对数据文件的操作，值得注意的是，对于不同格式的数据文件，MATLAB需要采用不同的函数对其进行读写。

(1) 使用fopen函数打开文件　在读写一个文件之前，必须使用fopen函数将文件打开，并指定允许对这个文件的操作，而当文件操作结束后应养成及时关闭文件的习惯，以免文件遭到破坏。fopen函数的调用格式如下：

Fid=fopen (filename, permission)

其中，Fid用于存储文件句柄值，该句柄值是用来标识该数据文件，其他函数可以利用它对该数据文件进行操作；filename为需要打开的文件名称，以字符串的形式输入；permission为设定文件打开的方式，它可以输入以下几个值：

'r'——以只读的形式打开指定文件，如果文件不存在则打开失败；

'w'——可对打开的文件进行读写操作，如果文件不存在则创建一个新文件，如果文件已经存在则清除原内容，重新写入新内容；

'a'——对指定文件进行读写操作，如果文件不存在则创建一个新文件，如果文件已经存在则在原文件的末尾追加新内容。

(2) 使用fclose函数关闭文件　完成对一个文件的操作后，应及时将该文件关闭。fclose函数的调用格式如下：

status=fclose (fid)

其中，fid为需要关闭文件的文件句柄值，status为返回代码，如果文件关闭成功，则返回0；否则返回-1。

(3) 二进制文件的读写操作

a. fread函数用于读取二进制数据文件，具体使用格式如下：

[A, count]=fread (fid, size, precision)

其中，A用于存放读取的数据，count为返回所读取的数据元素个数，fid为文件句柄值，size为可选项，输入值可为：

N——将文件中的N个元素读入MATLAB工作区中，并以向量的形式存放；

Inf——读取整个文件；

[M,N]——将文件中的数据读出存入 $M \times N$ 的矩阵中,数据按列存放。

若不输入该参数,则默认读取整个文件内容。precision 用于控制读取数据的精度,默认为 uchar,即无符号字符格式。可选的精度类型还有:

'int8'——8 位整数;
'int16'——16 位整数;
'int32'——32 位整数;
'int64'——64 位整数;
'uint8'——8 位无符号整数;
'uint16'——16 位无符号整数;
'uint32'——32 位无符号整数;
'uint64'——64 位无符号整数;
'single'——32 位浮点数;
'double'——64 位浮点数;
'short'——16 位整型;
'int'——32 位整型;
'long'——32 或 64 位整型。

b. fwrite 函数用于将数据写入二进制数据文件,具体使用格式如下:

count=fwrite(fid,A,precision)

其中,count 为返回所写的数据元素个数,fid 为文件句柄值,A 为存放写入文件的数据,precision 为控制写入数据的精度类型,其形式与 fread 函数相同。

【例 9-9】 以整数的形式将一个 5 阶魔方阵的数据写入名为 'magic5.dat' 的二进制文件当中。

程序如下:

fid=fopen('magic5.dat','w');
count=fwrite(fid,magic(5),'int32');
flag=fclose(fid);

(4) 文本文件的读写操作

a. fscanf 函数用于从 ASCII 文本文件中读取数据,具体使用格式如下:

[A,count]=fscanf(fid,format,size)

其中,A 用以存放读取的数据,count 为返回所读取的数据元素个数,fid 为文件句柄值,format 用以控制读取的数据格式,常见的格式符有%d、%f、%c 和%s,分别表示读取的内容为整数、浮点数、单个字符以及字符串。size 为可选参数,它指定读入元素的个数,如不指定则默认读取整个文件,它的输入值可参见 fread 函数。

b. fprintf 函数用于将格式化的数据输入至 ASCII 文本文件中,具体使用格式如下:

count=fprintf(fid,format,A)

其中,A 存放要写入文件的数据。MATLAB 会先按 format 指定的格式将数据矩阵 A 格式化,然后写入到 fid 所指定的文件中,其格式符与 fscanf 函数相同。

【例 9-10】 建立一个名为 'text.dat' 的文本文件,将如下内容输入至文件中:

STUDENT NAME	SCORE
Zhang san	89.5
Li si	94.0
Wang wu	88.1
Zhao liu	87.4

程序如下：
```
fid=fopen('text.dat','w');
fprintf(fid,'%s\t%s\n','STUDENT NAME','SCORE');
fprintf(fid,'%s\t%4.1f\n','Zhang san',89.5);
fprintf(fid,'%s\t%4.1f\n','Li si',94.0);
fprintf(fid,'%s\t%4.1f\n','Wang wu',88.1);
fprintf(fid,'%s\t%4.1f\n','Zhao liu',87.4);
fclose(fid);
```

9.3.1.6 MATLAB 中二维图形绘制

MATLAB 不仅能提供强大的数值计算功能，还提供了丰富的绘图函数，其中包括二维及三维的图形绘制，用户可以根据已有的向量、矩阵和自定义函数绘制出各类图形。本小节将对一些常用的二维曲线及三维曲线、曲面绘图命令做一简单的介绍，更复杂的绘图命令可参照相关的参考书籍或 MATLAB 帮助文档。

在二维曲线绘制中，plot 函数是 MATLAB 当中使用最多的，亦是最基本的一个二维绘图命令，该函数一般有如下几种使用格式：

plot(Y)
plot(X,Y)
plot(X,Y,LineSpec)
plot(X1,Y1,LineSpec1,X2,Y2,LineSpec2,…)

当用户希望将向量 **Y** 以曲线的形式绘制出来时，可直接使用 plot(**Y**) 函数，其中 **Y** 为一向量，如果输入的 **Y** 是 $m \times n$ 的矩阵时，该函数分别将矩阵的每一列单独绘出，即绘制 n 条曲线，每条曲线基于 m 个点进行绘制；假如用户希望指定曲线中所有点对应的 **X** 坐标，可使用 plot(**X**,**Y**) 函数，即采用 **Y** 对 **X** 作图；此外，用户还可以通过可选参数 LineSpec 指定线条的类型、颜色以及数据点的形状，具体输入参数如表 9-4 所列。

表 9-4　plot 函数可设定的参数列表

线条颜色		数据点形状		线条类型	
参数	说明	参数	说明	参数	说明
b	蓝色	.	点	-	实线
g	绿色	o	圆圈	:	点线
r	红色	×	叉	-.	点划线
c	青色	+	十字	--	虚线
y	黄色	*	星号	(none)	无线条
k	黑色	s	方块		
w	白色	d	菱形		
m	紫红色	v	三角形(　)		
		∧	三角形(　)		
		<	三角形(　)		
		>	三角形(　)		
		p	五角星		
		h	六边形		

在设定 LineSpec 参数时可从表 9-4 所列的三类参数中每类任选一种进行输入；最后如果用户需要将多条曲线绘制在一幅图上，可采用格式：plot（X1，Y1，LineSpec1，X2，

Y2，LineSpec2，…），依次将需要绘制的 X 与 Y 及线条类型输入至 plot 函数中即可。

为了适应不同的用户需求，MATLAB 还提供了其他二维图形绘制函数，如阶梯图、直方图、极坐标图等，其相应的函数名如下：

bar——绘制二维直方图；
stem——茎状图（针状图）；
stairs——阶梯图；
fill——填充图；
polar——极坐标图；
hist——统计累计图；
rose——极坐标累计图；
compass——罗盘图；
errorbar——为图形添加误差范围。

这些函数具体的使用格式请参照参考书籍或 MATLAB 帮助文档，这里由于篇幅限制就不一一介绍。

在用户绘制完图形后，一般需要对图形进行一些标注，其中包括添加坐标轴说明、添加网格使图形更加清晰易读等，MATLAB 为图形标注提供了如下函数：

axis——调整坐标轴的显示范围，一般用法为 axis（[xmin，xmax，ymin，ymax]），其中 xmin 与 xmax 为 X 轴显示的最小值与最大值；ymin 与 ymax 为 Y 轴显示的最小值与最大值。

xlabel——添加 X 轴标注；
ylabel——添加 Y 轴标注；
title——添加图形标题；
text——为图形添加注释；
legend——添加图例；
grid on——显示网格线；

subplot——在一幅大图当中绘制多幅子图，一般格式为 subplot（N，m，n），其中 N 设定了总共需要绘制的子图数目，m、n 用于指定当前绘制的子图位于总布局的第 m 行、第 n 列。

最后我们以两个综合例子来看看 MATLAB 二维图形的实际输出结果。

【例 9-11】 在 $[-\pi, \pi]$ 区间中绘制一条正弦函数曲线，并对图形做如下设定：采用红色实线绘制曲线；X 轴坐标设定为 $[-\pi, \pi]$，并添加标注"$-\pi \leqslant \theta \leqslant \pi$"；Y 轴添加标注"$\sin\theta$"；图形添加标题"Plot of $\sin\theta$"；最后为图形添加网格。

程序如下：

```
x=-pi:0.1:pi;
y=sin(x);
p=plot(x,y,'r-')
set(gca,'XTick',-pi:pi/2:pi)
set(gca,'XtickLabel',{'-pi','-pi/2','0','pi/2','pi'})
xlabel('-\pi \leq \Theta \leq \pi')
ylabel('sin(\Theta)')
title('Plot of sin(\Theta)')
grid on;
```

输出结果如图 9-7 所示。

图 9-7 [−π, π] 区间中的正弦函数曲线

【例 9-12】 分别以直方图、阶梯图、茎状图和填充图形式绘制曲线 $y=2\sin x$, x 取值区间为 [0, 2π]。四幅图形以子图的形式显示出来。

程序如下：

```
x=0:pi/10:2*pi;
y=2*sin(x);
subplot(2,2,1);bar(x,y,'g');              % 绘制直方图
title('bar(x,y,"g")');axis([0,7,-2,2]);
subplot(2,2,2);stairs(x,y,'b');           % 绘制阶梯图
title('stairs(x,y,"b")');axis([0,7,-2,2]);
subplot(2,2,3);stem(x,y,'k');             % 绘制茎状图
title('stem(x,y,"k")');axis([0,7,-2,2]);
subplot(2,2,4);fill(x,y,'y');             % 绘制填充图
title('fill(x,y,"y")');axis([0,7,-2,2]);
```

输出结果如图 9-8 所示。

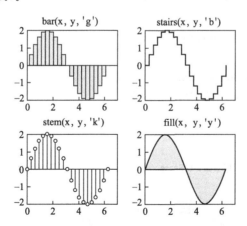

图 9-8 以直方图、阶梯图、茎状图及填充图显示的 $y=2\sin x$ 曲线

9.3.1.7 MATLAB 中三维图形的绘制

与二维图形相比，三维空间的立体图形能让用户对数据产生更为直观的印象，当然，绘制三维立体图形的函数也更为复杂，这里主要简单介绍两个基本的函数：plot3 和 mesh。其中，plot3 主要用于绘制三维立体曲线图，而 mesh 主要绘制三维立体网格图。

plot3 函数与 plot 函数用法十分相似,只是在输入参数中需要增加一个 Z 轴的数值,其调用格式为:

plot3(X,Y,Z,LineSpec)

plot3(X1,Y1,Z1,LineSpec1,X2,Y2,Z2,LineSpec2,…)

其中 X、Y、Z 分别为图形三个坐标轴的数值,LineSpec 用于指定线条的类型、颜色以及数据点的形状,具体输入参数参见表 9-3。

mesh 函数用于绘制三维空间中的网格图,其中图形会依据 Z 轴数值的不同而采用不同的颜色进行显示,具体调用格式如下:

mesh(X,Y,Z)

mesh(Z)

其中,X、Y、Z 为图形中三个坐标轴的数值。

【例 9-13】 绘制三维图形:①设定 t 的取值区间为 $[0,20\pi]$,X 与 Y 轴取值分别为 $\sin t$ 与 $\cos t$,Z 轴的值满足函数 $t\times\sin t\times\cos t$,绘制三维曲线图;②将 X、Y 的取值设定于区间 $[-3,3]$ 中,并使用 MATLAB 提供的峰函数(peaks)生成相应的 Z 坐标,并绘制三维网格图。

程序如下:

```
t=0:pi/100:20*pi;                    % 绘制三维曲线图
x=sin(t);
y=cos(t);
z=t.*sin(t).*cos(t);
subplot(1,2,1),plot3(x,y,z);
title('Line in 3-D Space');
xlabel('X');ylabel('Y');zlabel('Z');
grid on;

[X,Y]=meshgrid(-3:0.125:3);          % 绘制 mesh 图
Z=peaks(X,Y);
subplot(1,2,2),mesh(X,Y,Z);
axis([-3 3 -3 3 -10 5])
title('3-D mesh function');
xlabel('X');ylabel('Y');zlabel('Z');
grid on;
```

输出结果如图 9-9 所示。

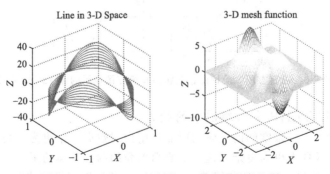

图 9-9 MATLAB 绘制的 3D 曲线图与网格图

9.3.2 R语言

R语言是1980年左右广泛应用于统计学领域的S语言的一个分支。S语言是由AT&T贝尔实验室开发的一套用来进行数据探索、统计分析和作图的解释型语言。最初的S语言的实现版本主要是一款由MathSoft公司开发的商业软件S-Plus。后来Auckland大学的Robert Gentleman和Ross Ihaka及其他志愿人员开发出了现在的免费R语言系统。

R语言系统是一套完整的数据处理、计算和制图软件系统，其功能包括：
（1）数据存储和处理系统；
（2）数组运算工具；
（3）完整连贯统计分析工具；
（4）游戏的统计制图功能；
（5）简便强大的编程语言。

与其说R是一种统计软件，还不如说R是一种数学计算环境。因为R并不仅仅提供若干统计程序，使用者只需指定数据库和若干参数便可进行一个统计分析。它提供了各种数学计算、统计计算的函数，从而让使用者能灵活机动地进行数据分析，甚至创造出符合需要的新的统计计算方法。R语言的语法表面上类似C语言，但在语义上是函数设计语言（functional programming language）的变种，与Lisp以及APL有很强的兼容性。

R语言系统是一个免费软件，图9-10所示的是R语言的主界面。它有Unix、Linux、MacOS和Windows版本，都是可以免费下载和使用的。R语言系统的基本安装程序中只包含8个基础模块，其他外在模块可以通过登陆CRAN的主页获得（http：//cran.r-project.org）。CRAN是R综合典藏网（Comprehensive R Archive Network）的简称，它除了收藏了R的执行档下载版、源代码和说明文件外，还收录了各种用户撰写的软件包。现在，全球有超过一百个CRAN镜像站点。

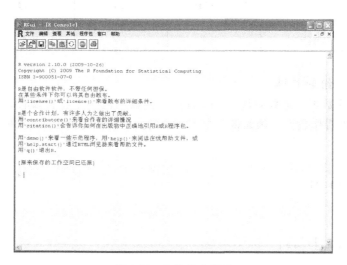

图9-10 R软件主窗口

中国的几个CRAN镜像站点网址如下：
① http：//mirrors.tuna.tsinghua.edu.cn/CRAN/；
② https：//mirrors.ustc.edu.cn/CRAN/；
③ https：//mirrors.eliteu.cn/CRAN/；
④ https：//mirror.lzu.edu.cn/CRAN/。

9.3.2.1 向量

a. 用函数 c() 创建一个变量名为 x，值为 1、2、3、4、5 的向量。

程序输入：

x<-c(1,2,3,4,5)

其中，<- 为赋值符。

此外，字符型向量也可用此函数构建，例如：

程序输入：

x<-c("a","b","c","d")

x

程序输出：

[1] "a" "b" "c" "d"

b. 创建有规律的向量，如等差数列。

程序输入：

x<-1:5

将创建向量 $x=\{1,2,3,4,5\}$

表 9-5 中列出了在 R 软件中向量的基本运算符及常用的统计函数。

表 9-5　R 软件中向量的基本运算和函数

基本运算符		基本初等函数		向量运算函数	
加	+	开方	sqrt	最小值	min
减	-	对数	log	最大值	max
乘	*		log10	标准差	sd
除	/		exp	求和	sum
乘方	^	三角函数	tan	中位数	median
整除	%/%		sin	均值	mean
求余	%%		cos	方差	var

9.3.2.2 数组和矩阵

a. 向量转化成数组　维数向量（dim 属性）是数组的一个特征属性，当向量被定义了维数向量后可以被看作数组。例如将一个 1×12 的向量转换为一个 4×3 的矩阵。

程序输入：

x<-1:12

dim(x)<-c(4,3)

x

程序输出：

```
     [,1] [,2] [,3]
[1,]   1    5    9
[2,]   2    6   10
[3,]   3    7   11
[4,]   4    8   12
```

b. 函数 array() 构建数组　其基本用法：array(data=NA, dim=length(data), dimnames=NULL)，其中，data 是输入的向量数据，dim 是数组各维长度，dimnames 可设定数组维的名字。例如：

程序输入：
array(1∶12,dim=c(3,4))
程序输出：
```
     [,1] [,2] [,3] [,4]
[1,]   1    4    7   10
[2,]   2    5    8   11
[3,]   3    6    9   12
```
注意，数组中的元素是按列存放的。

R 软件中，数组可以方便地进行四则运算（＋，－，＊，/），这里仅针对矩阵的常用计算予以阐述。

9.3.2.3 矩阵的转置

函数 t() 可得到转置矩阵，例如：
程序输入：
A<－matrix(1∶8,nrow=2)
A
程序输出：
```
     [,1] [,2] [,3] [,4]
[1,]   1    3    5    7
[2,]   2    4    6    8
```
t(A)
```
     [,1] [,2]
[1,]   1    2
[2,]   3    4
[3,]   5    6
[4,]   7    8
```

9.3.2.4 矩阵的乘积

A、***B*** 两矩阵的乘积（***A*** 的列数必须等于 ***B*** 的行数），可使用命令"A％＊B％"，例如：
程序输入：
A<－matrix(1∶6,nrow=2)；
A
程序输出：
```
     [,1] [,2] [,3]
[1,]   1    3    5
[2,]   2    4    6
```
程序输入：
B<－matrix(1∶6,nrow=3)；
B
程序输出：
```
     [,1] [,2]
[1,]   1    4
[2,]   2    5
[3,]   3    6
```

程序输入：
C<-A%*%B
C
程序输出：
```
     [,1] [,2]
[1,]  22   49
[2,]  28   64
```

9.3.2.5 求方阵行列式

函数 det() 用来求方阵行列式，以上面的例子中的计算结果（矩阵 *C*）为例，继续输入。

程序输入：
det(C)
程序输出：
[1] 36

9.3.2.6 生成对角阵

函数 diag() 可以将输入向量转换为对角阵，或取矩阵对角线上元素的向量。例：
程序输入：
x<-c(1,2,3)
diag(x)
程序输出：
```
     [,1] [,2] [,3]
[1,]  1    0    0
[2,]  0    2    0
[3,]  0    0    3
```

程序输入：
X<-matrix(1:9,nrow=3)
diag(X)
程序输出：
[1] 1 5 9

此外我们还经常使用一些与矩阵运算相关的函数，如合并矩阵等。表 9-6 列出了 15 个常用的矩阵运算函数。

表 9-6　与矩阵运算相关的常用函数

函数名称	函 数 简 介
dim()	得到矩阵的维数，或设置对象的维数
cbind()	以行的形式合并矩阵
rbind()	以列的形式合并矩阵
ncol()	返回列的个数
nrow()	返回行的个数
rownames()	设置行名
colnames()	设置列名
rowSums()	返回各行的和
colSums()	返回各列的和

续表

函数名称	函数简介
rowMeans()	按行求平均
colMeans()	按列求平均
as.vector()	将矩阵转化为向量
dimnames()	设置对象名称
t()	矩阵转置
diag()	产生以某向量为对角元素的对角阵,或取矩阵对角线上元素

9.3.2.7 文件读、写操作

当我们处理的数据量比较庞大的时候,仅仅用以上讲述的方法来生成数据集是不够的。因此,我们常常需要从程序外部读入数据,这里将常用的数据文件读、写方法阐述如下。

(1) 读取文本文件

a. read.table() 函数读取表格形式的文件并将其创建成数据框,其使用形式为:

read.table(file,header=FALSE,sep="")

其中,file 为读入的文件名,header=TRUE 表示所读文件的第一行为变量名,header=FALSE 表示所读文件的第一行为数据,sep 参数用于设定分隔符,常用的分隔符有:空格、制表符(TAB)、","以及";"。

例如:打开一个名为"score.txt"的文件。

程序输入:

x<-read.table("score.txt",header=T);

x

程序输出:

```
    A     B     C     D
1  1.23  1.86  2.95  3.70
2  1.35  2.11  3.20  4.01
3  1.05  2.35  2.54  3.96
4  1.68  1.98  3.10  4.25
5  1.39  2.01  3.57  4.32
```

其中,第一列为序号,第一行为列名。

b. scan() 函数可直接读取纯文本文件数据,并存放成向量或矩阵的格式。

例如:读入记录某班级女生身高信息文本文件"height.txt"。

程序输入:

x<-scan("height.txt")

x

程序输出:

[1] 163 159 160 162 166 155 158 163 159 160 168 157 162 163 167

(2) 读取 Excel 文件 若要在 R 软件中读入 Excel 表格文件,则需要将文件转化成其他格式,才能被 R 软件读入。

a. 将 Excel 表格文件(.xls 文件)转化成文本文件(制表符分隔)。图 9-11 显示了如何将 Excel 表格文件转换为文本文件,用户可以选择 Excel 程序的"另存为"功能,在保存类型的下拉菜单中选择"文本文件(制表符分隔)(*.txt)"选项,之后单击保存即可。

图 9-11 将 Excel 表格保存为文本文件

例如：将表格"score.xls"转换格式后读入 R 软件。

用函数 read.delim() 读取转换后的"score.txt"文件，程序输入：

x<－read.delim("score.txt");x

程序输出：

```
    A    B    C    D
1 1.23 1.86 2.95 3.70
2 1.35 2.11 3.20 4.01
3 1.05 2.35 2.54 3.96
4 1.68 1.98 3.10 4.25
5 1.39 2.01 3.57 4.32
```

b. 用户也可以将 Excel 表格转化成"CSV（逗号分隔）"文件，用函数 read.csv() 读取该文件。

（3）将数据写入文件

a. 用 write() 函数写数据文件 write() 函数的基本用法：write（x，file="data"，append=FALSE，sep=""）。其中，x 为待写入的数据，一般是矩阵或向量，file 为输入文件名，append=FLASE 表示写一个新文件，append=TRUE 时，表示在原文件上添加数据。

b. 用 write.table() 函数或 write.csv() 函数将列表或数据框数据写入制表符分隔的文本文件，或 CSV 格式的 Excel 文件。

write.table() 的使用格式：

write.table(x,file="",append=FALSE)

write.csv() 的使用格式：

write.csv(x,file="",append=FALSE sep=",")

其中，x 是待写入的数据，file 是文件名，sep 是分隔符。

9.3.2.8 R 语言中的控制流

R 语言提供了条件语句，如 if/else 语句、switch 语句以及循环语句，如 for、while、repeat 循环等控制结构，现将最常用的几种语句简要介绍如下。

（1）if/else 语句 if/else 语句是常用的条件语句，其使用形式有如下几种：

① if（condition） statement

② if（condition） statement_1 else statement_2

③ if (condition _ 1)
　　　statement _ 1
　else if (condition _ 2)
　　　statement _ 2
　else if (condition _ 3)
　　　statement _ 3
　else
　　　statement _ 4

(2) for 循环语句　for 循环语句格式：for (name in expression1) expression2

其中，name 是循环变量；expression1 是向量表达式，通常为序列，如 1∶50；expression2 通常是一组表达式。

(3) while 循环语句　while 循环语句格式：while (condition) expression

当条件 condition 成立时，则执行表达式 expression。

例如：已知 fibonacci 数组满足规则：

$$a_{k+2} = a_k + a_{k+1} \quad (k=1,2,\cdots,N), 且 a_1 = a_2 = 1$$

现编写一个计算 1000 以内的 fibonacci 数列的程序。

程序输入：

```
x<-1;x[2]<-1;i<-1
while(x[i]+x[i+1]<1000){
+x[i+2]<-x[i]+x[i+1]
+i<-i+1;
+}
x
```

程序输出：

[1]　1　1　2　3　5　8　13　21　34　55　89　144　233　377　610　987

d. repeat 循环语句

repeat 语句的格式：repeat expression，依赖于 break 语句跳出循环。

程序输入：

```
x<-1;x[2]<-1;i<-1
repeat{
+x[i+2]<-x[i]+x[i+1]
+i<-i+1
+if(x[i]+x[i+1]>=1000)break
+}
x
```

程序输出：

[1]　1　1　2　3　5　8　13　21　34　55　89　144　233　377　610　987

9.3.2.9　R 软件二维及三维图形绘制

利用 R 软件可以方便地绘制统计图形，以便于显示数据分析结果。这里将 R 绘图函数中常用的高水平作图函数和低水平作图函数简要介绍如下。

(1) 高水平作图函数　高水平作图函数可以用于绘制图形，所绘制的图形包括坐标轴以及相应的说明文字等。常用的高水平作图函数有：plot()、hist()、barplot()、coplot()、

boxplot()、pie()、matplot() 等。

a. plot() 函数 plot(x, y)，其中 x、y 为向量，用户可利用该函数生成 y 对 x 的散点图。

例如：绘制某班女生身高（height）对于体重（weight）的散点图：

程序输入（图 9-12）：

Height<-c(163,155,162,160,158,159,166,169,153,156,155,161)

Weight<-c(50,48,49,49,52,50,55,60,45,48,53,52)

plot(Height,Weight)

图 9-12 身高对于体重散点图

plot(f)：f 是因子，生成 f 的直方图。

plot(f, y)：f 是因子，y 是数值向量，生成 y 关于 f 水平的箱线图。

例如：抽查高三某班级最近四次数学考试成绩，并抽取四个同学的成绩绘制箱线图。

程序输入：

Score<-c(135,142,149,138,129,109,116,115,99,104,120,123,118,125,116,85,76,90,62,81)

f<-factor(c(rep(1,5),rep(2,5),rep(3,5),rep(4,5)))

plot(f,Score)

程序输出见图 9-13。

图 9-13 四位同学数学成绩箱线图

b. 用 qqnorm()、qqline() 绘制正态 QQ 图和相应直线。

例如：已知某班级学生数学成绩，现需绘出学生成绩的正态 QQ 图。

程序输入：

y<-c(135,142,149,138,129,109,116,115,99,104,120,123,118,125,116,85,76,90,62,81)

qqnorm(y)
qqline(y)
程序输出见图 9-14。

图 9-14　某班级学生数学成绩正态 QQ 图

c. persp() 函数可绘制三维透视图。

例如：在 $[-2pi,2pi]*[-2pi,2pi]$ 区域内绘函数 $z=\cos(x)\cos(y)$ 的三维曲面图。

程序输入：

x<-y<-seq(-2 * pi,2 * pi,pi/15)
f<-function(x,y)cos(x) * cos(y)
z<-outer(x,y,f)
persp(x,y,z,theta=35,phi=40,expand=0.8,col="green")

程序输出见图 9-15。

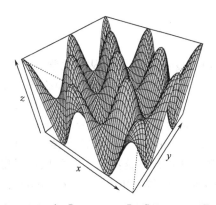

图 9-15　$z=\cos(x)\cos(y)$ 在 $[-2pi,2pi]*[-2pi,2pi]$ 区域的三维曲面图

(2) 低水平绘图函数　高水平作图函数有时并不能满足我们作图的需要，因此 R 软件中提供了区别于高水平作图函数的低水平作图函数。低水平作图函数是高水平函数的必要补充，它必须在高水平作图函数所绘图形的基础上，增加新的图形或标注。

常用的低水平函数有：points()、lines()、abline()、title()、axis() 等。

① 函数 points()，可以在已有图上加点。
② 函数 lines()，可以在已有图上加线。
③ 函数 text()，在给定坐标处加标记。
④ 函数 abline()，在指定图形上增加直线。
⑤ 函数 title()，为指定图形增加标题。

⑥ 函数 axis()，为指定坐标轴增加标记。

例如：在图 9-12 的女生体重与身高散点图上完成线性回归，并绘制相应的回归直线。

程序输入：

Height<－c(163,155,162,160,158,159,166,169,153,156,155,161)

Weight<－c(50,48,49,49,52,50,55,60,45,48,53,52)

lm.sol<－lm(y~x)

plot(y~x)

abline(lm.sol)

程序输出见图 9-16。

图 9-16　某班级女生身高-体重散点及线性回归直线图

9.4　绘图软件

9.4.1　ChemBioOffice

ChemBioOffice 是由 CambridgeSoft 公司为从事化学、生物等相关领域的科研人员使用而设计开发的产品。利用该软件可以进行化学生物结构绘图、分子模型和仿真，既可以将化合物由名称直接转换成结构图，也可以对已知结构的化合物命名，有助于科学家专业且高效地生成科学报告。ChemBioOffice 由 ChemBioDraw、ChemBio3D、ChemBioFinder、ChemBioDraw for Excel 组成。ChemBioFinder 为化学信息搜索整理系统，可用来管理化合物和关联化合物的结构与性质信息，还可以将这些数据转化成可视化图表，方便科学家识别其构效关系。ChemBio3D 主要用于分子模型及仿真，ChemBio3D 分子的三维结构可视化方便了化学家直观地研究分子的结构特征。其中 ChemBioDraw 是使用最为频繁的组件，它主要用于绘制分子的化学结构式、化学反应式等，还可以进行数据的查询，预测化合物的光谱数据等，而 ChemBioDraw for Excel 则是在 Excel 中添加插件，利用 Excel 分析化合物的物理化学性质上的数据。

ChemBioDraw 具有强大的绘图功能，并可以结合 ChemBio3D 进行立体直观的原子、分子和反应的表述。该软件具有多种输入输出功能，可直接将绘制的图片以常用的格式输出。此外，该软件还可以兼容其他的化学绘图软件格式，如 ChemSketch 的 SKC 格式，Symyx-Draw 的 Mol 文件格式等。

目前，ChemBioDraw 已成为化学工作者撰稿和进行学术交流公认的化学结构输入软件，可以为化学出版物、手稿、报告、CAI 软件、涉及化学结构图形的软件的编写制作提供高质量的结构图形、3D 转换以及化学数据管理功能等。

ChemBioDraw 的最新版本集成在 ChemBioOffice 2016，下载地址为：http://www.cambridgesoft.com/software/details/? fid=14&pid=236

在新版本中，ChemBioDraw 增加了一套顶级的绘制生物过程的途径工具，里面包含了丰富多彩的细胞器、实验动物等图标。

ChemBioDraw 增加了一个 ChemBio3D 的预览窗口。当用户在 ChemBioDraw 的工作区绘制图形时，如果图形是可以用立体结构表达的物质，软件会在预览窗口中自动生成其最稳定的立体构象，以供预览。该软件还支持名称与结构的相互转换，使用时只需输入物质的 IUPAC 英文式命名，系统就会根据名称生成该物质的完整结构式与 3D 构象；反之，画出相应的物质结构，系统也可以根据图形生成其 IUPAC 名称。根据名称自动转换为图形和 3D 构象预览见图 9-17，ChemBio3D 在线搜索大分子 PDB 编号并显示其 3D 结构图见图 9-18。

图 9-17　根据名称自动转换为图形和 3D 构象预览

9.4.2　ACD/ChemSketch5.0

ACD/ChemSketch 是加拿大高级化学发展有限公司设计开发的多功能化学分子结构绘制软件包。目前的 ChemSketch 已经是 ACD/Lab 的一个组成部分，并可以单独运行在 PC 之上，不仅可用于绘制各种 2D 或 3D 的化学结构式、原子轨道、化学反应图解、实验装置和图形等，还可以用于设计与化学相关的报告和出版物。

在图形格式方面，ChemSketch 可以生成多种格式的结构文件，并可以兼容 CDX、CHM（ChemDraw 软件）和 SKC（ISIS/Sketch 软件）文件格式，见图 9-19。支持 MOL、RXN、CML、PDF、WMF 和多种标准的位图文件格式，如 BMP、PNG、PCX、TIF、GIF 等。

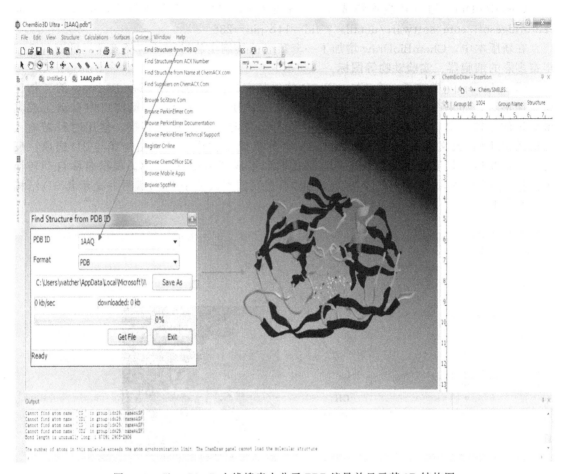

图 9-18　ChemBio3D 在线搜索大分子 PDB 编号并显示其 3D 结构图

图 9-19　ChemSketch 支持 ChemDraw 和 ISIS/Sketch 格式

该软件可单独使用，也可以与家族中其他软件共同使用，实现更为强大的功能。目前最新版本为 Version 2017.1，下载地址为 http：//www.acdlabs.com/resources/freeware/。

ChemSketch 启动界面见图 9-20，绘图工作区见图 9-21。

图 9-20　ChemSketch 启动界面

图 9-21　ChemSketch 绘图工作区

该软件中包含了 ChemBasic，是一个扩展 ChemSketch 功能的工具包，可通过它编写 ACD 软件。

ChemSketch 的工作区分为两种模式：结构模式与绘图模式。

结构模式下的主要功能有：

(1) 绘制化学结构，包括二维与三维结构，结构模式下绘制的立方烷见图 9-22。

(2) 预测宏观性质，如摩尔体积、等张比容、折射率、表面张力、密度和介电常数等。

使用结构模式，我们可以将物质结构简单地表达出来，并通过软件提供的标准化按钮进行优化，从而使图形更加规范。在这个模式下，几乎所有的物质和反应均可以被表达出来。将画好的结构式，交由 ACD/3D Viewer 处理后，图形可转化为更为直观的 3D 空间结构，通过软件自带的计算工具还可获得一些简单的分子结构参数。

图 9-22　结构模式下绘制的立方烷

绘图模式下的主要功能则是进行文本和图像的处理。通过绘图模式中的按键与命令可绘制化学反应能量曲线、分子轨道、实验装置示意图、DNA 双螺旋结构等在结构模式下无法表达的曲线与图形。另外，通过文本编辑工具，用户能为反应或者物质添加注释或者说明。

9.4.3　Symyx Draw

Symyx Draw 的前身是著名的 ISIS/Draw，由 MDL Information System 公司（MDL 公司）设计开发。后来 MDL 公司被 Elsevier 公司并购，现在 MDL 公司又以 Symyx 公司的形式重新独立，因此 ISIS/Draw 已经被 Symyx Draw 新版取代。Symyx Draw 保留了原 ISIS/Draw 的所有功能，并且功能更新。该软件为学校和个人提供免费版，为大型商业需求提供更为完善服务的商业版，用户可根据经济状况和实际需要进行选择，免费下载地址为 https://symyx-draw.en.softonic.com/。

Symyx Draw 是一款主要用于绘制各种化学分子结构式、化学反应方程式及化工流程图等化学专业图形的绘图软件。该软件遵循以用户为主导的设计思路，操作界面十分友好，所有的动作条以及按键均可自由增添和调整，大大提高了化学专业图形绘制的效率。此外，该软件模板丰富、绘图功能齐备，极大地提高了图形的准确性与清晰度，给科学分析与研究带来了便利。该软件自身附带有 20 个模板选择页，包含 500 个标准模板，还可以手动下载 MDL 格式的标准模板。Symyx Draw 启动页面见图 9-23，工作界面见图 9-24。

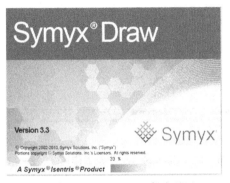

图 9-23　Symyx Draw 启动页面

图 9-24　Symyx Draw 工作界面

Symyx Draw 支持 Molfile 的文件格式（MOL，一种由原 MDL 公司创造的一种文件格式，可记录分子的原子信息、原子键连接方式、原子间作用和原子坐标），兼容 ChemSketch 的存储格式 SKC 和 SMILES 的文件格式 SMI（全称 The Simplified Molecular Input Line Entry Specification，它是一个明确的使用短 ASCII 字符集描述化学分子结构的格式）。

9.5　化学分析仪器数据处理软件

随着机械自动化的发展与进步，人们通过化学分析仪器采集的数据量也越来越多。如何有效地处理这些庞大的数据就成了人们面临的新问题，而使用计算机辅助数据解析已成为目前的主要趋势。

9.5.1　GRAMS

GRAMS 是美国热电公司开发的一款全面的图谱处理和数据管理软件，可以处理各种不同格式的图谱数据，如 UV/VIS/NIR（紫外/可见/近红外）、FT-IR（傅里叶红外）、NMR（核磁共振）、LC/GC（液相/气相色谱）、CE（毛细管电泳）、MS（质谱）和 Raman（拉曼）等图谱数据。

GRAMS 9.0 中包含如下组件：

（1）GRAMS Data Viewer，GRAMS 数据浏览器；

（2）GRAMS 3D，GRAMS 的 3D 图谱处理组件，用户可以通过 GRAMS/3D，在计算机上实时、交互地处理大量的三维数据，挖掘隐含在多维数据中的信息；

（3）GRAMS AI，GRAMS 的基础图谱处理组件；

（4）GRAMS IQ，GRAMS 的多变量分析工具组件，可建立用于定量分析的校正模型，也可以利用判别分析建立定性模型等；

（5）Spectral DB，GRAMS 的数据管理工具，用于在数据库中组织和管理色谱、光谱和波谱数据；

（6）Spectral ID，GRAMS 的数据搜索工具，可以建立和检索许多谱库，如质谱、拉

曼、红外、荧光、紫外/可见和近红外等;

(7) GRAMS Convert，GRAMS 的智能转换工具，支持将其他格式的谱图文件转换为 GRAMS 的 SPC 文件格式。

GRAMS 能识别上百种分析仪器和行业标准的数据格式。采用美国热电公司的智能转换 (SmartConvert™) 技术，GRAMS 能自动识别数据文件并将其转换为 SPC 格式，便于浏览和处理。除了支持包括 Agilent/HP（安捷伦/惠普）、ABB Bomem（伯曼）、Beckman（贝克曼）、Bio-Rad（伯乐）、Bruker（布鲁克）、Thermo Finnigan（菲尼根）、Gilson（吉尔森）、Hitachi（日立）、Micromass（英国质谱公司）、PerkinElmer（珀金埃尔默）、Shimadzu（岛津）、Thermo Nicolet（尼高利）、Varian（瓦里安）和 Waters（沃特斯）等大部分分析仪器制造商的数据文件，GRAMS AI 也支持 ASCII、JCAMP 和 AIA/ANDI 等通用数据格式。

另外，越来越多的厂商开始对美国热电公司提倡的 My Instrument™ 标准提供支持，GRAMS AI 可以通过这一模块控制一系列的分析仪器，并进行图谱采集。GRAMS AI 使用 SPC 格式储存数据，利用这种通用格式，用户可以方便地与他人共享并处理数据，而不受昂贵的仪器工作站的限制。

使用 GRAMS，我们可以对分析仪器所采集的数据进行常规的处理，包括：

(1) 标轴单位的转换，如吸光度与透过率的转换，波长单位（nm）和波数的转换；
(2) 图谱的数学运算，如使用减法可进行背景扣除；
(3) 图谱的平滑，可以消除图谱的噪声；
(4) 图谱的求导，计算紫外/可见光谱的导数光谱，可计算多阶导数光谱；
(5) 图谱的基线校正。

GRAMS 显示的苯甲酸的质谱图见图 9-25。

图 9-25　GRAMS 显示的苯甲酸的质谱图

此外，GRAMS 还允许用户自定义浏览、数据处理和报告的界面以满足不同的需求。用户还可以选择不同的工具栏模式，对图谱进行更好的处理，可选的工具栏模式有：

(1) GRAMS Classic，GRAMS 经典模式，包含选峰、对比等功能；
(2) GRAMS Enhanced，GRAMS 增强模式，包含标示峰高、左右轴互换等功能；

（3）GRAMS Simple，GRAMS 简单模式，仅有少量便于观察的工具；

（4）Multifile，多文件模式，功能大部分为已有文件的比对和标记；

（5）IR/Raman，红外/拉曼光谱模式，功能大部分以对拉曼谱图的处理为主，包括拉曼变换、X 坐标与 Y 坐标变换等；

（6）NMR，核磁共振模式，有标峰、左右选峰以及核磁谱图处理向导功能；

（7）Chromatography，色谱处理模式，包含斜率绘制和色谱处理向导功能；

（8）GC-MS，质谱处理模式，包含质谱处理工具包功能；

（9）UV/Visible，紫外/可见处理模式，包含颜色分析、MSC 和 SNV 功能。

除此之外，用户可根据自己的需要，使用工具栏助手设计符合自己使用习惯的工具栏（图 9-26）。

图 9-26　用户可以自定义工具栏按钮

GRAMS 软件包中包含了多种工具软件，可以辅助用户完成大多数工作，如图谱管理、图谱检索、化学计量学计算、三维图谱处理等，图 9-27 所示为 GRAMS 软件包中 GRAMS 3D 组件的观察模式。

图 9-27　GRAMS 3D 组件的观察模式

图 9-28　Spectral DB 的工作界面

GRAMS 软件包中还有 Spectral DB/ID 两款数据库软件。其中 Spectral DB（图 9-28）是数据库管理工具，用于管理各类谱图数据，并可以根据实际的需要自行设计数据库、存储样品编号、化合物名称、CAS 登录号等相关信息以及实现数据库的查询功能。

Spectral ID（图 9-29）则是一款谱库管理软件，可以建立和检索多个谱库，它可以检索现有的主流商业谱库，支持 Sigma-Aldrich、Chemical Concepts、Throme Nicolet、NIST 和 Wiley 等公司的谱库，谱库完全共享，并且支持 SmartConvert 技术，这样降低了维护的难度。

图 9-29　Spectral ID 的工作界面

9.5.2　MestReNova

MestReNova 是 Mestrelab Research 公司开发的一款专门用于核磁共振谱图和质谱分析的软件包。它提供数据处理、可视化和分析高分辨率的核磁共振数据的功能。该软件的最新版本为 Mnova 12。

该软件的前身是 MestRec，现在已升级为功能更为强大的 MestReNova，集 NMR（核磁共振）数据处理、可视化、模拟、预测、显示和分析于一体，并正式商业化，成为一款成熟的商用软件，用户可以登录 Mestrelab Research 公司的官方网站下载试用，官方网站地址为 http：//www.mestrelab.com/。

MestReNova 是一款多界面的软件（图 9-30），类似于 Office 家族中的成员 Powerpoint 界面。软件允许打开多个图谱文件，进行处理后可以把多个图谱文件保存于一个文件中存放，以便用户进行分析和比对，在处理同一样品的氢谱、碳谱、二维等图谱时十分方便。该软件可以直接打开 .fid 文件，而不需要进行傅里叶变换、相位校正等过程。同时它支持大部分的 NMR 文件格式，如 Varian、Bruker、Siemens、Nuts、JEOL 等。

MestReNova 对 Office 家族有很好的兼容性，分析结果可以直接拷贝粘贴进入 Word 或者 PPT 中显示和使用，并且提供化学结构式导入功能。

标准版的 MestReNova（Mnova）软件包中，只包含最基本的 NMR（图 9-31）和 MS（图 9-32）处理与显示功能。当安装好相应的插件后，就可以实现分析、数据处理、模拟和预测等功能。Mnova 的 NMR 预测工具插件见图 9-33。

图 9-30　MestReNova 的软件界面　　　　图 9-31　Mnova 的 NMR 插件

图 9-32　Mnova 的 MS 插件　　　　图 9-33　Mnova 的 NMR 预测工具插件

9.5.3　Origin

Origin 是 OriginLab 公司出品的专业化函数绘图软件，自 1991 年软件问世以来，由于其操作简单且功能开放，很快就成为国际流行的分析软件之一，是公认的快速灵活、易学的工程制图软件。它的最新版本为 Origin 2017，分为普通版（Origin）、专业版（OriginPro）、Origin Viewer 等。

Origin 主要包含两大类功能：数据分析和绘图。数据分析中包含数据的排列、调整、计算、统计、频率变换、曲线拟合等功能，使用时可选择相应的菜单指令来完成数据分析。绘图功能则是基于模板进行，软件本身提供了几十种二维和三维绘图模板并且允许用户自定义模板。

Origin 可以导入包括 ASCII、Excel、pClamp 在内的多种数据，并可以把 Origin 图形输出到多种格式的图形文件中，如 JPEG、GIF、EPS、TIFF 等。

此外，Origin 也支持编程功能，以方便拓展 Origin 的功能和执行批处理任务。Origin 中包含两种编程语言：LabTalk 和 Origin C。

LabTalk 是 Origin 的传统语言，是一种功能完整的编程语言，能够实现 Origin 软件中的所有操作，在语法结构上类似 C 语言，但并不完全相同。该语言包含带有功能选择和参数的 DOS 类型命令，具有和 VB 相似的对象属性与方法，可以使用户在使用 Origin 时更加自由，并且通过自定义对象增加了使用的灵活性，可以实现如下功能：

(1) 增加自定义的主菜单命令；
(2) 创建用于执行任何内置和用户自定义任务的按钮；
(3) 将一些操作（如将数据按时间排序等）设置为宏；
(4) 将数据输入过程做成批处理；
(5) 使用用户定义的功能或者使用查询表对数据进行注解；
(6) 和其他 Windows 应用程序进行动态数据交换。

Origin 8.0 及后续版本中加入了 X-Function 构架，用户使用 X-Function 就可以自己建立需要的特殊工具。X-Function 可以调用 Origin C 和 NAG 函数，并且可以很容易建立交互界面。

9.6 分子模拟软件

分子模拟是利用计算机来模拟分子的结构与行为，从而从原子水平上获取分子体系的各种物理与化学性质，又称为计算机实验室，能够有效辅助实验研究，降低成本、解决实验问题和进行分子设计。分子模拟方法已发展数十年，精确度越来越高，使用的范围越来越广，现已成为化学、材料、药物、生化、溶液、表面等研究领域不可缺少的工具。

分子模拟的方法主要包括：量子力学方法、分子力学方法、分子动力学方法和分子蒙特卡洛方法。其不但可以模拟分子的静态结构，也可以模拟分子的动态行为。本书简要介绍一下分子模拟涉及的几个主要计算软件：研究大分子和小分子对接的 AutoDock 软件、研究分子静态性质的 Gaussian 软件和研究分子动态变化的分子动力学软件。

9.6.1 分子对接软件 AutoDock

AutoDock 是用于预测生物大分子与药物小分子相互作用的软件，是目前计算机辅助药物设计中应用广泛的一种分子对接的免费软件。AutoDock 通过优化药物小分子在靶标大分子中的位置、方向以及构象，搜索大小分子结合的最佳模式，并计算其结合能，从而评估该小分子与大分子的结合能力。随着分子结晶技术的发展，越来越多的生物大分子靶标的三维结构被人们解析出来，这也推动了基于分子对接的虚拟筛选在计算机辅助实验中进行药物设计方法的应用和发展。通过计算的方式可为实验减少工作量，节约时间和成本，而 AutoDock 就是为科研工作者提供的这样一个计算工具。此外，分子对接所获得的复合物结构可以作为量化计算和分子动力学模拟的初始结构。

AutoDock 软件主要由 AutoDockTools、AutoGrid、AutoDock 三部分组成。其中图形化界面准备工具 AutoDockTools 用于对接前大小分子的结构优化，以及准备体系的坐标文件（PDBQT）。AutoGrid 用于计算格点能，AutoDock 进行分子对接。AutoDockTools 可以通过网址获取：http://autodock.scripps.edu/。

AutoDock 的对接计算分为以下几个步骤：

(1) 使用 AutoDockTools 优化大小分子结构，准备体系的坐标文件（PDBQT 文件，图 9-34）。PDBQT 文件是一种 PDB 文件的扩充文件，文件除用于保存体系的坐标信息外，还包含原子的部分电荷和原子类型，比如区分脂肪族碳原子与芳香环碳原子，区分可形成氢键与不可形成氢键的极性原子。PDBQT 文件还包括关于分子扭转自由度的相关信息。

(2) 使用 AutoGrid 预算原子亲和力　在此步骤中蛋白质被嵌入到一个三维网格中，在每个格点中放置一个探针原子，而探针原子与蛋白质的相互作用能被赋予该格点。AutoGrid 预算配体中每种原子，包括 C、N、O、H 等类型原子与靶标大分子的亲和力，而

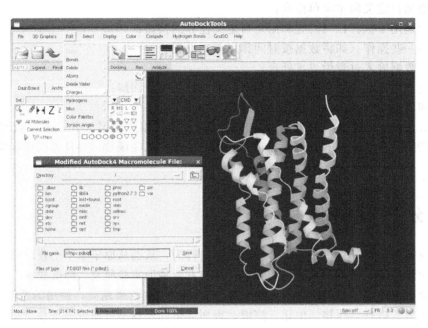

图 9-34 AutoDockTools 优化结构准备体系 PDBQT 坐标文件

运行 AutoGrid 将为每个类型的探针原子生成一个 map 格点文件（图 9-35），该格点文件则储存了每个探针原子在靶标大分子活性位点处的势能。

图 9-35 运行 AutoGrid 生成 map 格点文件

（3）使用 AutoDock 进行分子对接　AutoDock 使用 AutoGrid 生成的格点文件来评估每一个点中配体和受体的相互作用，一个配体可进行多次对接计算，以获得多种对接构象的同时提高对接的准确性。AutoDock 提供了多种构象搜索方法，其中拉马克遗传算法为其中的最高效的搜索方法。对接结果分析：对接结束后，AutoDock 会将每次对接的构象坐标写入对接记录文件（即 dlg 文件）中，该文件中还包括聚类和结合能信息等。AutoDockTools 可以读取该对接记录文件，进行大小分子的相互作用模式分析（图 9-36）。

9.6.2　量子化学计算软件——Gaussian 程序

Gaussian 是一个功能强大的量子化学综合软件包，是目前广泛使用的一种计算分子静态性质的软件。其可执行程序可在不同型号的大型计算机、超级计算机、工作站和个人计算机上运行，并相应有不同的版本。该程序的功能包括可计算过渡态能量和结构、键合反应能量、分子轨道、原子电荷和电势、振动频率、红外和拉曼光谱、核磁性质、极化率和超极化率、热力学性质、反应路径等。因此，Gaussian 作为功能强大的工具，可以用于许多化学领域的研究，例如取代基的影响、化学反应机理、势能曲面和激发能等。下面对 Gaussian

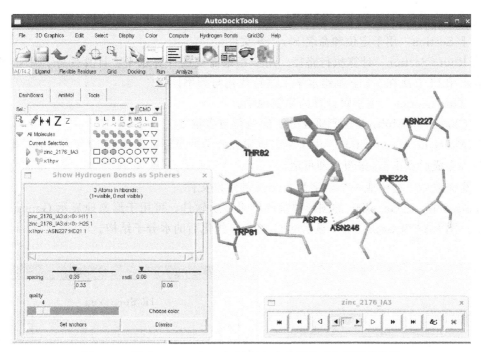

图 9-36 利用 AutoDockTools 进行大小分子相互作用模式分析

的输入输出进行简单的介绍。

Gaussian 输入文件主要包括两个方面的内容：计算水平和所研究化合物的结构坐标。计算水平主要有三个关键部分：任务类型、计算方法、基组。

(1) 任务类型包括：单点能（SP）、几何优化（Opt）、频率与热化学分析（Freq）、反应路径跟踪（IRC）、势能曲面扫描（Scan）、极化率和超极化率（Polar）、直接动力学轨迹计算（ADMP 和 BOMD）、计算核力（Force）、计算分子体积（Volume）等。

(2) 计算方法包括：AM1、PM3（等）、HF、DFT 方法、MP2、MP3、MP4、MP5、BD、TD、ZINDO 等。

(3) 基组包括：STO-3G、3-21G、6-21G、4-31G、6-31G、6-31G+、6-311G 等。

Gaussian 在 Windows、Unix/Linux 平台下都可运行，图 9-37 为 G03 在 Windows 下编

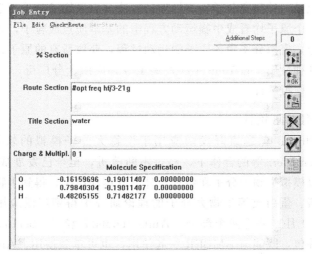

图 9-37 G03 在 Windows 下编辑输入文件的界面

辑输入文件的界面。

① %Section　用于定位和命名 Scratch 文件。

② Route Section　计算执行路径，用于指定需要的计算水平、计算任务。比如图 9-37 此行表示用 hf 方法在 3-21g 基组水平上进行优化与频率计算。

③ Title Section　用于对计算的简要说明。

④ Charge & Multipl.　所研究分子的电荷与多重度。

⑤ Molecule Specification　用于给出所研究分子的坐标，图 9-37 所示为水分子坐标。

输入完成后点击 按钮，即可运行。

计算完成后，会生成一个名字为 *.out 的结果文件。

GaussView 是 Gaussian 的图形建模和结果显示软件，可用于形象地显示 Gaussian 的计算结果。图 9-38 为 GaussView 显示的 Gaussian 优化后的水分子结构。

图 9-38　优化后的水分子结构

图 9-39　模拟的水分子红外光谱图

GaussView 还可显示所计算的化合物光谱性质，如红外（图 9-39）、紫外、核磁等。此外，还可利用 GaussView 建立 Gaussian 的输入文件，使用 Gaussian 打开直接运行。

9.6.3　分子动力学模拟软件

分子动力学模拟是一种研究分子动态性质的方法。它采用了分子力学的力场模型和势能函数，将分子的每一个原子均看成牛顿运动方程中的基本质点或粒子，利用牛顿定律求解作用到每个原子上的力，模拟分子中各原子的运动过程，获取所有的原子轨迹，并从原子轨迹中计算得到分子的各种性质。自 1966 年起发展至今，应用十分广泛。下面我们介绍两种应用广泛的分子动力学模拟软件。

9.6.3.1　AMBER 软件

AMBER 是 Kollman. 课题组开发的应用于生物大分子模拟的软件，在 David Case、Tom Cheatham、Ken Merz 等的合作下，经过不断改进，至今已发展成一组功能强大的分子动力学程序，可以模拟生物大分子在各种条件下的运动状况，得到生物大分子结构和功能的相关信息，在核酸、蛋白质等生物大分子的理论研究中得到广泛应用。目前的 AMBER 版本（截至 2017 年 9 月）分为两个部分：AmberTools17 和 Amber16。AmberTools17 主要包括几个独立软件包，既能与 AMBER 一起使用，也可单独使用。AmberTools17 主要的模块见表 9-7。

表 9-7 AmberTools17 主要的模块介绍

软件模块	模块功能介绍
antechamber, MCPB	为有机化合物和金属原子生成小分子力场
leap, parmed	基础准备程序：AMBER 坐标和参数/拓扑文件的创建
sqm	半经验，DFTB 量子化学软件
pbsa	解析玻尔兹曼模型
3D-RISM	解析溶剂化积分方程模型
sander	分子动力学模拟程序
mdgx	显示溶剂的分子动力学模拟及参数拟合
cpptraj, pytraj	体系构象和动力学轨迹的分析
MMPBSA.py, FEW; amberlite	动力学轨迹的能量分析
NAB	构建核酸

Amber16 软件基于 AmberTools 增加了 pmemd 程序（GPU 加速），运算速度远远超过了 CPU 并行，支持 CUDA 8.0。tleap 的文本界面见图 9-40。Amber16 支持 PYTRAJ 和 NGLView，利用 Jupyter notebook（图 9-41）对轨迹进行分析和可视化操作。

图 9-40 tleap 的文本界面

AMBER 软件实现常规动力学的基本流程主要包括 4 个部分：①分子结构的获取，如从蛋白质数据库获取或通过各种建模方法获取；②输入文件的准备，主要是构建所研究分子的坐标文件（.inpcrd）和拓扑参数文件（.prmtop），这一步是由 leap 模块完成的，但是有一些有机分子或者金属原子 leap 模块不识别，需要用 antechamber 生成小分子参数文件，使得 leap 能够识别；③动力学模拟，主要由 pmemd 模块完成，生成轨迹文件；④轨迹分析，主要由 cpptraj 模块完成。

9.6.3.2 NAMD 程序

NAMD 是由美国伊利诺斯大学理论与计算生物物理研究组为生物大分子的高效模拟而开发的并行分子模拟代码。NAMD 的并行效率非常高，且支持几乎所有的操作系统。作为一款免费并且开放源代码的动力学软件，NAMD 的兼容性也很好，可以兼容 AMBER、CHARMM 和 X-PLOR 的文件格式。NAMD 利用分子可视化软件 VMD 进行模拟设置以及轨迹分析。

使用 NAMD 进行动力学模拟时，通常要结合 VMD 进行分子结构的准备。VMD 也是由美国伊利诺斯大学理论与计算生物物理研究组开发，是一款能对生物大分子体系（如蛋白质、核酸、磷脂双分子等体系）进行建模、可视化以及分析的软件，并能直接从标准的蛋白质数据库（PDB）文件读取分子结构。VMD 的图形操作界面见图 9-42。

NAMD 软件的基本流程包括 5 个部分：①分子结构的获取，如从蛋白质数据库获取或

图 9-41　Jupyter notebook 的网页界面

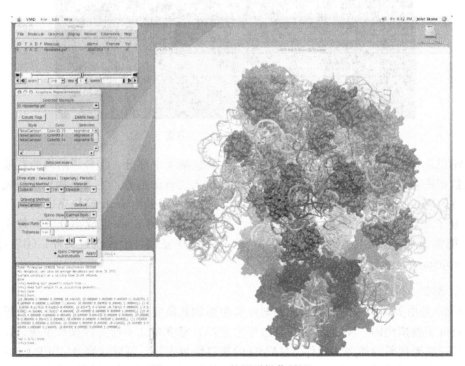

图 9-42　VMD 的图形操作界面

者通过建模方法获取；②蛋白质结构文件（PSF）的准备，这一步由 VMD 完成；③配置文件的设置，可通过文本编辑器设置参数；④进行动力学模拟，由 NAMD 完成；⑤轨迹分析，主要由 VMD 完成。

第10章 信息处理与数据挖掘

10.1 概述

数据挖掘（data mining，DM）是从大量的数据中提取隐含的或隐藏的信息，是一种新的信息处理技术，其目的在于找到外在物理、化学、生物或生理表征与内在结构，如化学组成、分子构型、构象、形态等的相互关系，并从中提取辅助决策的关键信息。数据挖掘出现于20世纪80年代后期，90年代有了突飞猛进的发展。数据挖掘的过程也叫知识发现的过程（knowledge discovery），它可以帮助决策者分析历史数据及当前数据，并从中发现隐藏的关系和模式，进而预测未来可能发生的行为。它的研究领域涉及多学科的技术集成，包括数据库技术、人工智能、机器学习、统计学、模式识别、知识库系统、知识的获取、信息检索、高性能的计算和数据的可视化。基于数据库的知识发现是一个多步骤的处理过程，数据挖掘可以视为该过程的一个基本步骤。对于数据挖掘，我们可以分为三个主要的阶段：数据准备、数据挖掘、结果的评价和表达。

数据挖掘一般包含以下步骤（图10-1）：

(1) 数据清理，清除数据噪声和与挖掘主题明显无关的数据，去除空白数据域，考虑时间顺序和数据变化等；

(2) 数据集成，多种数据源中的相关数据组合在一起；

(3) 数据选择，从数据库中检索与分析任务相关的数据；

图 10-1　数据挖掘全过程

(4) 数据变换，对数据进行一定的格式转换，使其适应数据挖掘系统或挖掘软件的处理要求；

(5) 数据挖掘，使用数学方法对数据进行分析，首先决定数据挖掘的目的，然后选择数据挖掘算法（如分类、回归、聚类等）用于识别数据中的模式，从而挖掘用户所需要的各种规则、趋势、类别、模型等；

(6) 模式评估，对发现的规则、趋势、类别、模型进行评估，从而保证筛选出有意义的结果；

(7) 知识表达，使用可视化知识表达技术，向用户提供挖掘的知识。

10.2 数据的标准化

在化学模式识别中，实验数据常以多维空间的一个点来表示，对于某一样本 S 的测量结果，可用 n 维空间中的向量表示为：$S=(s_1, s_2, \cdots, s_n)^t$。模式识别中将需做处理的样本集 X 一般用如下矩阵形式表示：

$$X=(x_{ij})_{n\times m}=\begin{bmatrix} x_{11} & x_{12} & \cdots & x_{1m} \\ x_{21} & x_{22} & \cdots & x_{2m} \\ \cdots & \cdots & \cdots & \cdots \\ x_{n1} & x_{n2} & \cdots & x_{nm} \end{bmatrix} \tag{10-1}$$

矩阵中的每一行表示一个样本点，其中 n 为样本数，m 为特征数。故 X 为 $n\times m$ 阶矩阵，x_{ij} 为第 i 个样本中的第 j 个特征参数。在 m 维空间中，两个样本间的相似程度应正比于两个样本点在 m 维空间中的接近程度。由于 m 个变量的量纲和变化程度不同，其绝对值大小可能相差许多倍。为了消除量纲和变化幅度不同带来的影响，原始数据可做标准化处理（normalization），有关计算公式如下：

$$\overline{x_j}=\frac{1}{n}\sum_{i=1}^{n}x_{ij} \tag{10-2}$$

$$S_j=\sqrt{\frac{1}{n}\sum_{i=1}^{n}(x_{ij}-\overline{x_j})^2} \tag{10-3}$$

$$x_{ij}=\frac{x_{ij}-\overline{x_j}}{S_j} \tag{10-4}$$

式中，$\overline{x_j}$ 为所有样本第 j 个特征的平均值；S_j 为所有样本第 j 个特征的标准差；x_{ij} 为经标准化处理后的数据。各变量权重相同，均值为 0，方差为 1。

10.3 特征提取与优化

10.3.1 主成分分析

主成分分析（principal component analysis，PCA）也称主分量分析，是多元统计的重要内容。在统计学中，主成分分析是一种简化数据集的技术。它是一个线性变换，该变换将数据变换到一个新的坐标系中，使得任何数据投影的第一大方差在第一个坐标（称为第一主成分）上，第二大方差在第二个坐标（第二主成分）上，依次类推。主成分分析的一般目的是对变量降维或对主成分解释。

主成分分析的基础思想是将数据原来的 p 个指标做线性组合,作为新的综合指标(F_1,F_2,…,F_p)。其中 F_1 是"信息最多"的指标,即原指标所有线性组合中使 $\text{var}(F_1)$ 最大的组合所对应的指标,称为第一主成分;F_2 为除 F_1 外信息最多的指标,即 $\text{cov}(F_1,F_2)=0$ 且 $\text{var}(F_2)$ 最大,称为第二主成分;其余依次类推。易知 F_1、F_2、…、F_p 互不相关且方差递减,实际处理中一般只选取前几个最大的主成分(一般总贡献率达到85%),从而达到了降维的目的。

主成分的几何意义:设有 n 个样品,每个样品有两个观测变量 X_1、X_2,若以 X_1 为 X 轴,X_2 为 Y 轴,则可在二维平面中作出 n 个样本的散点图。n 个样本点,无论沿着 X_1 轴方向还是沿着 X_2 轴方向,都有较大的离散性,其离散程度可以用 X_1 或 X_2 的方差表示。当只考虑一个时,原始数据中的信息将会有较大的损失。若将坐标轴旋转一下:

$$\begin{bmatrix} F_1 \\ F_2 \end{bmatrix} = \begin{bmatrix} \cos\theta & \sin\theta \\ -\sin\theta & \cos\theta \end{bmatrix} \begin{bmatrix} X_1 \\ X_2 \end{bmatrix} = \boldsymbol{UX} \tag{10-5}$$

且有 $U'U=I$,即 $\boldsymbol{U}$ 是正交矩阵,则 n 个样品在 F_1 轴的离散程度最大(方差最大),变量 F_1 代表了原始数据的绝大部分信息,即使不考虑 F_2,信息损失也不多,而且 F_1、F_2 不相关。只考虑 F_1 时,二维降为一维。

主成分分析是一种进行信息压缩的方法。通过这种方法,可以将原来相关的若干变量变换成不相关的变量。

求主成分的一般步骤如下:

(1)对样本数据的标准化 设有 n 个样品、p 个指标,得到的原始资料为 $n\times p$ 的矩阵:

$$\boldsymbol{Y}=(y_{ij})_{n\times p}=\begin{bmatrix} y_{11} & y_{12} & \cdots & y_{1p} \\ y_{21} & y_{22} & \cdots & y_{2p} \\ \cdots & \cdots & \cdots & \cdots \\ y_{n1} & y_{n2} & \cdots & y_{np} \end{bmatrix} \tag{10-6}$$

为了实现样本数据的标准化,应求样本数据的均值和方差。样本数据的标准化是基于数据的均值和方差进行的。因为在实际应用中,往往存在指标的量纲不同,所以在计算之前须先消除量纲的影响,而将原始数据标准化。

对数据矩阵 $\boldsymbol{Y}$ 做标准化处理,即对每一个指标分量做标准化变换,变换公式为:

$$X_{ij}=\frac{Y_{ij}-\overline{Y_j}}{S_j} \quad \begin{pmatrix} i=1,2,3\cdots,n \\ j=1,2,3\cdots,p \end{pmatrix} \tag{10-7}$$

其中,样本均值:

$$\overline{Y_j}=\frac{1}{n}\sum_{k=1}^{n}Y_{kj} \tag{10-8}$$

样本标准差:

$$S_j=\sqrt{\frac{1}{n-1}\sum_{k=1}^{n}(Y_{kj}-\overline{Y_j})^2} \tag{10-9}$$

得标准化后的数据矩阵:

$$X=\begin{pmatrix} X_{11} & X_{12} & \cdots\cdots & X_{1p} \\ X_{21} & X_{22} & \cdots & X_{2p} \\ \cdots & \cdots & \cdots & \cdots \\ X_{n1} & X_{n2} & \cdots & X_{np} \end{pmatrix} \tag{10-10}$$

(2)计算相关矩阵 对于给定的 n 个样本,求样本间的相关系数时,相关矩阵 $\boldsymbol{R}$ 中的每一个元素由相应的相关系数所表示。

$$R = X^T X' = \begin{pmatrix} 1 & r_{12} & \cdots & r_{1p} \\ r_{21} & 1 & \cdots & r_{2p} \\ \cdots & \cdots & \cdots & \cdots \\ r_{p1} & r_{p2} & \cdots & 1 \end{pmatrix} \quad (10\text{-}11)$$

其中：

$$r_{ij} = \frac{1}{n-1} \sum_{k=1}^{n} X_{ik}^T Y_{kj} \quad (10\text{-}12)$$

(3) 求特征值和特征向量　设求得的相关矩阵为 R，求解特征方程：

$$|R - \lambda E| = 0 \quad (10\text{-}13)$$

通过求解特征方程，可得到 m 个特征值 λ_i ($i=1, \cdots, m$)，和对应于每一个特征值的特征向量：$\alpha_i = (\alpha_{i1}, \alpha_{i2}, \cdots, \alpha_{ip})$，$i=1, \cdots, m$；且有 $\lambda_1 \geqslant \lambda_2 \geqslant \lambda_3 \geqslant \cdots \lambda_m \geqslant 0$。设相应 λ_i 的特征向量 $A_i = (\alpha_{1i}, \alpha_{2i}, \cdots, \alpha_{pi})$，$i=1, 2, \cdots, m$。

(4) 求主成分（取线性组合）　根据求得的 m 个特征向量，m 个主要成分分别为：

$$F_1 = \alpha_{11} x_1 + \alpha_{12} x_2 + \cdots + \alpha_{1p} x_p$$
$$F_2 = \alpha_{21} x_1 + \alpha_{22} x_2 + \cdots + \alpha_{2p} x_p$$
$$\cdots\cdots$$
$$F_m = \alpha_{m1} x_1 + \alpha_{m2} x_2 + \cdots + \alpha_{mp} x_p \quad (10\text{-}14)$$

上式就是主成分分析的模型，其通式为：

$$F_i = \alpha_{i1} x_1 + \alpha_{i2} x_2 + \cdots + \alpha_{ip} x_p, \quad i = 1, 2, \cdots, m \quad (10\text{-}15)$$

称 F 是主成分，F_1 是第一主成分，F_2 是第二主成分，F_i 是第 i 主成分。

求各主成分的关键是求特征值（λ）及其相应的特征向量（α）。主成分分析以较少的 m 个指标代替了原来的 p 个指标对系统进行分析，这给我们对系统的综合评价带来了很大的方便。

(5) 定义　称 $\lambda_1 / \sum_{i=1}^{p} \lambda_i$ 为第一主成分的贡献率，这个值越大，表明第 i 主成分综合信息的能力越强；称 $\sum_{j=1}^{m} \lambda_j / \sum_{i=1}^{p} \lambda_i$ 为前 m 个主成分的累计贡献率，表明前几个主成分基本包含全部测量指标所具有信息的百分率。

保留多少个主成分取决于保留部分的累积方差在方差总和中所占百分比（即累计贡献率），它标志着前几个主成分概括信息之多寡。实践中，粗略规定一个百分比便可决定保留几个主成分；如果多留一个主成分，累积方差增加无几，便不再多留。

若 m 个主成分的累计贡献率超过 85%，那我们认为前 m 个主成分基本包含原来指标的信息，一般选取累积贡献率达到 85% 以上时的因子个数。图 10-2 中的空心圆圈为肿瘤细胞样本（42 个样本点），实心圆点表示正常细胞样本（22 个样本点），我们取这些细胞中的基因表达作为特征，对这两类样本进行主成分投影，图中显示的是对样本的特征提取了第一、第二及第三主成分后的空间投影分布，前三个主成分累计贡献率达到

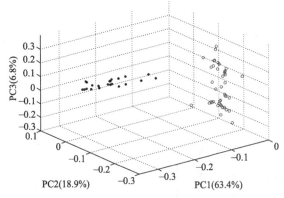

图 10-2　主成分的空间投影图
PC1 是第一主成分，PC2 是第二主成分，
PC3 是第三主成分

89.1%。从图 10-2 中还可以看出，主成分分析也可初步将不同类别的数据分类。

10.3.2 偏最小二乘法

偏最小二乘法（partial least squares，PLS）是在 20 世纪 60 年代末由 Wold 提出的，80 年代开始应用于化学研究，现已在化学测量和数据挖掘中得到广泛应用。该方法具有简单稳健、计算量小、预测精度高、无须剔除任何解释变量或样本点、所构造的潜变量较确定、易于定性解释等优点。这让它不仅适用于传统的多元校正方法所不适用的许多场合，还可作为一种探索性的分析工具，在多维数据建模之前，先对样本进行降维。PLS 算法是将高维空间信息投影到由几个隐含变量组成的低维信息空间的多变量回归方法，隐含变量中包含了原始数据中的重要信息，且隐含变量间是互相独立的。PLS 算法不但能消除原始数据间的共线性影响，还能处理含有噪声的数据。

偏最小二乘法是建立在 X（自变量）与 Y（因变量）矩阵基础上的双线性模型，可以看作是由外部关系（即独立的 X 块和 Y 块）和内部关系（即两块间的联系）构成。建立自变量的潜变量关于因变量的潜变量的线性回归模型，间接反映自变量与因变量之间的关系。二者满足以下条件：

(1) 两组潜变量分别最大限度地承载自变量和因变量的变异信息；
(2) 二者之间的协方差最大化。

从自变量和因变量中提取潜变量的方法有很多种，如主成分法、迭代法、奇异值分解法等，其中比较高效的方法是迭代法，它包括两种基本算法：非线性迭代偏最小二乘法和简单最小二乘法。

PLS 的基本思路是对每个 X 矩阵的潜变量方向进行修改，使它与 Y 矩阵间的协方差最大，即在原回归方程中删去那些特征值近似为零的项，其 X 和 Y 矩阵分别按式(10-16) 和式(10-17) 分解为较小的矩阵：

$$X = TP' + E \approx \sum t_a p_a' \qquad (10\text{-}16)$$

式中，T 为 X 的得分矩阵；t_a 为得分向量；P' 为 X 的载荷矩阵；p_a' 为相应的载荷向量；E 为残差矩阵，是 X 中无法用 a 个潜变量 t 反映的部分。

$$Y = UQ' + F \approx \sum u_a q_a' \qquad (10\text{-}17)$$

式中，U 为 Y 的得分矩阵；u_a 为得分向量；Q' 为 Y 的载荷矩阵；q_a' 为相应的载荷向量；F 为残差矩阵，是 Y 中无法用 a 个潜变量 u 反映的部分。

PLS 对每一维度的计算采用迭代的方法进行，在迭代计算中互相利用对方的信息，每一次迭代不断根据 X、Y 的剩余信息（即其残差矩阵）调整 t_a、u_a 进行第 2 轮的成分提取，直到残余矩阵中的元素绝对值近似为零，回归式的精度满足要求，则算法停止。此时得到的 t_a、u_a 能同时最大限度地表达 X 和 Y 的方差，由此得到的系数 b_a 能更好反映 X 和 Y 的关系。对于公式 $Y = XB$ 中一般模型的 B 系数矩阵为 $B = W(P'W)^{-1}Q'$，需已知矩阵 P、Q、W，式中，W 为 PLS 的权重矩阵。

10.3.3 逐步回归分析

10.3.3.1 最佳回归方程

最佳回归方程应该包括所有对因变量作用显著的变量，而不包括对因变量作用不显著的变量，因为若把不显著的自变量引进去就会影响回归方程的稳定性，致使效果降低，但若把显著的自变量漏掉的话，也无法正确反映自变量与因变量之间的真实关系。

选择变量的方法有全面比较法、向后剔除法、向前选择法和逐步回归分析法，其中逐步回归分析法是目前建立最佳回归方程的最常用的方法。

10.3.3.2 逐步回归分析法的思路

逐步回归分析法就是从一个预报因子开始,按自变量对因变量作用的显著程度,从大到小地依次逐个地引入回归方程,另外是当先引入的自变量由于后面自变量的引入变得不显著时,就将前者从回归方程中剔除。因此,逐步回归中有的步骤引入因子,有的步骤剔除因子,而每一步都要做 F 检验,以保证每次在引入新的显著因子之前,回归方程中只包含显著的因子,直到所有显著因子都包含在回归方程之内为止。

逐步回归分为前项逐步回归和后项逐步回归两种。前项逐步回归分析开始时没有任何模型变量,每一步选入待选项中一个显著性最高的项(具有最大的 F 统计量值或最小的 P 值),直到没有待选项为止。后项逐步回归则首先将模型中的所有项纳入,然后剔除最不显著的变量,直到剩余的变量均显著为止。后项逐步回归也可以首先将模型中所有变量的一个子集纳入,然后再增加显著的变量或剔除不显著的变量。

逐步回归方法的一个重要假设是在多元回归中的一些变量对模型没有显著的影响。如果这个假设成立,则可以方便地对模型进行简化,只保留那些统计意义显著的项。多元线性回归分析中一个经常遇到的问题是输入变量间具有多重交互作用,输入变量不仅与输出相关,而且输入变量之间彼此相关。在这种情况下,模型中一个输入变量可能会"屏蔽"其他变量对结果的影响。逐步回归作为一个固定的运算过程,对使用者来说是有风险的,因为回归的结果与初始模型和变量的选择策略是密切相关的。

10.3.3.3 显著性检验

在建立回归方程时我们曾做了一个重要的假设,即自变量与因变量之间存在一定的线性关系,因此在完成回归方程的构建后,我们需要对这一假设进行显著性检验,以确定自变量 X 与因变量 Y 之间确实存在线性相关。这里我们介绍两种常用的回归方程检验方法:F 检验法与相关系数检验法。

(1) F 检验法 为了对回归方程做显著性检验,首先将观测值和拟合值差值的平方和(SS)分解为回归平方和(SS_E)和残差平方和(SS_R),用以下统计量进行检验:

$$F = \frac{SS_R}{SS_{E_{(n-2)}}} \tag{10-18}$$

式中,n 为数据组数。当 F 值大于一定的临界值时,拒绝原假设,认为因变量与自变量之间是相关的。

(2) 相关系数检验法 相关系数 R 反映了回归平方和在总平方和中的比例,即反映了 X 与 Y 之间线性相关的密切程度,$|R|$ 愈接近 0,X 与 Y 之间的线性相关程度愈小;反之,$|R|$ 愈大,愈接近 1,X 与 Y 之间的线性相关程度愈大。

R 的计算公式为:

$$R = \frac{\sum_{i=1}^{n}(x_i - \overline{x})(y_i - \overline{y})}{\sqrt{\sum_{i=1}^{n}(x_i - \overline{x})^2 (y_i - \overline{y})^2}} \tag{10-19}$$

对于一个具体问题,只有当 $|R|$ 大到一定程度时才可以认为 X 与 Y 之间有线性相关关系。对于给定的显著水平 a,查相关系数临界值表得到相应的临界值(记为 R_0),根据样本值计算出 $|R|$,如果 $|R|$ 大于 R_0,则可认为 X 与 Y 之间存在线性相关关系,并称回归方程在水平 a 下显著,若 $|R|$ 的值愈大,线性关系愈密切。反之,当 $|R|$ 小于等于 R_0,则认为 X 与 Y 之间不存在线性相关关系,或称回归方程在水平 a 下不显著。

10.3.4 遗传算法

遗传算法（genetic algorithms，GA）最早由 Holland 教授于 20 世纪 70 年代创建。它以达尔文进化论和孟德尔遗传学说为理论基础，通过模拟自然界生物"遗传→变异→适者生存"的进化过程，对优化空间进行随机搜索，从而得到全局最优解。数值遗传算法是将待优化的各个参数排列在一起，当作一条染色体，每个参数即为染色体中的遗传基因，根据染色体对环境的适应性，通过各种遗传操作控制其繁殖情况，淘汰差的，保留好的，经过遗传操作后的个体集合形成下一代新的种群，对这个新种群进行下一轮进化，最终得到最好的染色体，即全局最优点。因此，遗传算法是一种非线性自适应的全局的概率搜索算法。遗传算法主要特点是直接对结构对象进行操作，不需要求导和函数连续性的限定；具有内在的隐并行性和更好的全局寻优能力；采用概率化的寻优方法，能自动获取和指导优化的搜索空间，自适应地调整搜索方向，不需要确定规则。

遗传算法是基于进化理论，并采用遗传结合、遗传变异、自然选择等设计方法的一种优化算法，随着时间的流逝，进化出更好的或更适应的个体。在应用遗传算法解决问题时，最困难的一步应该是怎样将问题建模成一组个体的集合。在计算中，首先假设一个初始模型，然后对其反复进行"杂交"和"变异"，最后用适应度函数确定初始集合中应该保留的那个最优个体。这个算法的优点在于容易并行化，但是对问题进行建模很困难，杂交变异过程以及适应度函数也很难确定。

遗传算法的具体实施需要以下步骤：染色体的编码、初始化操作、染色体适应度的计算和遗传操作。在这四个步骤中，初始化操作和遗传操作是通用的，而染色体的编码和适应度的计算应根据具体的研究对象而定。遗传算法基本流程见图 10-3。以下给出了将最小二乘回归建模方法与遗传算法相结合用于搜索最优变量集时，染色体的编码和适应度的确定方法。

图 10-3 遗传算法基本流程

10.3.4.1 染色体的编码和适应度的确定方法

(1) 染色体的编码和形成　直接采用二进制编码，用 0 代表某个变量未被选中，用 1 代表选中。染色体的长度为待选变量的个数。

(2) 染色体适应度的确定　Hasegawa 等人提出了用平方预测相关系数作为染色体适应度，其计算公式为：

$$r_{\text{pred}}^2 = \max_h \left(1 - \frac{\sum_i (y_i - y_{(-i),\text{pred}})^2}{\sum_i (y_i - \overline{y})^2} \right) \tag{10-20}$$

式中，y_i 为实际值；$y_{(-i),\text{pred}}$ 为用除掉第 i 个样本的数据建立的模型对 y_i 的预测值；$\overline{y}$ 为 y_i 的平均值；h 为公式(10-18)获得最大值时的主元个数。虽然从公式可以看出越接近 1 说明模型的预测能力越好，但是在实际计算过程中发现，公式(10-18)获得的主元个数一般比较大，该指标对于优选后变量集的建模是很合适的，但是在某些情况下，比如使用未优选的变量集，则可能导致最终的模型出现过拟合现象。

另外一种模型预测能力指标为 Q_{cum}^2，定义如下：

$$Q_{\text{cum}}^2 = 1 - \prod_{j=1}^{h} \frac{\text{PRESS}_j}{\text{RRS}_{j-1}} \tag{10-21}$$

式中，PRESS_j 为保留 j 个主元的 PLS 模型的预测误差平方和，定义为：

$$\text{PRESS}_j = \sum_{k=1}^{p} \text{PRESS}_{jk} \tag{10-22}$$

$$\text{PRESS}_{jk} = \sum_{i=1}^{N} (y_{ik} - \hat{y}_{jk(-i)})^2 \tag{10-23}$$

式中，p 为输出变量个数；N 为样本总个数；$\hat{y}_{jk(-i)}$ 为用除掉第 i 个样本的数据和主元个数为 j 时建立的模型对 y_{ik} 的预测。RRS_{j-1} 是用 $(j-1)$ 个主元建立的 PLS 模型相对应的残差平方和，定义为：

$$\text{RRS}_{j-1} = \sum_{k=1}^{p} \text{RRS}_{(j-1)k} \tag{10-24}$$

$$\text{RRS}_{(j-1)k} = \sum_{i=1}^{N} (y_{ik} - \hat{y}_{(j-1)ik})^2 \tag{10-25}$$

式中，$\hat{y}_{(j-1)ik}$ 为用所有样本和主元个数为 $(j-1)$ 时建立的 PLS 模型对 y_{ik} 的预测。式(10-20)中，h 为保证 PLS 模型拟合和预测能力最佳的主元个数。

Q_{cum}^2 越接近于 1，说明模型的预测能力越强。

(3) 确定最佳的主元个数　交叉有效性验证是最常用的确定主元个数的方法，式(10-21)中的最佳主元个数确定为：如果 $\text{PRESS}_j/\text{RSS}_{j-1} \leqslant 0.952$，则增加一个主元是有益的。

10.3.4.2　基于 GA-PLS 算法的变量选择步骤

(1) 用随机方法来初始化种群，指定最大迭代次数、交叉率和变异率。

(2) 根据式(10-19)计算种群各个个体的适应度值，再从当前种群中选择出优良的个体，使它们随机两两配对。

(3) 根据指定的交叉率，对以上各对染色体进行交叉处理。

(4) 根据指定的变异率，对染色体进行变异处理。

(5) 如果循环终止条件满足，则算法结束，否则转到第(2)步。

在利用遗传算法进行变量选择过程中，还应该注意的是染色体的保护，如果一个染色体选中的变量个数少于另一个染色体的，而且其适应值更优，则应选择较低的交叉概率和变异概率以保护该染色体进入下一次优化。

10.4　信号处理方法

随着方法学研究的成熟与发展，信号处理成了当代科学技术的重要工具，并已被广泛地用于语音、图像、通信、生物医学等领域。信号处理的目的就是对数字信息进行准确的分析、诊断、编码压缩和量化、快速传递或存储、精确重构（或恢复）。将信号处理的方法结合到蛋白质序列分析中，能发挥其特有的信息提取优势，已成为生物信息学研究领域的一个重要的发展方向。因此本节就在生物信息学中的常用信号处理方法做一些简单介绍。

在信号系统中，人们把信号分成两大类——确知信号和随机信号。确知信号具有一定的变化规律，因而容易分析，而随机信号无准确的变化规律，需要用统计特性进行分析。这里我们引入随机过程的概念。所谓随机过程，就是随机变量的集合，每个随机变量都是随机过程的一个取样序列。随机过程的统计特性一般采用随机过程的分布函数和概率密度来描述，它们能够对随机过程做完整的描述。但是由于在实践中难以求得，在工程技术中，一般采用描述随机过程的主要平均统计特性的几个函数，包括均值、方差、相关函数、频谱及功率谱密度等来描述。

10.4.1 协方差与相关系数

若两个随机变量 x 和 y 相互独立，则 $E\{[x-E(x)][y-E(y)]\}=0$，若上述数学期望不为零，则 x 和 y 必不是相互独立的，即它们之间存在着一定的关系。因而定义 $E\{[x-E(x)][y-E(y)]\}$ 为随机变量 x 和 y 的协方差，记作 $\text{COV}(x,y)$，即：

$$\text{COV}(x,y) = E\{[x-E(x)][y-E(y)]\} \tag{10-26}$$

其中，E 表示数学期望，则 $E(x)=\mu_x$，$E(y)=\mu_y$。协方差作为描述 x 和 y 之间的相关性的一种度量，在同一物理量纲之下有一定的作用，但同样的两个量采用不同的量纲使它们的协方差在数值上表现出很大的差异，为此引入相关系数的概念。

设随机变量 x、y 的数学期望和方差都存在，则变量 x 和 y 之间的相关程度常用相关系数 ρ_{xy} 表示：

$$\rho_{xy} = \frac{\text{COV}(x,y)}{\sigma_x \sigma_y} = \frac{E[(x-\mu_x)(y-\mu_y)]}{\sqrt{E[(x-\mu_x)^2 E[(y-\mu_y)]^2}} \tag{10-27}$$

式中，μ_x、μ_y 为随机变量 x、y 的均值；σ_x、σ_y 为随机变量 x、y 的标准差。

10.4.2 自、互相关分析

设 $x(t)$ 是各态历经随机过程的一个样本函数，$x(t+\tau)$ 是 $x(t)$ 时移 τ 后的样本，如图10-4所示，两个样本的相关程度可以用相关系数来表示。

若用 $R_x(\tau)$ 表示自相关函数，其定义为：

$$R_x(\tau) = \lim_{\tau \to \infty} \frac{1}{T} \int_0^T x(t)x(t+\tau) \mathrm{d}t \tag{10-28}$$

自相关函数的性质如下：

(1) 自相关函数为实偶函数，即 $R_x(\tau)=R_x(-\tau)$。

(2) τ 值不同，$R_x(\tau)$ 不同，当 $\tau=0$ 时，$R_x(\tau)$ 值最大，并等于信号的均方值。

(3) $R_x(\tau)$ 值的限制范围为：$\mu_x^2 - \sigma_x^2 \leqslant R_x(\tau) \leqslant \mu_x^2 + \sigma_x^2$。

图 10-4 自相关函数

(4) 当 $\tau \to \infty$，$x(t)$ 和 $x(t+\tau)$ 之间不存在内在联系，彼此无关。

(5) 周期函数的自相关函数认为是同频率的周期函数。

对于各态历经随机过程，两个随机信号 $x(t)$ 和 $y(t)$ 的互相关函数 $R_{xy}(\tau)$ 定义为：

$$R_{xy}(\tau) = \lim_{\tau \to \infty} \frac{1}{T} \int_0^T x(t)y(t+\tau) \mathrm{d}t \tag{10-29}$$

互相关函数的性质如下：

(1) 互相关函数是可正可负的实函数。

(2) 互相关函数非偶函数，亦非奇函数，而是 $R_{xy}(\tau)=R_{yx}(-\tau)$。

(3) $R_{xy}(\tau)$ 的峰值不在 $\tau=0$ 处，其峰值偏离原点的位置 τ_0 反映了两信号时移的大小，相关程度最高。

(4) $R_{xy}(\tau)$ 限制范围为：$\mu_x \mu_y - \sigma_x \sigma_y \leqslant R_{xy}(\tau) \leqslant \mu_x \mu_y + \sigma_x \sigma_y$。

(5) 两个统计独立的随机信号，当均值为零时，$R_{xy}(\tau)=0$。

(6) 两个不同频率的周期信号，其互相关函数为零。

(7) 两个同频率正余弦函数不相关。

(8) 周期信号与随机信号的互相关函数为零。

10.4.3 功率谱密度

随机信号的功率谱密度是随机信号的各个样本在单位频带内的频谱分量统计均值，是从频域描述随机信号的平均统计参量，表示 $x(t)$ 的平均功率在频域上的分布。随机过程的功率谱密度为：

$$S(\omega) = \lim_{T \to \infty} \frac{|F_{S_T}(\omega)|^2}{T} \tag{10-30}$$

它表示功率信号 $x(t)$ 中以角频率 ω 为中心的单位带宽内所具有的功率。

随机信号的功率谱密度具有以下 4 个性质：

(1) 功率谱密度为非负值，即功率谱密度大于等于 0；
(2) 功率谱密度是 ω 的实函数；
(3) 对于实随机信号来说，功率谱密度是 ω 的偶函数，即 $S(\omega) = S(-\omega)$；
(4) 功率谱密度可积，功率谱密度曲线下的总面积（即随机信号的全部功率）等于随机信号的均方值。

10.4.4 傅里叶变换

一般来说，在信号测量中我们得到的信号多数可以表示为时域和频域的信号。一些信号会随时间变化，从而产生了随时间变化的起伏或称波形，即时域信号，用 $f(t)$ 表示。在原理上，时间信号可以有任何函数形式，而且能够产生非常丰富而复杂的信号。通过频谱分析，将信号从时域表征变换为频域表征，可以得到频域信号。信号的频谱 $x(f)$ 代表了信号在不同频率分量处信号成分的大小，它能够提供比时域信号波形更直观、丰富的信息。

傅里叶变换（Fourier transform，FT）是将分析信号在测量的时域变换到频域，这样分析工作者有可能获得特殊的信息以提高信噪比或可使计算能较为方便地进行。时域能给出重叠波谱振幅的信息，但不能直接给出频域方面的信息；而频域波能给出各个波的频率方面的信息，包括其振幅的大小，但不能给出重叠波的振幅。

傅里叶变换是在时域信号 $f(t)$ 和频域信号 $F(\omega)$ 之间做相互变换的一种技术，这种变换可用下列两式表示：

$$f(t) = \frac{1}{2\pi} \int_{-\infty}^{+\infty} F(\omega) e^{i\omega t} d\omega \tag{10-31}$$

$$F(\omega) = \int_{-\infty}^{\infty} f(t) e^{-i\omega t} dt \tag{10-32}$$

傅里叶变换在化学中具有广泛应用，特别是在分析仪器和信号处理中的应用，如 FT-IR、FT-NMR、分析数据的平滑滤噪、重叠信号解析等。在仪器应用中，离散傅里叶变换的输入是对被分析信号取样所得到的数据记录，对于 N 个点的离散傅里叶变换，只需要保留 $N/2$ 频域点即可。

如果直接应用上述两公式计算傅里叶变换，将花费很多时间，快速傅里叶变换是实施傅里叶变换的一种极其迅速而有效的算法。快速傅里叶变换算法（fast fourier transform，FFT）通过仔细选择和重新排列中间结果，使总的计算次数从 N^2 量级减少到 $N \cdot \log_2 N$ 量级，极大地提高了运算速度。最常见的 FFT 算法要求 N 是 2 的幂。假定信号分析仪中的采样点数为 1024 点，离散傅里叶变换算法（discrete fourier transform，DFT）要求 100 万次以上的计算工作量，而 FFT 则只要求 10240 次计算。FFT 可大大节约计算量，故仪器中广泛采用 FFT 算法。忽略数学计算中精度的影响时，无论采用的是 FFT 还是 DFT，结果都一样。

10.4.5 小波变换

小波变换（wavelet transform，WT）是给出时域和频域方面信息的另外一种技术，类似于傅里叶变换，小波变换将测量信号分解为一组称为小波基的基函数，这种小波基函数称为分析小波（analyzing wavelet）。通常使用较多的小波函数类型如图 10-5 所示。

图 10-5　常用的小波函数类型

小波族是对测量数据的小波进行伸缩（stretching）和平移（shifting）而形成的。表示移动的参数 b 称为平移因子（translation），而扩展参数 a 对小波有伸缩和拓展的作用，通常称为伸缩因子或者尺度因子（dilation）。

小波函数的定义为：设 $\psi(t)$ 为一平方可积函数，若其傅里叶变换 $\Psi(\omega)$ 满足条件：

$$\int_R \frac{|\psi(\omega)|^2}{\omega} \mathrm{d}\omega < \infty \tag{10-33}$$

则称 $\psi(t)$ 为一个基本小波或小波母函数。上述条件也称为小波函数的可容许条件。将小波母函数 $\psi(t)$ 进行平移和伸缩，就可以得到一系列小波基函数：

$$\psi_{a,b}(t) = a^{-1/2} \psi\left(\frac{t-b}{a}\right) \quad a > 0, \quad b \in R \tag{10-34}$$

式中，a、b 为 $\psi(t)$ 的伸缩因子、平移因子。

我们把平方可积的函数 $f(t) \in L^2(R)$ 看成某一逐级逼近的极限情况。每一级逼近都是用某一低通平滑函数 $\phi(t)$ 对 $f(t)$ 做平滑的结果，在逐级逼近时平滑函数 $\phi(t)$ 也做逐级伸缩，这就是小波的"多分辨率"特性。多分辨分析（multiple resolution analysis，MRA）可以将所有的正交小波基的构造统一起来，这为构造正交小波基提供了一种简单方法，同时也为实现正交小波变换快速算法提供了理论依据。

小波分析的任务是在函数空间 $f(t) \in L^2(R)$ 中寻找一组正交基，使其具备以下性质：

(1) 一致单调性：$\cdots \subset V_2 \subset V_1 \subset V_0 \subset V_{-1} \subset V_{-2} \cdots$。

(2) 渐近完全性：$\bigcup_{j \in Z} V_j = L^2(R)$，$\bigcap_{j \in Z} V_j = \{0\}$。

(3) 伸缩规则性：$\varphi(t) \in V_j \Leftrightarrow \varphi(2t) \in V_{j-1}$。

(4) 平移不变性：$\varphi(t) \in V_j \Leftrightarrow \varphi(t - 2^{-j}k) \in V_j, k \in Z$。

(5) Riesz 基存在性。

根据该思想，对于任意函数 $f(t) \in V_0[f(t) \in L^2(R)]$，可以将它分解为细节部分和大尺度逼近部分，然后将大尺度部分进一步分解，如此反复就可以得到任意尺度（或分辨率）上的逼近部分和各尺度上的细节部分。由此可得离散小波变换（discrete wavelet transform，DWT）的公式：

$$F_{\text{DWT}}(j,k) = m^{j/2} \int_{-\infty}^{+\infty} f(t) \psi(m^j - k) \mathrm{d}t \quad j,k \in Z \tag{10-35}$$

在实际运用中，$f(t)$ 是由离散采样获得，用内积方式直接进行求解十分不便，因此多分辨分析在实际运用时便转成了滤波器组的设计和分析。由多尺度分析可以推导：

$$C_{j,k} = \sum h(m-2k) c_{j-1}, \quad d_{j,k} = \sum g(m-2k) c_{j-1} \tag{10-36}$$

式中，$h(k)$、$g(k)$ 为滤波器组系数。这就是小波分解的快速算法。通过尺度系数和滤波器组系数相作用就可以得到下一尺度下的尺度系数和小波系数，重复该分解过程，就可以将原信号分解为时频局部化了的各基元信号，从而达到分析原信号的目的。对于任一函数 $f(t) \in V_0[f(t) \in L^2(R)]$，可以以数字的形式表示如下：

$$C^{(1)} = \{c_1^{(1)}, c_2^{(1)}, \cdots, c_{N/2}^{(1)}\} \tag{10-37}$$

$$D^{(1)} = \{d_1^{(1)}, d_2^{(1)}, \cdots, d_{N/2}^{(1)}\} \tag{10-38}$$

$C^{(1)}$ 称为低频系数，$D^{(1)}$ 称为高频系数，对低频系数 C 不断重复分解操作，可得到预定 J 层的系数 $C^{(J)}$、$D^{(J)}$。细节分解过程如图 10-6 所示。

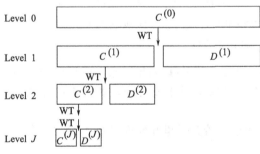

图 10-6 小波分解一维信号示意图

10.4.5.1 小波变换在蛋白质频谱分析中的应用

蛋白质的功能一定会通过某种周期性的能量分布表现出来，信号处理技术在探测隐含在信号中的这种周期性特征时有其特有的优势。图 10-7 和图 10-8 利用 db9 小波分解钾离子蛋白-Q96L4 的疏水序列，重构各分解尺度下低通分量，以寻找跨膜螺旋区的数目和位置所在。由图 10-7 可以看出，跨膜信息在此疏水片段中属于低频信息，随着分解尺度的增加，低频信息逐渐显现出来。$a=0$ 时，疏水数字序列杂乱无章，看不出任何的规律；$a=1$、2 时，滤波仍然不够；$a=3$ 时，各个跨膜区的位置开始显现出来，图上方的粗黑线指示位置即为跨膜区所在位置，但由于疏水性是跨膜螺旋的主要序列特征而不是唯一特征，在蛋白质其他片段部分也可能存在长段疏水序列，这也会对跨膜区的准确识别带来一定困难。

10.4.5.2 小波变换在基因组序列分析中的应用

在基因组序列分析中，一些成果表明，小波变换可以发现 DNA 序列的特征模式。

图 10-7 蛋白质 KCNH8_HUMAN 小波变换各尺度低频图

图 10-8 $a=3$ 时蛋白质 KCNH8_HUMAN 小波变换低频图

Audit 等人分析序列的弯曲特性,并证明了实际观察到的真核基因中,小片段存在很大范围的相关性这一现象决定于核小体的模式,这种相关性在真菌染色体中则不存在。Liò 和 Vannucci 指出先用 "G, C=1 和 A, T=0"(或 "G, C=0 和 A, T=1") 编码细菌基因序列,然后用小波分解可以确定病原体的位置。张春霆的研究小组完成了用小波多尺度分辨分析确定人类基因组的等容线边界的工作。他们指出结合 Z 曲线法,小波变换可以得到与试验很吻合的结果,而且同基于窗口的分析方法比较,这个方法可以在确定等容线边界时有更高的分辨率。同传统的熵分割方法相比,它更直观,而且运算量更小。

10.4.5.3 小波变换在蛋白质序列分析中的应用

在蛋白质结构研究中,小波变换已经应用于结构研究的方方面面,包括蛋白质一级序列进化研究、二级结构和三级结构鉴定及功能预测、精细化 X 射线晶体结构、药物设计及可视化等。Mandell 等人指出氨基酸序列的疏水特征的小波分解相位图与其二级结构相关,并且可以用来给蛋白质分类。同时他们研究了整个序列疏水性的变化趋势,从中得出通道、孔隙和受体方面的信息。近来,Murray 等人用离散小波变换分析疏水性和各种重复的蛋白质模体的相对可及表面积。Kuobin Li 等人结合聚类方法先把已知能引起过敏的蛋白质序列聚类，多序列比对后用小波分解从每一类结果中确定其模体，并用该模体训练隐马氏模型。对于不含明显的过敏原模体的蛋白质，则保存到一个小数据库中。待预测蛋白质只需要和该隐马氏模型比较，如果不符合，再从过敏原蛋白质的数据库序列比较即可确定待预测蛋白是否为引起过敏的蛋白质。他们在整个 Swiss-Prot 数据库中预测到 2000 种可能的过敏原。

10.4.5.4 小波变换在基因芯片数据分析中的应用

基因芯片技术可以让我们分析成百上千条基因的表达模式，要从这一技术中提取出有用的信息离不开统计学。因此，人们建立了基因芯片数据分析评估，以期在基因芯片数据分析领域提供一个全球统一的评价标准。Klevecz 用小波分解和滤噪技术分析基因芯片数据，发现无论是与细胞循环有关的还是无关的大多数酵母基因，它们的表达都呈波动振荡趋势。其中一个振荡周期为 40min 左右，另一个周期为 80min 左右，同时推测表达芯片的一部分噪声是由于基因的动态振荡表达产生的。

基因芯片分析也得益于数据压缩技术。当很有效的统计方法提出以后，人们通常保留完整的微阵列图像以供再次分析。基于小波的技术现在成为新的压缩标准：上升算法策略是 JPEG2000 标准的基础。以前的 JPEG 压缩算法需要按 8×8 的正方形工作；小波的优越性在于它们可以调整到适应于图像的尺寸和图像的不同区域。Jörnsten 等提出了一种微阵列图像压缩技术，具有有损的或无损的数据编码结构，并给出了基于有损压缩数据的最优统计学评价，确定了一个上限，界定了由于数据压缩造成的信息丢失可以达到的最小化限度。Myasnikova 等人用一套胚胎中的标记了的抗体来量度基因表达后，用小波分析其表达模式，从零散的数据中得到了一套详细的形态发生场基因表达图。Efron 等人提出错误发现率（false discovery rate，FDR）这一思想，在分析微阵列数据时是一种非常有效的推论方法。FDR 是多元比较中一个相对较新的重要思想。当模型数据稀疏时，FDR 会选择产生具有很大样本适应性的估计量。

10.5 机器学习方法

10.5.1 K 最近邻法

K 最近邻法（K-nearest neighbor，KNN）是一种直接以模式识别的基本假设，即同类样本在模式空间相互较靠近为依据的分类方法。它计算在最近邻域中 K 个已知样本到待判样本的距离，根据计算的距离的远近判断待判样本归属于距离最近的哪一类样本。实际就是将每一个待判别样本逐一与训练集中的样本计算距离，找出其中最近的 K 个样本，采用投票表决的方式进行判别。

其算法如下：使用 $X_{unknown}$ 表示一个未知样本，用 D_i（$i=1,2,\cdots,n$）表示该样本到训练集其他样本的距离，式中，n 为训练集中含有的样本总数。

取出 K 个距离最短的训练集样本，Y_{known} 用来表示这些样本相对应的所属类别号，通过对得到的这一系列 Y_{known} 值进行投票表决，得票数最多的那一类为未知样本 $X_{unknown}$ 所属于的类别。

10.5.2 概率神经网络

概率神经网络（probabilistic neural network）是前馈网络的一种，于 20 世纪 90 年代初提出，是基于密度函数估计和贝叶斯决策理论而建立的一种分类网络。概率神经网络架构最重要的特色在于网络训练的实时性,所以概率神经网络适合运用在实时的系统中。其他的优点有决策面的范围大小可以依据问题的需求不同来进行调整,而且决策面可以逼近贝叶斯分类器(Bayes classifier)。概率神经网络对于错误及噪声容忍度很高。在稀疏的样本空间问题上,平滑参数可依据问题的需求,随时调整参数的大小,而无须进行重新训练的工作。

概率神经网络的设计将贝叶斯分类器的观念引入到类神经网络的模型中,让这一个新的神经网络模型不仅具有贝叶斯分类器的许多优点,而且改进了贝叶斯分类器的概率密度函数不易建立的缺点。这是因为概率神经网络针对概率密度函数做了三个假设:

① 各分类的概率密度函数形态相同;
② 此共同的概率密度函数为高斯分布,即常态分布;
③ 各分类的高斯分布概率密度函数的变异矩阵为对角矩阵,且各对角元素的值相同,值为 σ^2。

因为有了以上三个简单的限制,而使得概率神经网络(图 10-9)在应用上减少了贝叶斯分类器建构上的问题,增加了许多的便利性。

图 10-9 概率神经网络

特征单元的作用是得到输入向量与各别权重向量 W 的乘积 $z_i = X \cdot w_i$。然后对 z_i 做非线性的转换,但不同于其他倒传递型类神经网络架构中常用的 sigmoid 转换函数,在概率神经网络架构中是采用 $\exp[(z_i-1)/\sigma^2]$ 函数。若 X 和 w_i 都已正规化到单位长度,则函数可以简化为 $\exp[-(w_i-X)^t(w_i-X)/2\sigma^2]$。总和单元是把各个从特征单元得到的值加起来。输出单元为二输入的神经元,目的在做结果的输出决策图中的 C_i 是为了调整训练资料中各分类的原始训练个数不均的问题。

10.5.3 分类回归树

树结构的方法是逐步将样本空间分割成一组互不相交的子空间,并对每一个子空间拟合一个简单的模型(例如常数模型)。分类回归树(CART),就是一种最常用的基于树结构的回归和分类的方法。自从 Breiman 等人发表了关于分类回归树的专著,这种方法就引起了广泛的关注。CART 递推地将数据空间分割成一组互不相交的子空间,直到每个子空间都满足停止的标准,从而达到将数据分类的目的。

在对样本集进行分割时,分割规则采用二叉表示形式,算法从根结点开始分割,递归地对每个结点重复进行。根据给定的样本集 L,由以下三步构建分类树。

(1) 为每一个结点中的每个属性选择最优的分割点。选择某个属性的最优分割点的过程是这样的：对于连续变量 X_i 表示为 $\{X_i|X_i>C\}$，C 为样本空间中变量 X_i 的取值范围内的一个常数，$i=1,\cdots,m$；m 为连续变量个数；而对于离散变量 X_i 表示为 $\{X_i|X_i\in V\}$；V 为样本空间中变量 X_i 所有可能取值集合的子集，$V\subset U$，$i=1,\cdots,n$；n 为离散变量个数）。据样本对分割规则"是"或"否"的回答，将这个结点分为左右两个子结点，从这些规则中找到 X_i，如果使得 $\text{Gini}_{\text{split}(X_i)}=\min$，$X_i$ 就是当前属性的最优分割点。

(2) 在这些最优分割点中选择对这个结点最优的分割点，成为这个结点的分割规则。而分割规则的确定依据为使得式(10-40)最小。

如果集合 T 包含 N 个类别的记录，那么 Gini 指数就是：

$$\text{Gini}(T)=1-\sum_{j=1}^{N}p_j^2 \tag{10-39}$$

如果集合 T 在 X 的条件下分成两部分 N_1 和 N_2，那么这个分割的 Gini 指数就是：

$$\text{Gini}_{\text{split}(X)}(T)=\frac{N_1}{N}\text{Gini}(T_1)+\frac{N_2}{N}\text{Gini}(T_2) \tag{10-40}$$

(3) 继续对此结点分割出来的两个结点进行分割。分割的过程可以一直持续到叶结点样本个数很少（如少于 5 个），或者样本基本上属于同一类别才停止，这时建成的树层次多、叶结点多，我们记该树为 $T_{\max}$。

10.5.4 助推法

Schapire 和 Freund 在 1996 年提出了助推法（Adaptive Boosting，AdaBoost），它的特点是在每一次循环时，算法根据已经生成的单分类模型的分类错误，改变训练样本的权值，使得在下一个分类学习过程中更关注于相对难分类的样本去进行分类。该方法将一个弱学习器转化为具有高精度的学习器，同时又具有自适应的特点。AdaBoost 算法整合强分类器 H 的规则不是事先确定好的，而是由构成 H 的若干弱分类器的性能决定的。AdaBoost 具有比其他 Boost 算法更优秀的性能，表现为达到同样正确率的前提下需要迭代的轮数更少。

Real-AdaBoost 算法的具体步骤：

(1) 给定训练样本集合 $S=\{(x_1,y_1),\cdots,(x_m,y_m)\}$，弱分类器空间 H，其中 $x_i\in X$，为样本向量，$y_i=\pm 1$，为类别标签，m 为样本总数。初始化样本概率分布 $D_t(i)=1/m$，$i=1,\cdots,m$。

(2) 令 $t=1,\cdots,T$，对 H 中的每个弱分类器 h 做如下操作：

① 对样本空间 X 进行划分，得到 $X_1,X_2,\cdots,X_n$。

② 在训练样本的概率分布 D_t 下计算：

$$W_l^i=P(x_i\in X_j,y_i=l)=\sum_{i,x_i\in X_j,y_i=l}D_t(i) \quad l=\pm 1 \tag{10-41}$$

③ 设置弱分类器在这个划分上的输出：

$$\forall_x\in X_j,h(x)=\frac{1}{2}\ln\frac{W_{+1}^j+\varepsilon}{W_{-1}^j+\varepsilon} \quad j=1,\cdots,n \tag{10-42}$$

式中，ε 为一小正常数。

④ 计算归一化因子：

$$Z=2\sum_j\sqrt{W_{+1}^j W_{-1}^j} \tag{10-43}$$

⑤ 在弱分类器空间中选择一个 h_t，使得 Z 最小化：

$$Z_t = \min_{h \in H} Z$$
$$h_t = \operatorname*{argmin}_{h \in H} Z \qquad (10\text{-}44)$$

⑥ 更新训练样本概率分布：

$$D_{l+1}(i) = D_l(i) \frac{\exp[-y_i h_l(x_i)]}{Z_t\%} \quad i = 1, \cdots, m \qquad (10\text{-}45)$$

式中，$Z_t\%$ 为归一化因子，使得 D_{l+1} 为一个概率分布。

(3) 最终强分类器 H 为：

$$H(x) = \operatorname{sign}\left[\sum_{t=1}^{T} h_t(x) - b\right] \qquad (10\text{-}46)$$

式中，b 为手动设定的阈值，默认为 0。

算法每一轮根据式(10-44)选择的弱分类器 h_t 满足使 Z_t 最小化的条件，这就使算法以最快的速度收敛。在找到当前最优弱分类器后，算法动态调整样本的概率分布，增加错分样本的权重，减小正确分类的样本权重，这样在下一轮中被错分的样本会得到更多的重视。最终的强分类器 H 具有类线性感知机的形式，调整阈值 b 可以改变对两类样本分类的正确率。

10.5.5 人工神经网络

人工神经网络（artificial neural network，ANN）又称神经网络，是用大量简单的处理单元广泛连接组成的网络，是在现代生物学研究人脑组织所取得成果的基础上提出的，用以模拟人类大脑神经网络的结构和行为。它反映了大脑功能的若干基本特征，但并非逼真描写，只是某种简化、抽象和模拟。神经网络是一种黑箱建模工具，如图 10-10 所示，与其他方法相比，具有如下优点：

图 10-10 神经网络黑箱模型

(1) 较强的适应和学习能力，ANN 可以根据一定的学习算法，能通过训练实例来决定自身的行为；

(2) 是一个真正的多输入多输出系统，处理顺序是并行和同时的，其计算功能分布在多个处理单元上。

(3) 具有较强的容错能力。

人的大脑是由大量神经细胞或神经元组成，每个神经元可看作一个小的处理单元。这些神经元按照某些方式互相连接起来，形成大脑内部的生理神经元网络，这些神经元网络中各神经元连接的强弱，按外部的激励信号做自适应变化，而每个神经元又随着所接收到的多个激励信号的综合大小而呈现兴奋或者抑制状态。大脑的学习过程就是神经元连接强度随外部激励信息做自适应变化的过程，而大脑处理信息的结果则由神经元的状态表现出来。ANN 实际就是模仿生理神经网络，使计算机具有人脑功能的一些基本特征，如学习、记忆和归纳，从而解决了人工智能研究中的某些局限性。它不同于当前人工智能领域研究中普遍采用的基于逻辑与符号处理的理论和方法。

图 10-11 所示为一典型的人类皮质细胞神经元结构。信息通过树突（dendrite）进入神经元，在某一瞬间，假如这些信号的积累超出一定的门限

图 10-11 神经元结构示意图

值,则细胞体就产生一输出信号,此信号沿着轴突(axon)传输到其他神经元。信息由一神经元传输到另一神经元的这种连接称为突触(synapse),该信息对下一神经元产生的影响的大小称为突触强度。神经网络正是建立在神经科学基础之上的一种抽象的数学模型,它反映了大脑功能的若干基本特征。

ANN 最基本的单元为处理单元,即人工神经元。像生物神经元一样,人工神经元也可以有很多个输入。人工神经元的每一个输入都经过相关的加权,以影响输入的激励作用,就像生物神经元中突触的可变强度,它确定了输入信号的强度。人工神经元的初始加权可根据确定的规律进行调节修正,就像生物神经元中的突触可受外界因素影响一样,人工神经元对所有的输入信号求和,然后确定其输出。

ANN 的连接方式有很多种。多层前向神经网络是目前很常用的一种神经网络。多层前向神经网络输入层中的每个源节点的激励模式(输入向量)单元组成了应用于第二层(如第一隐层)中神经元(计算节点)的输入信号,第二层输出信号成为第三层的输入,其余层类似。网络每一层的神经元只含有作为它们输入前一层的输出信号,网络输出层神经元的输出信号组成了对网络中输入层源节点产生的激励模式的全部响应。即信号从输入层输入,经隐层传给输出层,由输出层得到输出信号。其中,误差反向传播神经网络和径向基函数神经网络是两种常见的多层前向神经网络。

10.5.5.1 误差反向传播神经网络

误差反向传播(back propagation,BP)神经网络属于前馈神经网络,它具有前馈神经网络的基本结构。网络经常具有多层结构,除了输入层和输出层,它们中间的部分称为隐含层,这些隐含层经常使用 S 形神经元,输出层则多使用线性神经元。

BP 神经网络学习过程可以描述如下:

(1) 工作信号正向传播 输入信号从输入层经隐含层传向输出层,在输出端产生输出信号,这是工作信号的正向传播。在信号的向前传递过程中网络的权值是固定不变的,每一层神经元的状态只影响下一层神经元的状态。如果在输出层不能得到期望的输出,则转入误差信号反向传播。

(2) 误差信号反向传播 网络的实际输出与期望输出之间的差值即为误差信号,误差信号由输出端开始逐层向前传播,这是误差信号的反向传播。在误差信号反向传播过程中,网络的权值由误差反馈进行调节。通过权值的不断修正使网络的实际输出更接近期望输出。

下面以含有两个隐含层的 BP 网络为例,介绍 BP 算法具体学习过程。

图 10-12 中的 M 为输入层,I 和 J 分别是第一和第二隐含层,P 为输出层。m、i、j、p 分别是输入层、第一隐含层、第二隐含层和输出层的神经元数;w_{mi} 为输入层和第一隐含层神经元的权值,w_{ij} 为第一隐含层和第二隐含层神经元的权值,w_{jp} 为第二隐含层神经元和输出层神经元的权值。输出

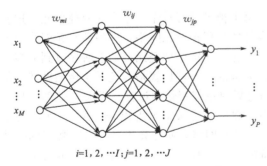

图 10-12 含有两个隐层的 BP 网络

层神经元的训练样本集为 $X=[X_1, X_2, \cdots, X_N]^T$,对应于任一训练样本 $X_k=[x_{k1}, x_{k2}, \cdots, x_{kM}]^T$ ($k=1, 2, \cdots, N$) 的实际输出为 $Y_k=[y_{k1}, y_{k2}, \cdots, y_{kP}]^T$,期望输出为 $d_k=[d_{k1}, d_{k2}, \cdots, d_{kP}]^T$。当输出层输出的误差 $E(n)=\frac{1}{2}\sum_{p=1}^{P}[d_{kp}(n)-y_{kp}(n)]^2=\frac{1}{2}\sum_{p=1}^{P}e_{kp}^2(n)$ 没有达到精度要求时,则向输入

层反向传播学习，沿途调整权值，使误差函数向负梯度方向变化，直到达到所要求的误差精度。BP 神经网络的程序流程如图 10-13 所示。

BP 算法具有简便、快速逼近等优点，但是 BP 算法仍然有缺点，例如收敛速度慢和容易陷入局部最小等，由于这些缺点的存在，使得实际中应用 BP 比较困难，因此，出现了一些改进算法。比较好的一种改进的算法是 BPx 改良法，这种方法是采用了动量法和学习速率自适应调整的策略。

$$w(k+1)=w(n)+a(n)D(n) \quad (10\text{-}47)$$
$$a(n)=2^\lambda a(n-1) \quad (10\text{-}48)$$
$$\lambda=\text{sign}[D(n)D(n-1)] \quad (10\text{-}49)$$

图 10-13　BP 神经网络的程序流程

式中，$w(n)$ 为 n 时刻的权值向量；$D(n)=\dfrac{-\partial E}{\partial w(n)}$ 为 n 时刻的负梯度；$D(n-1)$ 为 $n-1$ 时刻的负梯度；a 为学习速率，$a>0$；η 为动量因子，$0\leqslant\eta<1$。加入动量项实际上相当于阻尼项，可以减少学习过程中的振荡趋势。自适应学习速率先设定一个初值，然后利用乘法使之增加或减少，以保持学习速率快而且稳定，从而有效地抑制了网络陷于局部极小。

10.5.5.2　径向基函数网络

径向基函数（radial basis function，RBF）神经网络的基本思想是：用径向基函数作为隐单元的"基"，构成隐含层空间，隐含层对输入向量进行变换，将低维的模式输入数据变换到高维空间，使得在低维空间内不可分问题在高维空间内线性可分。

图 10-14　RBF 网络的示意图

RBF 神经网络是一种三层前向网络。输入层由信号源节点组成；第二层为隐含层，隐单元的变换函数是对中心点径向对称且衰减的非负非线性函数；第三层为输出层，它对输入模式作出响应。

图 10-14 为 RBF 网络的示意图。输入层有 M 个神经元，其中任一神经元用 m 表示；隐含层有 I 个神经元，$\phi(X, X_i)$ 为"基函数"，它是第 i 个隐单元的激励输出；输出层有 J 个神经元，其中任一神经元用 j 表示。隐含层与输出层突触权值用 w_{ij} 表示。当输入训练样本 $\varphi(r)=\exp\left[-\dfrac{(r-t)^2}{2\sigma^2}\right]$ 时，网络第 j 个输出神经元的实际输出为：

$$y_{kj}(X_k)=w_{0j}+\sum_{i=1}^{I}w_{ij}\varphi(X_k-t_i) \quad (10\text{-}50)$$

"基函数"一般选用高斯函数：

$$\varphi(r)=\exp\left[-\dfrac{(r-t)^2}{2\sigma^2}\right] \quad (10\text{-}51)$$

式中，t 为高斯函数的中心；σ 为方差。

RBF 神经网络结构简单、训练简洁而且学习收敛速度快，能够逼近任意的非线性函数，因此 RBF 网络有较广泛的应用。

10.5.6 支持向量机

基于数据的机器学习是现代智能技术中的重要方面，化学计量学中的线性回归、非线性回归和人工神经网络等传统机器学习算法都是以统计学的渐进理论为依据的，该理论的统计前提是统计规律要在训练样本接近无穷大时才逼近实际值，化学化工实际工作中一般只能得到有限数量的样本，忽视这一矛盾是造成实际计算中过拟合弊病的重要原因，这就迫切需要一种针对小样本的统计预报方法。

针对经典统计数学这一弱点，Vapnik 等人在 20 世纪 90 年代初期提出了一个较完善的基于有限样本的理论体系，即统计学习理论，它是建立在结构风险最小化原则以及 VC 维概念基础上的一种小样本统计学习理论，为机器学习问题提供了一个较好的理论框架。到 20 世纪 90 年代中期，随着其理论的不断发展和成熟，统计学习理论开始受到越来越广泛的重视，Vapnik 等又在其基础上提出了支持向量机，它根据有限的样本信息在模型的复杂性和学习能力之间寻求最佳折中，以期获得最好的泛化能力，算法最终将转化为一个二次寻优问题，从理论上说，得到的将是全局最优点。支持向量机既能处理非线性问题，又能抑制传统算法（如人工神经网络等）常遇到的过拟合弊病。对于线性可分问题的二值分类，支持向量机产生一个满足分类要求的最优分类超平面，使得训练集中属于不同类别的点正好位于该超平面的两侧，并且使平面两侧的空白区域最大化。核函数的引入使得在原空间线性不可分的情况转换为高维空间的线性可分问题来解决，这个特殊的性质能保证机器有很好的泛化性能，同时它巧妙地解决了维数问题。

与传统统计学相比，统计学习理论是一种专门研究小样本情况下机器学习规律的理论。它避免了人工神经网络等方法的网络结构难于确定、过拟合和欠拟合以及局部极小等问题，被认为是目前针对小样本的分类、回归等问题的最佳理论。

机器学习的目的是根据给定的训练样本求出对系统输入输出之间的依赖关系的估计，使它能对未知样本的输出做尽可能准确的预测，并且通过定义风险函数（risk function）对学习效果进行评估。学习的目的就是使得期望风险最小，而期望风险无法直接计算，所以一般都是用经验风险最小化来代替期望风险最小化。

Vapnik 等人就传统的经验风险 $[R_{emp}(w)]$ 和实际的期望风险 $[R(w)]$ 的关系提出了以下结论：对于两类问题，对只有 0 和 1 两种取值的函数，经验风险和实际的期望风险之间至少以概率 $1-\eta$ 满足如下关系。

$$R(w) \leqslant R_{emp}(w) + \sqrt{\frac{h\left(\ln\frac{2l}{h}+1\right) - \ln\frac{\eta}{4}}{l}} \tag{10-52}$$

式中，h 为函数集的 VC 维，它定义为能被集合中的函数以所有可能的 $2h$ 种方式分成两类的向量的最大数目 h；l 为样本数。

由上式可以看出，实际风险由两部分组成：一个是经验风险，另一个是置信范围。那么统计学习所要解决的问题就是在保证分类精度的同时 $[R_{emp}(w)$ 最小$]$ 降低学习机器的 VC 维，从而使学习机器在整个样本集上的期望风险得到控制，这就是结构风险最小化的基本原理。

10.5.6.1 线性可分

对于线性可分的情况，基本思想可用二维情况（图 10-15）说明。图中，H 为两类的分类线，$H1$ 和 $H2$ 分别为穿过两类中离分类线最近的点且平行于分类线的直线，$H1$ 和 $H2$ 之间的距离称为两类的分类间隔，**SVs** 为支持向量。

所谓最优分类线就是要求分类线不但能将两类样本正确地分开，而且要使两类的分类间隔最大。前者是保证经验风险最小，后者是保证置信范围最小，从而达到实际风险最小。如果推广到高维，最优分类线就称为最优超平面。

训练样本集假定为 $\{(x_i, y_i), i=1,2,\cdots,l\}$，其中 $x_i \in R^N$ 为输入值，$y_i \in R$ 为对应的目标值，l 为样本数。如果由子集 $y_i = +1$ 代表的模式和 $y_i = -1$ 代表的模式是线性可分的，那么用于分离的超平面形式的决策曲面方程是：

图 10-15　最优超平面示意图

$$f(x) = w^T x + b = 0 \tag{10-53}$$

式中，x 为输入向量；w 为可调的权值向量；b 为偏置。对于一个给定的权值向量和偏置，由方程（10-53）定义的超平面和最近的数据点之间的间隔被称为分离边缘。支持向量机的目标就是找到一个特殊的超平面，对于这个超平面分离边缘最大。在这个条件下，决策曲面称为最优超平面。

为了使分类面对所有的样本正确分类并使得分类间隔最大，就要求它满足如下条件：

$$w^T x_i + b - 1 \geqslant 0 \tag{10-54}$$

$$\text{Maximize Margin} = \frac{2}{\|w\|} \tag{10-55}$$

引入 Largrange 函数解决上面问题，得到的最优分类函数为：

$$f(x) = \text{sign}\left[\sum_{i=1}^{l} y_i a_i (x_i x) + b\right] \tag{10-56}$$

10.5.6.2　线性不可分

线性划分的理想情况是训练样本集可以完全线性分离。当训练样本集不能线性分离（训练样本有重叠现象）时，可以通过引入松弛变量而转化为线性可分的情况。松弛变量一般用于度量一个数据点对于模式可分的理想条件的偏离程度。线性不可分的原问题就是在条件[式(10-55)]的约束下寻找最小化代价函数[式(10-58)]：

$$y_i (w^T x_i + b) \geqslant 1 - \zeta_i \quad i = 1, 2, \cdots, N \tag{10-57}$$

$$\Phi(w, \xi) = \frac{1}{2} \|w\| + C \sum_{i=1}^{N} \xi_i \tag{10-58}$$

式中，C 为一个指定的常数，称为正则化系数，它控制对错分样本的惩罚程度，C 越大表示对错误的惩罚越重。

在式(10-57)的约束条件下求式(10-58)的最小值，即折中考虑最大分类间隔和最少错分样本，同样利用 Largrange 函数，把原问题转化为对偶问题加以解决，就可以得到线性不可分情况下的最优超平面。

10.5.6.3　非线性问题

当涉及非线性可分问题时，SVM 首先通过引入核函数将输入变量映射到一个高维特征空间，使在输入空间线性不可分的问题在高维特征空间中线性可分，然后在高维的特征空间中构造最优分类面。

该超平面通过解决如下的二次规划问题得到：

$$\text{Max} \sum_{i=1}^{l} a_i - \frac{1}{2} \sum_{i=1}^{l} \sum_{j=1}^{l} a_i a_j y_i y_j K(x_i, x_j) \tag{10-59}$$

其中，$\sum_{i=1}^{l} a_i y_i = 0$ ($0 \leqslant a_i \leqslant C$)，$K(x_i, x_j)$ 为核函数。

常用的几个核函数如下：

多项式核函数：

$$K(x,y) = (xy+1)^p \tag{10-60}$$

Gauss 径向基核函数：

$$K(x,y) = \exp\{-\|x-y\|^2/2\sigma^2\} \quad (\sigma \text{ 为核函数宽度}) \tag{10-61}$$

Sigmoid 函数：

$$K(x,y) = \tanh(\kappa x y - \delta) \tag{10-62}$$

求解上面的问题得到的最优分类函数为：

$$f(x) = \text{Sgn}\left[\sum_{i=1}^{l} y_i a_i K(x_i, x) + b\right] \tag{10-63}$$

采用 SVM 算法，我们可以有如式(10-61) 所示的分类函数 $f(x)$。对待识别样本，当分类器 $f(x) > 0$ 时，为指定类别；否则即为非指定类别。

10.6 数据库挖掘技术

10.6.1 聚类算法

聚类是一种常见的数据分析工具，其目的是把大量数据点的集合分成若干类，使得每个类中的数据之间最大程度的相似，而不同类中的数据最大程度的不同。常见的聚类算法主要包括层次聚类算法（hierarchical clustering method）、分割聚类算法（partitioning clustering method）、基于密度的方法（density-based methods）、基于网格的方法（grid-based methods）等。

层次聚类算法，是通过将给定的数据集组织成若干组数据，并形成一个相应的树状图，进行层次式的分解，直到某种条件满足为止，具体又可分为"自底向上"和"自顶向下"两种算法。这两种算法的思路正好相反，前者是将每个对象都作为一个单体，再进行聚合，最后得到相应的结果，而后者是将所有对象看成一个整体，再进行分解。

分割聚类算法，是先将数据集分成 k 个分组，每一个分组就代表一个聚类，然后从这 k 个初始分组开始，然后通过反复迭代的方法改变分组，使得每一次改进之后的分组方案都较前一次好，最终使同一分组中的样本之间的距离越来越近，不同分组中的样本原来越远，从而得到最优解。

基于密度的方法与其他方法的最主要区别在于：它不基于各种距离，而是从数据对象的分布密度出发，将密度足够大的相邻区域连接起来，从而可以发现具有任意形状的聚类，并能有效处理异常数据。

基于网格的方法则是从对数据空间划分的角度出发，利用属性空间的多维网格数据结构，将数据空间划分为有限空间的单元，以构成一个可以进行聚类分析的网格结构。该方法的主要特点是处理时间与数据对象的数目无关，但与每维空间划分的单元数相关，而且，这种方法还与数据的输入顺序无关，可以处理任意类型的数据，但是聚类的质量和准确性降低了。

10.6.2 决策树算法

决策树是一种类似于流程图的树结构，每个内部节点（非树叶节点）表示在一个属性上测试，每个分支代表一个测试输出，而每个树叶节点（或终节点）存放一个类标号。决策树算法主要围绕决策树的两个阶段展开：第一阶段，决策树的构建，通过递归的算法将训练集生成一棵决策树；第二阶段，由测试数据检验生成的决策树，消除由于统计噪声或数据波动对决策树的影响，来达到净化树的目的，得到一棵正确的决策树。常见的决策树算法主要有 ID3 算法、C4.5 算法、CART 算法、SPRINT 算法等。

10.7 Web 数据挖掘技术

Web 挖掘是从 Internet 网络资源上挖掘有趣的、潜在的、有用的模式及隐藏信息的过程，它是数据挖掘技术应用于网络资源进行挖掘的一个新兴研究领域。Web 数据挖掘是从数据挖掘发展而来，是数据挖掘技术在 Web 技术中的应用。Web 数据挖掘是一项综合技术，通过从 Internet 上的资源中抽取信息来提高 Web 技术的利用效率，也就是从 Web 文档结构和试用的集合中发现隐含的模式。Web 挖掘的分类方法有很多，如按 Web 文本的语言分、按挖掘站点的属性（如企业门户、政府、个人站点）分等。目前多数人倾向于根据挖掘对象的不同，把 Web 挖掘大致分为三类（图 10-16）：Web 内容挖掘（Web content mining）、Web 结构挖掘（Web structure mining）、Web 日志挖掘（Web log mining）。

图 10-16　Web 挖掘分类

10.7.1　Web 内容挖掘

Web 内容挖掘是对 Web 页面内容进行挖掘，从 Web 文档的内容信息中抽取知识。它分为 Web 文本挖掘和 Web 多媒体挖掘。Web 内容挖掘是对 Web 上大量文档的集合进行总结、分类、聚类与关联分析来获取有用信息，Web 页面的内容主要分为三类：无结构的自由文本、半结构的超文本文档和结构化的文档。Web 内容挖掘的主要目的是改进信息查询与过滤的过程，通过建立新的 Web 数据模型，以便可以进行不只是基于关键字的更复杂的查询。Web 文本/超文本的内容挖掘是 Web 内容挖掘的重点，但是作为 Web 内容挖掘一部分的多媒体数据挖掘在近几年来也受到许多研究人员的关注。

10.7.2　Web 结构挖掘

Web 结构挖掘的基本思想是先将 Web 看作一个有向图，它的顶点是 Web 页面，边是页面间的超链接，然后利用图论对 Web 的拓扑结构进行分析。Web 结构挖掘可对 Web 页面之间的超链结构、页面内部结构和 Web 中的目录路径结构进行挖掘，从中抽取知识。Web 在逻辑上可以用有向图表示出来，页面对应图中的点，超级链接对应图中的边。

10.7.3　Web 日志挖掘

Web 日志挖掘（Web log mining）又称为 Web 使用记录挖掘，主要目标是从 Web 的访问记录中发现感兴趣的模式。通过分析不同 Web 站点的访问日志来帮助人们理解 Web 结构和用户的行为，从而改进站点的结构，或为用户提供个性化的服务。Web 日志挖掘可分为基于 Web 事物的方法和基于数据立方的方法。前者是先将用户会话划分成事物序列，然后采用数据挖掘的方法挖掘频繁路径等知识，后者则将 Web 日志组织成数据立方用于数据挖掘。

化学计量学

化学计量学（chemometrics）诞生于 20 世纪 70 年代初期，是一门新兴的化学分支学科，亦是一门由化学、统计学以及计算机科学三者交叉而形成的一门新学科（http://www.chemometrics.se/）。1971 年，瑞典一名年轻的化学家 S. Wold 在基金申请定名时，提出了"化学计量学"这一名词，"化学计量学"从此问世。美国华盛顿大学的 Kowalski 教授非常赞赏该词，于 1974 年 6 月 10 日在美国西雅图华盛顿大学创建了国际化学计量学学会（ICS），并给化学计量学提出了一个明确的定义："化学计量学是一个化学分支，它利用数学和统计学方法进行设计，选择最优的测量程序和实验方案，并通过对化学数据的分析，最大限度提供化学信息。"20 世纪 80 年代后期，化学计量学已成为一门专门的课程进入到化学教学大纲，很多有名的分析化学杂志，如 *Analytical Chemistry* 等也出现了大量化学计量学方面的文章，与此同时，专门出版化学计量学的学术期刊也相继问世，如 1986 年创办了 *Chemometrics and Intelligent Laboratory Systems* 和 1987 年创办了 *Journal of Chemometrics*。20 世纪 90 年代后，由于计算机及软件技术的飞速发展，使得化学计量学的方法得到了空前的发展。

第 11 章

QSAR及药物设计

11.1 概述

定量构效关系（quantitative structure-activity relationship，QSAR）是依据化合物的结构决定其性质这一基本假设而建立的一种使用模型来表征分子结构与其某种活性之间的定量关系的方法。它是化学和生物信息学的重要研究领域之一，是一种借助分子的理化性质参数或结构参数等，应用数学、统计学、人工智能或数据挖掘等手段定量研究有机小分子与生物大分子相互作用，有机小分子在生物体内吸收、分布、代谢、排泄等生理相关性质的方法，旨在发现和建立化学结构和生物活性或其他性质的定量关系。其目的是研究药物生理活性［吸收（absorption）、分布（distribution）、代谢（metabolism）、排泄（excretion）以及不良反应（toxicity）等］和药物分子结构参数间的量变规律并建立相应的数学模型，进而研究药物的作用机理，从而用于预测未知化合物的生物活性，探讨药物的作用机理，指导新药的设计和合成。这种方法广泛应用于药物、农药、化学毒剂等生物活性分子的设计，一定程度上揭示了药物分子与生物大分子结合的模式，预测或解释了有机小分子的药理活性。在药物设计中，可利用受体或药理作用靶位特点，结合化合物分子的量子化学参数或结构参数，通过经验方程设计新化合物结构，在体外模拟其生物活性，有目的地合成新药物分子。

在结构-活性（结构-性质）的定量关系研究中，主要是以分子的加和性为基础的，因为分子中的原子、基团和化学键等对分子某种性质的贡献都是固定的，因此可以将各种贡献进行加和。这种定量研究分子结构和活性或性质关系的方法称为定量构效关系方法。虽然结构-活性（quantitative structure-activity relationship，QSAR）和结构-性质（quantitative structure-property relationship，QSPR）关系应该是两个方面的内容，但是由于其原理是一样的，因此我们将不加区分地统称为定量构效关系（QSAR）。

定量构效关系是一种尝试通过对一系列结构相似的药物分子进行分析，从而找到一个分子性质参数和生物活性之间的关系模型，并通过这个模型去预测或设计具有药效的新型分子的结构与性质。进行 QSAR 研究时需要推导一个反映分子性质和生物活性间关系的方程，称为 QSAR 方程。一般 QSAR 方程是一种线性方程，它将生物活性（在方程中通常作为因变量）与计算得到或实验测定的一系列分子的性质（在方程中通常作为自变量）关联起来。一般 QSAR 方程形如 $BA = \text{const} + C_1 P_1 + C_2 P_2 + C_3 P_3 + \cdots + C_n P_n$，其中 BA 代表生物活性；$P_1$、$P_2$、$\cdots$、$P_n$ 代表活性分子的性质参数；而 C_1、C_2、$\cdots$、C_n 则代表方程的拟合系数。其研究的一般步骤为：(1) 相关化合物的收集和结构绘图；(2) 化合物的结构优化；(3) 分子特征的计算和提取；(4) 最优特征子集选择；(5) 有效的数学模型构建。上述步骤中，最关键的一步是化合物的最优特征子集选择，它决定着整个模型的优劣。

11.2 QSAR 模型的分类

定量构效关系是随着药物化学这门学科的产生，并在传统构效关系的基础上结合物理化学中常用的经验方程的数学表达方法出现的。其理论历史可以追溯到英国药理学家 Fraser 和化学家 Crum Brown 在 1868 年提出的 Crum-Brown 方程。该方程认为化合物的生理活性可以用化学结构的函数来表示，提出了化合物的生理活性依赖于其组分的理论，药物构效关系研究由此从定性研究发展到定量研究。但这一理论没有能够指明何为组分，也没有阐明组分与活性的具体关系，并未建立明确的函数模型，只是对药物构效关系的一种模糊和朦胧的认识。1951 年，药物化学家 Friedman 将等电子体的概念引入药物化学领域，提出了生物电子等排体的概念，这一概念将结构化学中电子排布和化学性质的理论引入了药物化学研究领域，成为指导进行结构改造、优化先导化合物的一个重要概念。一般而言，QSAR 模型可以分为二维定量构效关系（2D-QSAR）、三维定量构效关系（3D-QSAR）和多维定量构效关系（nD-QSAR）三类。

11.2.1 二维定量构效关系（2D-QSAR）

二维定量构效关系（2D-QSAR）是发展最早的一类定量构效关系研究方法。传统的二维定量构效关系（2D-QSAR）方法很多，其中具有典型代表性的有两种：Hansch 分析法和 Free-Wilson 分析法。

11.2.1.1 Hansch 分析法

早在 19 世纪人们就意识到，化合物的一些性质（如药物的生理作用）与其结构具有相关性，并认为两者之间的关系可以借助于数据工具（如线性回归等方法）予以描述。19 世纪 40 年代，Hammett 在其经典著作"Physical Organic Chemistry"中提出了线性自由能关系 LFER（linear free energy relationship）。19 世纪 60 年代，构效关系研究进入定量时代，最早实现的定量构效关系方法是美国波蒙拿学院的 Hansch 在 1962 年提出的 Hansch 方程，也称为自由能相关模型或线性自由能模型。Hansch 方程以生理活性物质的半数有效量作为活性参数，以分子的电性参数、立体参数和疏水参数作为线性回归分析的变量。Hansch 法最初可以表达为下面的公式：

$$\lg(l/c) = a\lg P + b\sigma + cE + \cdots + \mathrm{constant} \tag{11-1}$$

即活性和疏水性参数 $\lg P$、电负性参数 σ 以及立体参数 E 有关。后来 Hansch 发现药物要交替穿过水相和类脂构成的体系，其移动难易程度和 $\lg P$ 呈现出函数关系。如果经过一定时间后药物在最末一相中浓度为 $\lg c$，则以 $\lg c$ 对 $\lg P$ 作图，可以发现它们之间的关系为一抛物线。因此，Hansch 和日本访问学者藤田稔夫等人引入了指示变量、抛物线模型和双线性模型对 Hansch 方程进行修正，使得方程的预测能力有所提高。上式的抛物线模型又可以写成下面的形式：

$$\lg(l/c) = a(\lg P)^2 + b\lg P + c\sigma + cE + \cdots + \mathrm{constant} \tag{11-2}$$

第一个式子[式(11-1)]适用于体外活性数据，而第二个式子[式(11-2)]适用于体内活性数据。

Hansch 方法的核心是使用化学计量学方法建立一个描述药物分子性质的各种参数和生物活性之间关系的方程。它假设同系列化合物某些生物活性的变化是和它们某些可测量物理化学性质的变化相联系的。这些可测量的性质包括疏水性、电子效应和空间立体性质等，都有可能影响化合物的生物活性。Hansch 法假定这些性质是彼此独立的，故采用多重自由能相关法，借助多元线性回归等统计方法就可以得到定量构效关系模型。

Hansch 方法的优点是理化基础比较明确，研究者可以很容易地理解 QSAR 方程的意义。然而在 Hansch 等人最初所采用的构效关系模型中，仅采用了一些简单的分子参数。对于一个分子来说，描述其不同特征的分子参数众多，比如各种拓扑参数、热力学参数、量化计算得到的参数以及分子形状参数等，研究结果表明应用这些参数往往能得到更好的结果，同时从众多的参数中选择合理的参数能进一步改善模型的效果。因此在实际应用过程中，我们总是尽量选择最佳参数来得到最有效的模型，而不必局限于 Hansch 所提出的参数。

QSAR 研究涉及的参数众多，大致可以分为如下几类：(1) 拓扑类参数，如结构片段、拓扑指数和分子连接指数等；(2) 几何参数，如键长、键角、二面角、分子体积、表面积和分子形状等；(3) 电子类参数，如电荷、能量、电子和轨道密度、极性和偶极距等；(4) 物理化学性质类参数，如亲脂性参数和疏水性参数等；(5) 其他参数，如各类参数的综合和取代基效应参数等。

Hansch 法的研究步骤是：(1) 化合物的计算机辅助设计与合成；(2) 化合物活性的测定；(3) 测定化合物的理化与结构参数；(4) 进行定量构效关系研究；(5) 评估定量构效关系模型。Hansch 法建模时，要保证：(1) 具有不同理化性质的取代基的化合物分子多样性，各理化与结构参数的变化区间要大，各参数间不存在多重共线性，回归拟合方程的标准偏差要小；(2) 应当利用回归分析方法及统计学规律来判断取代基的各种效应对生物活性的贡献大小；(3) 模型要具有一定的物理化学和药理学意义。Hansch 法是一种经典的、被广泛应用的、理论最完善的 QSAR 方法，根据方程式就可以解释化合物的活性机理和预测新化合物的活性，还可能设计出全新的具有更高生物活性的化合物。但是 Hansch 法也存在明显的缺点：一元回归对一元线性关系的识别具有较好的效果，但不易解释作用机理；多元回归对参数建模较为有效，但要求建模的变量数不能太多，必须有恰当的取代基性质参数；只能适用于系列同源物的定量结构活性关系研究，化合物的数目越多越好，一般化合物数目为构建模型时参数的 5~10 倍；构建的模型主要针对小分子化合物，对于生物系统中较复杂大分子就显得无能为力；建立在化合物二维结构基础上的物化参数只能表征化合物中原子间的连接顺序、方式以及可能存在的几何异构体，而对于各种构象异构体则不能明确表征。

二维定量构效关系的出现，在药物化学领域产生了很大影响，使得人们对构效关系的认识从传统的定性水平上升到定量水平。定量的结构活性关系也在一定程度上揭示了药物分子与生物大分子结合的模式。在 Hansch 方法的指导下，人们成功地设计了诺氟沙星等喹诺酮类抗菌药。尽管如此，我们也应该注意到 Hansch 方法仅适用于具有相同作用机理的同源物，即取代基不同但具有相同作用机理的同源化合物。

几乎在 Hansch 方法发表的同时，Free 等人发表了 Free-Wilson 方法，这种方法直接以分子结构作为变量对生理活性进行回归分析，其在药物化学中的应用范围远不如 Hansch 方法广泛。由于二者均是将分子作为一个整体考虑其性质，并不能细致地反映分子的三维结构与生理活性之间的关系，因而又被称作二维定量构效关系。此外除了传统的线性回归方法，一些新的数理统计方法也被用于构效关系研究中，如偏最小二乘法、人工神经网络、遗传算法及支持向量机等，这些新方法的应用大大推动了 2D-QSAR 方法的发展。

11.2.1.2 Free-Wilson 分析法

尽管 Hansch 分析方法取得了一定范围的成功，但 Hansch 分析方法有两个主要弊端：第一，它需要使用大量具有某些结构组合的化合物来进行验证，容易产生组合爆炸问题；第二，它没有考虑到构象效应对药物分子活性的影响。为避免 Hansch 分析方法中出现的组合爆炸问题，Free 和 Wilson 提出了另一种分析方法。该方法假定分子的母体化合物和各取代基的活性是恒定的，可以通过加和的方式得到整个分子的活性，即药效分子的生物活性与取代基之间的关系可以用下式表达：

$$活性 = A + G_{ir}X_{ir} + G_{js}F_{js} \tag{11-3}$$

式中，A 为一系列化合物生物活性的平均值；X_{ir} 为在 r 位置上存在（等于1）或不存在（等于0）的第 i 个官能团；F_{js} 为在 s 位置上存在（等于1）或不存在（等于0）的第 j 个结构因素；G_{ir}、G_{is} 为 X_{ir}、F_{js} 对活性的影响大小。该式的含义为：化合物的生物活性为母体化合物的活性与取代基的贡献之和，为全有或全无，即1与0两个数值。此参数与取代基自由能的变化无关，故此法属于非自由能相关模型。在设计化合物时要注意，应使每个位置上某取代基的出现次数不少于两次，而且要使某特定位置上每个取代基出现的次数大致相等。此外，不要使某两个取代基总以固定的搭配形式出现。此法只能预测用于导出方程时的那些取代基的组合物的活性，超出导出方程的取代基范围，则无法预知其生物活性。Free-Wilson 方法与 Hansch 方法具有相似之处，两法都认为化合物生物活性为取代基的贡献之和，不过前者认为化合物生物活性强弱是取代基本身的影响，而 Hansch 法则以物化参数解释这种贡献。Hansch 法使用的指示变量实际上就是 Free-Wilson 法中的结构参数。Free 和 Wilson 作了这样的假设：在一系列的母体衍生物中，它们的生物活性是在某些特定位置上的取代基所产生的活性加和，即：

$$衍生物活性 = 母体衍生物的活性均值 + \sum_{i,j} 取代基\, i\, 在位置\, j\, 上的活性贡献$$

Free-Wilson 法是一种简单的数学模型，不使用经验、半经验参数，优点是对化合物作用时活性构象变化及生物体系中的渗透性等因素进行了忽略，根据化合物的生物活性和结构输出结果，活性与官能团特征参数间的关系得到直观反映，可从整体上认识化合物，初步判断官能团的重要性。同时，Free-Wilson 法也存在一些缺点：基准化合物的选择较难；未考虑药物与生物体的相互作用，以存在或不存在来分析太武断，不能对许多现象进行合理的解释；同样要求较多的化合物数目；所选的结构参数缺乏明确的物理意义。这些不足限制了 Free-Wilson 法的广泛应用。在实际的应用中，Free-Wilson 方程也得到了一些修正和进一步的发展，如 Free-Wilson 模型和 Hansch 模型的混合模型。

因为 Free-Wilson 方程与 Hansch 方程中都存在线性部分，且 Free-Wilson 方法中的取代基部分活性与 Hansch 法中的物化参数间存在着一定的关联，所以，将这两个方法综合可得到双线性模型，这样活性与取代基性质的相关性表达得更加准确，故利用其预测生物活性将更加实用。

11.2.2 三维定量构效关系（3D-QSAR）

由于二维定量构效关系不能精确描述分子三维结构与生理活性之间的关系，随着构效关系理论和统计方法的进一步发展，20世纪80年代以来，Cramer 等人提出以小分子化合物和受体分子的三维结构为基础，根据它们的相互作用能量来定量分析分子结构和生物活性之间关系的方法，我们统称为三维定量构效关系（3D-QSAR）方法，比如距离几何方法（distance geometry）、分子形状分析（molecular shape analysis）和比较分子场分析法（comparative molecular field analysis）等。同 2D-QSAR 相比较，3D-QSAR 具有更加明确的物理化学意义，较好地间接反映分子和药物靶点间的相互作用关系。尽管 2D-QSAR 中也有一些参数是根据分子的三维结构计算而来的，如分子的立体参数、电荷、能量、三维拓扑指数等，但这些参数通常是根据配体分子的某个特定构象计算而来的，并没有综合地考虑配体分子和受体分子相互作用的动态过程的一些变化，因此它们仍属于 2D-QSAR 范畴。

3D-QSAR 自20世纪末提出以来，便得到了迅速的发展和广泛的应用。1980年前后人们开始探讨基于分子构象的三维定量构效关系的可行性。1979 年,Crippen 提出"距离几何学的 3D-QSAR";1980 年,Hopfinger 等人提出"分子形状分析方法";1988 年,Cramer 等人提出了"比较分子场方法(CoMFA)",比较分子场方法一经提出便席卷药物设计领域,成为应用最广泛的基于定量构效关系的药物设计方法;20 世纪 90 年代,出现了在比较分子场方法基础上改进的"比较分子相似性方法"以及在"距离几何学的 3D-QSAR"基础上发展的"虚拟受体方法"等新的三维定量构效关系方法。在 3D-QSAR 方法中,比较分子场分析(comparative molecular field analysis,CoMFA)方法是目前最为成熟且应用最为广泛的方法。

11.2.2.1　比较分子场分析(comparative molecular field analysis,CoMFA)方法

1988 年,Cramer 等提出了基于分子空间结构的比较分子场方法,即所谓的 CoMFA 方法。CoMAF 方法通过分析分子在三维空间内的疏水场、静电场和立体场分布,以这些参数为变量对药物活性做回归分析。CoMFA 的基本原理是:如果一组相似化合物以同样的方式作用于同一靶点,那么它们的生物活性就取决于每个化合物周围分子场的差别,这种分子场可以反映药物分子和靶点之间的非键相互作用特性。其计算可以简单分为四个步骤:(1)首先确定药物分子的活性构象,再按合理的重叠规则(一般为骨架叠加或场叠加)进行药物分子的构象叠合;(2)在叠合好的分子周围均匀划分固定步长的格点,在每个格点上用一个探针离子来评价格点上的分子场的空间分布特征(一般为静电场和立体场,有时也包括疏水场和氢键场);(3)接着通过偏最小二乘方法建立化合物活性和分子场特征之间的关系并给出各种分子面的等势能面;(4)根据分子的等势能面绘制相互作用的 CoMFA 系数图,从而可以直观地看到不同格点的力场对生物活性的影响。其基本流程见图 11-1。

近年来,研究人员对传统的 CoMFA 进行了大量的改进,其中涉及活性构象的确定、分子叠加规则、分子场势函数的定义以及分子场变量的选取等,在很大程度上提高了 CoMFA 计算的成功率。其中最具有代表性的可能就是比较分子相似因子分析(comparative molecular similarity indices analysis,CoMSIA)方法。CoMFA 通过比较同系列分子附近空间各点的疏水性、静电势等理化参数,将这些参数与小分子生理活性建立联系,从而指导新化合物的设计。相比于 Hansch 方法,CoMFA 方法考虑到了分子内部的空间结构,因而被称为三维定量构效关系。目前 CoMFA 方法和由 CoMFA 改进而成的 CoMSIA 方法(即比较分子相似性指数法)已经成为应用最广泛的合理药物设计方法。虽然 CoMFA 方法取得了很大的成绩,但仍然具有一定的不足:分子的排列是 CoMFA 模型中最关键最困难的问题,即化合物与受体作用位点结合的方向,过程中任何小误差的出现都将导致计算结果的不精确。另外,CoMFA 法中的偏最小二乘潜变量物理意义欠明确。随着分子模拟技术的发展和 CoMFA 方法的广泛应用,CoMFA 方法的缺陷也渐显端倪,所以人们对 CoMFA 方法做了大量修正和改进,产生了一些新的 CoMFA 方法,特

图 11-1　基本的 CoMFA 计算流程

别是遗传算法的引入，给传统 CoMFA 方法注入了新的活力。

11.2.2.2 比较分子相似因子分析法

与 CoMFA 方法相比，CoMSIA 方法最大的不同就是分子场的能量函数采用了与距离相关的高斯函数的形式，而不是传统的 Coulomb 和 Lennard-Jones 6-12 势函数的形式。CoMSIA 方法中共定义五种分子场的特征，包括立体场、静电场、疏水场以及氢键场（包括氢键给体场和氢键受体场）。这五种分子场可以通过公式计算得到。CoMSIA 方法由于采用了与距离相关的高斯函数形式，可以有效地避免在传统 CoMFA 方法中由静电场和立体场的函数形式所引起的缺陷。由于分子场能量在格点上迅速衰退，因而不需要定义能量的截断（cutoff）值。在对一些实际体系进行分析时，采用不同的格点数，且对体系均采用全空间搜索策略，结果显示 CoMFA 方法计算对不同的格点大小值以及叠合分子不同的空间取向非常敏感，采用不同的空间取向时，回归系数的差值最大可以达到 0.3 以上，而 CoMSIA 方法在计算不同格点大小取值和分子空间取向下得到的结果则稳定得多，在一般情况下，使用 CoMSIA 方法计算会得到更加满意的 3D-QSAR 模型。

11.2.2.3 距离几何法

距离几何法三维定量构效关系，严格来讲是一种介于二维和三维之间的 QSAR 方法。这种方法假定配体分子的活性基团与受体分子间的结合位点是相互作用的，它首先将药物分子划分为若干功能区块定义药物分子活性位点，计算低能构象时各个活性位点之间的距离，形成距离矩阵；同时定义受体分子的结合位点，获得结合位点的距离矩阵，通过活性位点和结合位点的匹配为每个分子生成结构参数，对生理活性数据进行统计分析。其基本步骤一般为：①估计配体分子和药物分子可能的相互作用基团和位点；②计算配体分子的距离矩阵；③根据受体分子结合位点的距离矩阵等计算确定受体分子的结合位点分布。

11.2.2.4 分子形状分析法

1980 年，Hopfinger 等提出了分子形状分析法（molecular shape analysis，MSA），分子形状分析认为药物分子的药效构象是决定药物活性的关键，比较作用机理相同的药物分子的形状，以各分子间重叠体积等数据作为结构参数进行统计分析获得构效关系模型。其基本步骤一般为：①分析药物分子的构象，得到分子构象库；②确定分子的活性构象；③根据分子的活性构象选定参考构象；④将其他分子构象与参考构象进行重叠；⑤根据重叠构象确定公共重叠体积和其他的分子特征；⑥最后根据重叠体积和分子特征，建立 QSAR 模型。

11.2.2.5 虚拟受体方法

虚拟受体方法（pseudoreceptor model，PM）是 3D-QSAR 和 CoMFA 方法的延伸与发展，其基本思路是采用多种探针粒子在药物分子周围建立一个虚拟的受体环境，以此研究不同药物分子之间活性与结构的相关性。其原理较 CoMFA 方法更加合理，是目前定量构效关系研究的热点之一。虚拟受体的方法主要有 3 种：Compass 方法、GERM 方法和 RSM 方法。

11.2.3 多维定量构效关系

在这里，多维定量构效关系（nD-QSAR）主要是指 4D-QSAR 和 5D-QSAR。在多数情况下，主要涉及配体结构和活性数据的经典的 3D-QSAR 分析，没有考虑到受体的结构和活性，这样有失妥当。因为在进行 QSAR 分析时，我们既要考虑配体分子本身结构和活性，同时又要考虑受体生物大分子的结构，也就是要充分顾及配体与受体的相互作用模式。只有考虑到两者的影响进行的药物分子设计筛选，才能称得上是合理药物设计。1997 年，

Hopfinger 等提出了 4D-QSAR 的概念，首次采用遗传算法选择分子动力学产生的构象来产生最佳的构效关系模型。在这个方法中，作者用每个格点对应的原子占有率来作为 PLS 的变量，作者根据原子的不同特征定义了七种不同种类的原子模型。在 4D-QSAR 方法中，作者考虑了药物分子的整个构象空间，而不是一个分子，而且考察了多种原子叠合方式，因此在概念上比传统的 CoMFA 方法有了一定的进步。2002 年，Vendani 和 Dobler 提出了 5D-QSAR 的概念，它不仅综合考虑了配体分子和受体分子的构象，而且还考虑它们的相互作用，更进一步地考虑了配体和受体相互作用的环境因素等影响空间作用的外部因素。因为 4D-QSAR、5D-QSAR 能够准确模拟受体环境，因此其预测能力比 3D-QSAR 有了较大的提高，但由于考虑的受体影响因素过多，模型优化起来比较复杂，计算量比较大，因而限制了其广泛的应用，所以 2D-QSAR、3D-QSAR 方法依然在药物定量构效关系研究方面占据重要的地位。

随着计算机技术、分子模拟技术、分子生物学、分子药理学及各种组学的快速发展，定量构效关系也得到了飞速演变，由经典的可解释的 2D-QASR 到形象直观的 3D-QSAR，再到能恰当模拟分子全部构象的 4D-QSAR，直到模拟诱导契合 5D-QSAR，使人们对药物小分子与受体的相互作用有了更深入的认识，这对药物分子设计和先导化合物改造有十分重要的意义。

此外，除了上面提到的 Hansch 方法、Free-Wilson 方法、CoMFA 方法、CoMSIA 方法，还有分子连接性方法、电子拓扑法、H-QSAR 方法、模式识别法等定量构效关系研究方法。

11.2.4　方法评价

虽然 3D-QSAR 或 4D-QSAR 等定量构效关系是引入了药物分子三维结构信息进行定量构效关系研究的方法，这些方法间接地反映了药物分子与大分子相互作用过程中两者的非键相互作用特征，相对于二维构效关系有更加丰富的信息量，但由于 3D-QSAR 方法采用了缺乏明确物理化学意义的偏最小二乘潜变量，不能给出定量的合理的概念，仅适用于绝大部分药效学数据，比如以细胞、受体或酶测定的体外数据，而不宜应用于包含药动学成分的活性数据处理。2D-QSAR 方法恰好在此方面弥补了 3D-QSAR 方法存在的不足（如 Hansch 法），即 2D-QSAR 方法大都使用具有明确物理意义的参数或结构描述符，适用于药动学和体内的活性数据，所构建的模型易解释。同时 2D-QSAR 法不像 3D-QSAR 法，可以不依赖于分子构象、叠合方式、探针、生物活性的选择等，这也是 2D-QSAR 法的优点。2D-QSAR 研究可以不借助于大型计算软件和高性能计算机，研究成本低，计算时间短。所以，利用 2D-QSAR 和 3D-QSAR 同时对同一体系进行研究，可以取长补短、相互印证，得到的药物构效关系将易解释，从而有利于改善药物设计的准确度。随着计算化学、量子化学、分子模拟技术、人工智能、分子生物学、蛋白质组学等相关学科的发展，可以预见，经典的 QSAR 方法在不断发展和完善，并且新原理、新方法也将不断出现，由于出发点和侧重点不同而出现的各种方法会相互交叉渗透、相互融合，从而在新药的研制中发挥更大的作用。

目前，二维定量构效关系的研究集中在两个方向：结构数据的改良和统计参数的优化。传统的二维定量构效关系使用的结构数据通常仅能反映分子整体的性质。通过改良结构参数，使得二维结构参数能够在一定程度上反映分子在三维空间内的伸展状况，成为二维定量构效关系的一个发展方向。

定量构效关系研究是人类最早的合理药物设计方法之一，具有计算量小、预测能力好等优点。在受体结构未知的情况下，定量构效关系方法是最准确和有效的进行药物设计的方法。根据 QSAR 计算结果的指导，药物化学家可以更有目的地对生理活性物质进行结构改造。

但是 QSAR 方法不能明确给出回归方程的物理意义以及药物-受体间的作用模式，物理意义模糊是对 QSAR 方法最主要的质疑之一。另外在定量构效关系研究中大量使用了实验数据和统计分析方法，因而 QSAR 方法的预测能力很大程度上受到实验数据精度的限制，同时时常要面对"统计方法欺诈"的质疑。因此必须引入新的统计方法，如偏最小二乘回归、遗传算法、人工神经网络、支持向量机等。扩展二维定量构效关系能够模拟的数据结构的范围，提高 QSAR 模型的预测能力是 2D-QSAR 的主要发展方向。

定量构效关系方法从物质分子的可测量的基本性质和结构参数出发，导出一些有意义的性质特征，被有机化学家、药物学家、生物化学家、环境科学家成功地用于解释和预测某些分子的生物活性。结构-活性和结构-性质研究是化学信息学的一个重要分支领域。近年来，定量构效关系方法研究和应用都有很大的进展，预期在以下三个方面获得发展：

（1）除了要求获得良好的数值效果，更注意定量模型的理论性，期望能够从本质上揭示和描述分子生物活性的作用机制，从而达到控制毒性和提高有用活性的根本目的；

（2）在算法上与其他信息处理技术相互影响，如因子分析、模式识别、人工神经网络等，在处理非线性复杂问题和多变量分析方面有长足进步，预期可与数据库、专家系统更好地结合并应用于下一代的数据挖掘技术；

（3）参数的选择方面，对影响分子性质的结构常数有更深刻的理解，从化学键理论、量子化学计算导出的结构、性质参数和在表达分子的拓扑结构（分子连接性指数）的研究上会有引人注目的成果。

11.3 定量构效关系研究中常用的回归分析法

11.3.1 多元线性回归

在传统的 2D-QSAR 研究中，多元线性回归（multiple linear regression，MLR）方法是最为常见的统计方法。一个分子可以用很多分子参数来表达，但在建立多元线性回归模型的时候，为避免过拟合（overfitting），我们只能从这些物理化学参数中选择一部分参数来建立回归模型。一般来讲，同系物数目和所选取参数数目的比应在 3～5 之间，也有人提出应大于 2 的 n 次方（n 表示选取的参数个数）。怎样选取合适的参数，一直是定量构效关系研究中的一个难题，而且对于线性回归来说，如果变量间相互影响或存在严重干扰以及变量的噪声较大时，极有可能导致所构建的模型失去意义。为了降低变量间的多重共线性及噪声的影响，可采用主成分回归方法代替多元线性回归法进行建模。

多元线性回归模型与一元线性回归模型基本类似，只不过解释变量由一个增加到两个以上，被解释变量 Y 与多个解释变量 X_1、X_2、…、X_k 之间存在线性关系。

假定被解释变量 Y 与多个解释变量 X_1、X_2、…、X_k 之间具有线性关系，是解释变量的多元线性函数，称为多元线性回归模型，即：

$$Y = \beta_0 + \beta_1 X_1 + \beta_2 X_2 + \cdots + \beta_k X_k + \mu \tag{11-4}$$

式中，Y 为被解释变量；X_j（$j=1, 2, \cdots, k$）为 k 个解释变量；β_j（$j=0, 1, 2, \cdots, k$）为 $k+1$ 个未知参数；μ 为随机误差项。

被解释变量 Y 的期望值与解释变量 X_1、X_2、…、X_k 的线性方程为：

$$E(Y) = \beta_0 + \beta_1 X_1 + \beta_2 X_2 + \cdots + \beta_k X_k \tag{11-5}$$

称为多元总体线性回归方程，简称总体回归方程。

对于 n 组观测值 Y_i、X_{1i}、X_{2i}、$\cdots$、X_{ki}（$i=1, 2, \cdots, n$），其方程组形式为：

$$Y_i = \beta_0 + \beta_1 X_{1i} + \beta_2 X_{2i} + \cdots + \beta_k X_{ki} + \mu_i \tag{11-6}$$

即其矩阵形式为：

$$\boldsymbol{Y}_{n\times 1} = \boldsymbol{X}_{n\times(k+1)} \boldsymbol{\beta}_{(k+1)\times 1} + \boldsymbol{\mu}_{n\times 1} \tag{11-7}$$

式中，$\boldsymbol{Y}_{n\times 1}$ 为被解释变量的观测值向量；$\boldsymbol{X}_{n\times(k+1)}$ 为解释变量的观测值矩阵；$\boldsymbol{\beta}_{(k+1)\times 1}$ 为总体回归参数向量；$\boldsymbol{\mu}_{n\times 1}$ 为随机误差项向量。

总体回归方程表示为：

$$E(\boldsymbol{Y}) = \boldsymbol{X}\boldsymbol{\beta} \tag{11-8}$$

多元线性回归模型利用普通最小二乘法（ordinary least square，OLS）对参数进行估计时，必须遵从如下假定：零均值假定；同方差假定；无自相关性；随机误差项 μ 与解释变量 X 不相关；随机误差项 μ 服从均值为零，方差为 σ^2 的正态分布；解释变量之间不存在多重共线性等。

在多元线性回归中，人们用复相关系数 R 表示回归方程对原有数据拟合程度的好坏。R 的定义为：

$$R = (\mathrm{SS}_R / \mathrm{SS}_T)^{1/2} \tag{11-9}$$

式(11-9) 中，SS_R 为回归平方和；SS_T 为总的偏差平方和；R 越接近 1，表示方程对数据的拟合程度越好。逐步线性回归是多元线性回归的一种方法，属于最佳子集回归，可用于变量的筛选。

11.3.2 主成分回归

当数据存在较大噪声或较多变量时，利用多元线性回归进行建模就会得不到好的模型，此时可考虑采用主成分回归方法（principle component analysis，PCA）。所谓主成分回归就是利用主成分分析对活性影响最大的几个主成分建立定量构效关系模型。主成分分析具体见本书第 10.3.1 节。其步骤一般为：首先对原变量进行主成分分析，得到自变量重新组合的主成分；接着确定主成分的个数；最后就是对确定主成分进行多元线性回归，建立回归方程。实际的计算过程如下：

原模型：$Y_{(0)} = X_{(0)}\beta_{(0)} + \varepsilon$

中心化：$Y = Y_{(0)} - \overline{Y}_{(0)}$，$X = X_{(0)} - \overline{X}_{(0)}$

中心化模型：$Y = X\beta + \varepsilon$

计算相关阵：$X'X$

相关阵特征根：$\lambda_1 \geq \lambda_2 \geq \cdots \geq \lambda_m$，$\sum_{i=1}^{m} \lambda_i = \lambda^*$

特征向量：$\boldsymbol{p}_1, \boldsymbol{p}_2, \cdots, \boldsymbol{p}_m$

取主成分 r 个，使 $(\lambda_1 + \cdots + \lambda_r)/\lambda^* \geq 75\%$；$P_{(r)} = (\boldsymbol{p}_1, \boldsymbol{p}_2, \cdots, \boldsymbol{p}_r)$；$Z_{(r)} = XP_{(r)}$

典则模型为：$Y = 1'\alpha_0 + Z_{(r)}\alpha_{(r)} + \varepsilon$；$\hat{\alpha}(r) = \Lambda_{(r)}^{-1} Z'_{(r)} Y$，$\Lambda(r) = \mathrm{diag}(\lambda_1, \cdots, \lambda_r)$

原中心标准化模型主成分估计：$\hat{\beta}(r) = P_{(r)} \hat{\alpha}_{(r)}$

需要指出的是，舍掉的那些近似为 0 的特征根以及相应的主成分，正好反映了原来自变量的复共线关系。因为若 $\lambda_j \approx 0$，则 $X_{pj} \approx 0$，这就是 $p_{j1} X_1 + \cdots + p_{jm} X_m = 0$，是一个复共线关系。在处理复共线关系时，主成分回归则直接去掉这些小特征根。

11.3.3 偏最小二乘回归

偏最小二乘法（partial least squares，PLS）是在主成分分析的基础上发展起来的一种统计方法。它与主成分分析的不同在于：主成分分析仅仅考虑了自变量的相互作用，而 PLS 在考虑自变量作用的同时也考虑了因变量的作用，通过折中各自空间内的因子，使模型较好地同时描述自变量和因变量。因此它能很好地克服由于多肽的结构描述参数远远超过化合物的数目时，传统多元线性回归统计方法不能使用的缺陷。

上述计算过程可总结为如下算法：

(1) 首先将观察数据中心化。取 $\overline{Y} = \frac{1}{n}\sum_{k=1}^{n} Y_k$，$\overline{x}_i = \frac{1}{n}\sum_{k=1}^{n} x_{ik}$，$i=1、\cdots、p$。将数据做平移变换，$Y_k^* = Y_k - \overline{Y}$，$x_{ik}^* = x_{ik} - \overline{x}_i$，$i=1、\cdots、p$，$k=1、\cdots、n$。我们将中心化后的数据 Y_k^*、X_k^* 的星号去掉，仍记作 $\{X_k, Y_k\}_{k=1}^n$（Y 是一元 n 维向量，X 是 p 元 n 维向量）。

(2) 初始化，$Y_{(0)} \leftarrow Y$；$X_{(0)} \leftarrow X$，$\hat{Y}_{(0)} \leftarrow 0$，从 $k=1$ 到 p 做循环。

(3) 将 p 元自变量压缩成一元：

$$t_{(k)} = \sum_{i=1}^{p} [x'_{i(k-1)} Y_{(k-1)}] x_{i(k-1)} \tag{11-10}$$

(4) 计算 $Y_{(k-1)}$ 在 $t_{(k)}$ 上的投影 $Z_{(k)}$：

$$Z_{(k)} = [t'_{(k)} Y_{(k)}]^{-1} [t'_{(k)} t_{(k-1)}] t_{(k)} \tag{11-11}$$

(5) 计算残差，准备作为下一轮循环的初始资料：

$$Y_{(k)} = P_k Z_{(k-1)}, \quad x_{i(k)} = P_k x_{i(k-1)}, \quad i=1、\cdots、p \tag{11-12}$$

(6) Y 的第 k 次预测为：

$$\hat{Y}_{(k)} = \hat{Y}_{(k-1)} + Z_{(k)} \tag{11-13}$$

(7) 检验自变量残差，如果 $X'_{(k)} X_{(k)} = 0_{p \times p}$，则退出循环 $[X_{(k)} = (x_{1(k)}, x_{2(k)}, \cdots, x_{p(k)})]$。

偏最小二乘回归方法在统计应用中的重要性主要有以下几个方面：

(1) 偏最小二乘回归可以处理多因变量对多自变量的回归建模问题；

(2) 偏最小二乘回归能够较好地处理用普通多元回归无法解决的问题；

(3) 偏最小二乘回归可以实现多种数据分析方法的综合应用，因此也被称为第二代回归方法。

11.3.4 投影寻踪回归

投影寻踪（projection pursuit）方法是随着计算技术的发展和计算普及，在统计学、应用数学和计算机技术的交叉学科上形成的前沿领域。其思想是：利用计算机技术，把高维数据通过某种组合，投影到低维（1～3 维）空间上，并通过极小化某个投影指标，寻找出能反映原高维数据结构或特征的值，在低维空间上对数据结构进行分析，以达到研究和分析高维数据的目的。

投影寻踪回归（projection pursuit regression）的主要思想如下：

假定现有数据是 $\{x_k, Y_k\}_{k=1}^n$，x_k 是 p 元，Y_k 是一元。非参数回归模型是：

$$Y_k = G(x_k) + \varepsilon_k \quad 1 \leq k \leq n \tag{11-14}$$

我们的任务是估计 p 元函数 G，当然 $G(x) = E\{Y_k | x_k = x\}$。$G$ 是将 p 元变量投影成一元变量，那么何不先将 p 元变量投影成一元变量，即取 $u = \theta' x_k$，再将这个一元实数 u 送进一元函数 G 作映像呢？由于要选择投影方向 $\theta = (\theta_1, \cdots, \theta_p)$，使估计误差平方和最小，就是要寻踪了，所以取名为投影寻踪回归。

假设解释变量集合 $\{x_k, 1 \leq k \leq n\}$ 是来自密度函数为 f 的 p 元随机样本，对每一个 p

元样本 x_k，有一元的观察值 Y_k 与之对应，并且：

$$E(Y_k|x_k=x)=G(x) \tag{11-15}$$

这里 G 是回归函数，也是目标函数。令 Ω 为所有 p 维单位向量的集合，θ、θ_1、$\theta_2\cdots$ 是 Ω 中的元素。

作沿着 θ 方向的一元函数：

$$g_\theta(u)=E\{G(x)|\theta X=u\} \quad \theta\in\Omega \tag{11-16}$$

在区域 $A\subset R^p$ 内对 G 的第一次投影逼近是函数：

$$G_1(x)=g_{\theta_1}(\theta_1 x) \tag{11-17}$$

这里 θ_1 是极小化下式的结果。当然这里 G 是未知的，所以我们要作出 $S(\theta)$ 与 $g_\theta(u)$ 的估计，才能得到 $G_1(x)$ 的估计。

$$S(\theta)=E\{[G(x)-g_\theta(\theta X)]^2 I\} \quad X\in A \tag{11-18}$$

设 θ_x 的密度为 f_θ，称作沿方向 θ 的 X 的边沿密度，利用样本 x_j 但不包括 x_k 构造 f_θ 的核估计为：

$$\hat{f}_{\theta(k)}(u)=\frac{1}{(n-1)h}\sum_{j\neq k}K\frac{u-\theta x_j}{h} \tag{11-19}$$

这里 K 是核函数，h 是窗宽。排除 x_k 在外的 g_θ 的估计为：

$$\hat{g}_{\theta(k)}(u)=\left(\frac{1}{(n-1)h}\sum_{j\neq k}Y_j K\frac{u-\theta x_j}{h}\right)/\hat{f}_{\theta(k)}(u) \tag{11-20}$$

借助于交叉核实的思想，作式(11-21) 的极小化，其解 $\hat{\theta}_1$ 就作为 θ 的估计。

$$\hat{S}(\theta)=\frac{1}{n}\sum_{k=1}^n [Y_k-\hat{g}_{\theta(k)}(\theta x_k)]^2 I \quad x_k\in A \tag{11-21}$$

于是就可以得到回归函数 G 在区域 A 的第一次投影逼近。

$$\hat{G}_{1(k)}(x)=\hat{g}_{\hat{\theta}_1(k)}(\hat{\theta}_1 x) \tag{11-22}$$

一旦 $\hat{\theta}_1$ 确定下来，就可以在统计量中将 x_k 放回去，不再排除在外：

$$\hat{f}_\theta(u)=\frac{1}{nh}\sum_{j=1}^n K\frac{u-\theta x_j}{h} \tag{11-23}$$

$$\hat{g}_\theta(u)=\left(\frac{1}{nh}\sum_{j=1}^n Y_j K\frac{u-\theta x_j}{h}\right)/\hat{f}_\theta(u) \tag{11-24}$$

$$\hat{G}_1(u)=\left(\frac{1}{nh}\sum_{j=1}^n Y_j K\frac{u-\hat{\theta}_1 x_j}{h}\right)/\hat{f}_{\hat{\theta}_1}(u) \tag{11-25}$$

我们称 $\hat{G}_1(u)$ 才真正是在区域 A 内与 f 有关的 G 的第一次投影逼近。

11.3.5 非线性方法

由于实际数据往往不能用简单的线性模型来描述，因此所建立的模型很难契合实际的构效关系。随着人工智能、统计学习理论的深入发展，一些非线性的统计方法也大量地用于 QSAR 模型的构建，如适用于高度非线性体系的人工神经网络（artificial neural network，ANN），通过学习将构效关系知识隐式分布在网络之中；适合解决小样本的支持向量机（support vector machines，SVM）及核方法等机器学习方法也广泛地用于化学计量学和 QSAR 建模。

11.4 药物设计

药物设计是创新药物研发的重要组成部分，也是现代医药产业发展的基本动力。加快创新设计,抢占国内国际药物市场是世界各国和各药物公司的首要任务。在传统的药物设计中,大多关心候选化合物与特定靶标分子的作用,很少关注这个化合物究竟能不能到达该靶标分子的有效部位与其作用。而一个化合物要到达有效部位,必须要满足如下条件:①能够在肠道中溶解,透过肠道的黏膜细胞进入循环系统;②能够透过血脑屏障;③能够穿透细胞膜;④不良反应比较小;⑤能通过血液循环到达有效部位等。然而对于化合物的那些性质我们知之甚少,因此,我们迫切地需要高通量筛选的方法对具有以上性质的化合物进行快速有效的筛选。研究者将以上的一些性质归纳为化合物的吸收(absorption)、分布(distribution)、代谢(metabolism)、排泄(excretion)和不良反应(toxicity),统称为ADME/T性质。虽然发展了几种测定化合物ADME/T性质的实验,如细胞单层转运实验(测定肠吸收)和组织细胞生长抑制实验(细胞毒性)等,但是这些实验很难进行高通量的化合物筛选,同时实验比较复杂耗时,测定的性质有限,因此发展基于计算机的ADME/T性质高通量筛选方法能有效地避免这些问题。

QSAR理论认为化合物的各种性质是存在着一定的相互关系的,这主要是来自化学中的基本假定:化合物的结构决定其性质。因此我们认为化合物的理化性质和ADME/T性质也存在着一定的关联。目前关于化合物的ADME/T性质,研究最多的是以下几个方面。

11.4.1 类药性

所谓类药性指化合物与已知药物的相似性。这方面最有名的莫过于Lipinski "5" 规则。它是Lipinski于1997年对2287个通过了一期临床的化合物的各种特征进行统计分析得出的:①分子量小于500Da;②脂水分布系数lg$P$小于5;③氢键给体的数目小于5;④氢键受体的数目小于10。根据Lipinski "5" 规则(Lipinski's rule of five),人们对其又做了许多改进。如1999年Arup K. Ghose等人将其进一步改进为:①脂水分配系数lg$P$在-0.4~5.6;②摩尔折射率(Molar refractivity)在40~130;③分子量在160~480;④原子数在20~70个。其主要是用于高通量化合物数据库的初筛。

11.4.2 脂水分布系数 lg$P$

脂水分布系数(lipid/water partition coefficient)是指化合物在有机相(一般用正辛醇)和水相中的平衡浓度比值,即$P=\dfrac{C_o}{C_w}$,C_o为在有机相中的浓度,C_w为在水相中的浓度。由于P通常较大,所以一般使用其对数值lg$P$。脂水分布系数可以由Gibbs自由能计算而来,即lg$P=-\Delta G$(转移能)$/(2.303RT)$。由于转移能的精确计算比较困难,因此应用得比较少。通常我们应用QSAR方法中的片段加和方法来获取:lg$P=\sum_{i=1}^{n}a_i f_i + B$,式中,$n$为所有片段的种类数;$a_i$为第$i$种片段在分子中的个数;$f_i$为第$i$种片段的脂水分布系数;$B$通常为常数。如果将原子作为基本单位,则可以根据原子加和方法来得到脂水分布系数。

11.4.3 脑血分配系数

脑血分配系数(brain blood partitioning)是指一种化合物在脑组织间液和血液中的平衡浓度的比值。由于脑的毛细血管能阻止许多物质进入脑中,通常认为这是由于在血液和脑组织之间存在一种血脑屏障(blood-brain barrier, BB),它能阻止其他物质进入脑部。

lgBB=lg(C_{brain}/C_{blood}),式中,C_{brain}为化合物在脑组织中的平衡浓度;C_{blood}为化合物在血液中的平衡浓度。这样我们就可以应用QSAR的方法对其进行预测。如Clark等人建立了一种预测模型:lgBB=$a$lg$P+b$PSA$+c$,式中,lg$P$为脂水分布系数;PSA(polar surface area)为QSAR分子参数中的几何参数,即极性表面积;a、b、c 为常数。

11.4.4 肠穿透性

药物透过肠道是其进入血液的第一步,通常我们用穿透系数(apparent permeability coefficient,APC)来表示:

$$P_{APC} \text{(cm/s)} = 穿透量/理论穿透总量$$

式中,理论穿透总量=化合物的浓度×面积×时间。由于肠穿透性和血脑屏障透过性都是属于跨膜行为,因此我们可以借鉴脑血分配系数的QSAR预测方法来预测肠穿透性。

11.4.5 水溶性

药物分子要能透过细胞膜进入血液,除了肠穿透性以外,还要具有一定的水溶性。所谓水溶性是指药物分子在水中的溶解能力。如上面介绍的 Hansch 于 1968 年就观察到液态有机化合物的水溶性和其脂水分布系数之间存在着如下关系:$\lg S = -1.339 \lg P + 0.987$,式中,$\lg S$ 为化合物的水溶性(S 为化合物在其饱和溶液中的浓度);$\lg P$ 为脂水分布系数。

11.4.6 毒性

毒性是指化合物对生物系统产生的不利影响。从某种角度严格地来讲,所有化合物对生物系统均有或多或少的不利影响,通常我们用半致死量(LD_{50})来描述一个化合物的毒性大小。所谓半致死量(LD_{50})是指在动物急性毒性试验中,使受试动物半数死亡的毒物剂量。表11-1是化合物对人的毒性级别划分。

表11-1 化合物对人的毒性级别划分

口服半致死量(LD_{50})	毒性分级	口服半致死量(LD_{50})	毒性分级
>15g/kg	无毒	50~500mg/kg	高毒
5~15g/kg	轻毒	5~50mg/kg	极毒
0.5~5g/kg	中毒	<5mg/kg	剧毒

通常我们应用QSAR方法对化合物的毒性进行预测,认为化合物的毒性与化合物性质满足如下关系:$\lg T = \sum_{i=1}^{n} a_i f_i + B$,式中,$n$ 为化合物性质的个数;a_i 为相应性质的系数;f_i 为化合物的第 i 种性质;B 通常为常数。除了以上的一些应用外,QSAR也经常和分子动力学、药代动力学以及系统生物学等相关学科的知识综合应用。

11.5 精准医疗

精准医疗(precision medicine)是以个体化医疗为基础、随着基因组测序技术快速进步以及生物信息与大数据科学的交叉应用而发展起来的新型医学概念与医疗模式。作为下一代诊疗技术,精准医疗具有重要意义。精准医疗理论研究有利于完善数据科学学科体系,丰富和创新临床及转化医学研究。另外基于大数据的精准医疗服务可以实现在恰当的时间给予患者恰当的治疗,保障医疗安全,改善医院经营管理。基于大数据的精准医疗服务主要提供精准诊断、精准治疗与精准药物。精准医疗应用支撑技术体系包括生物样本库、生物信息学、电子病历、大数据分析等。

精准医疗计划的近期目标集中在肿瘤防治上,主要通过开展创新性肿瘤靶向治疗;远期目标则是将精准医疗技术应用于健康的所有相关领域。精准医疗的发展将使疾病的分型越来越确切,临床的适应证亚群数量将大幅增加,由于每一个亚群对应着不同的药物,进而使新药种类的需求增加。另外,随着对基因-环境-生活方式-疾病之间关系的认识,对药物种类的需求可能从目前以疾病发作期的治疗为主,逐步演变为预防、治疗、预后干预并重的局面,不同阶段的药物干预的机会也预示着药物创新的机会。

11.6 高通量筛选

高通量筛选(high throughput screening,HTS)是以分子和细胞水平的实验方法为基础,在微孔板上以自动化操作系统执行实验过程,通过灵敏快速的检测仪器采集实验数据,运用计算机对实验数据进行实验结果的分析处理。

高通量筛选技术的理论基础:大多数药物的治疗作用是通过药物与机体内生物大分子特定位点(靶点)相结合而产生的。根据分子间相互作用的原理建立筛选模型,可以筛选出与特定靶点具有亲和力的样品。根据分子间相互作用原理筛选具有亲和力的化合物,也可根据酶活性作为检测指标筛选影响酶活性的化合物。

高通量药物筛选一般要经过药物的初筛(primary screening)和复筛、深入筛选(secondary screening)、确证筛选(confirmatory screening)等过程。高通量药物筛选不是对样品进行逐个分析,而是同时对大量样品进行活性检测和评价,必须具备含有大量化合物的样品库。

11.7 QSAR 方法的应用示例

【例 11-1】 Hansch 方法的实质是寻找化合物的性质与其生物活性或其他化学性质之间的关系。如 Hansch 和 Lien 等人对 (结构式) 的抗肾上腺活性与其物化参数进行了 Hansch 方法分析,具体情况见表 11-2。

表 11-2 N,N-二甲基-α-溴苯乙胺的间、对位二取代化合物的抗肾上腺素活性和理化性质

X	Y	$\lg(l/c)$ 实验值	π	σ^+	E_s^{meta}	$\lg(l/c)$ 计算值1	$\lg(l/c)$ 计算值2
H	H	7.46	0.00	0.00	1.24	7.82	7.88
H	F	8.16	0.15	−0.07	1.24	8.09	8.17
H	Cl	8.68	0.70	0.11	1.24	8.46	8.60
H	Br	8.89	1.02	0.15	1.24	8.77	8.94
H	I	9.25	1.26	0.14	1.24	9.06	9.26
H	Me	9.30	0.52	−0.31	1.24	8.87	8.98
F	H	7.52	0.13	0.35	0.78	7.45	7.43
Cl	H	8.16	0.76	0.40	0.27	8.11	8.05
Br	H	8.30	0.94	0.41	0.08	8.30	8.22
I	H	8.40	1.15	0.36	−0.16	8.61	8.51
Me	H	8.46	0.51	−0.07	0.00	8.51	8.36
Cl	F	8.19	0.91	0.33	0.27	8.38	8.34

续表

X	Y	lg(l/c) 实验值	π	σ^+	E_s^{meta}	lg(l/c) 计算值1	lg(l/c) 计算值2
Br	F	8.57	1.09	0.34	0.08	8.57	8.51
Me	F	8.82	0.66	−0.14	0.00	8.78	8.65
Cl	Cl	8.89	1.46	0.51	0.27	8.75	8.77
Br	Cl	8.92	1.64	0.52	0.08	8.94	8.94
Me	Cl	8.96	1.21	0.04	0.00	9.15	9.08
Cl	Cl	9.00	1.78	0.55	0.27	9.06	9.11
Br	Br	9.35	1.96	0.56	0.08	9.25	9.29
Me	Br	9.22	1.53	0.08	0.00	9.46	9.43
Me	Me	9.30	1.03	−0.38	0.00	9.56	9.47
Br	Me	9.52	1.46	0.10	0.08	9.35	9.33

注：π 为亲脂性参数，σ^+ 为苄基阳离子的哈米特常数，E_s^{meta} 为塔夫脱立体参数。

当我们仅考虑 3~5 列的时候，得到的方程如下，
$$\lg(l/c) = 1.151(\pm 0.19)\pi - 1.464(\pm 0.38)\sigma^+ + 7.817(\pm 0.19) \quad (11\text{-}26)$$
$$(n=22, r=0.945, s=0.196, F=78.63)$$

此处，n 为样本数；r 为相关系数；s 为标准偏差；F 为 Fisher 值。预测结果为第 7 列 "lg(l/c) 计算值 1" 的值。

当我们综合考虑 3~6 列的时候得到的方程如下：
$$\lg(l/c) = 1.259(\pm 0.19)\pi - 1.460(\pm 0.34)\sigma^+ + 0.208(\pm 0.17)E_s^{meta} + 7.619(\pm 0.24) \quad (11\text{-}27)$$
$$(n=22; r=0.959; s=0.173; F=69.24)$$

预测结果为第 8 列 "lg(l/c) 计算值 2" 的值。

上述两式表明：生物活性随取代基的亲脂性的增加而增加，随取代基的吸电子能力的增加而降低。因此我们在设计药物的时候，应尽可能考虑使用亲脂性的基团，如烷基等。

在应用 Hansch 方法时，对各种类型的参数均要进行尝试，如拓扑类参数、几何参数、电子类参数、物理化学性质类参数等，并且各种参数间的相关性越小越好，尽可能避免共线性的问题，回归方程的标准偏差要尽可能小，线性相关系数的绝对值尽可能接近于 1，方程中的各个系数的数量级大致一致，引入方程的参数个数尽可能少。

【例 11-2】 下面我们分析应用 Free-Wilson 加和模型来分析 N,N-二甲基-α-溴苯乙胺衍生物的预测情况。其分析结果见表 11-3。

表 11-3 N,N-二甲基-α-溴苯乙胺的间、对位二取代化合物的抗肾上腺素活性和理化性质

X	Y	F	Cl	Br	I	Me	F	Cl	Br	I	Me	lg(l/c) 实验值	lg(l/c) 计算值
H	H					1						7.46	7.82
H	F							1				8.16	8.16
H	Cl								1			8.68	8.59
H	Br									1		8.89	8.84
H	I										1	9.25	9.25
H	Me											9.30	9.08
F	H	1										7.52	7.52
Cl	H		1									8.16	8.03

续表

X	Y	F	Cl	Br	I	Me	F	Cl	Br	I	Me	lg(l/c)实验值	lg(l/c)计算值
Br	H			1								8.30	8.26
I	H				1							8.40	8.40
Me	H					1						8.46	8.26
Cl	F	1					1					8.19	8.37
Br	F			1			1					8.57	8.60
Me	F					1	1					8.82	8.62
Cl	Cl	1						1				8.89	8.80
Br	Cl			1				1				8.92	9.02
Me	Cl					1		1				8.96	9.04
Cl	Cl	1								1		9.00	9.05
Br	Br			1					1			9.35	9.28
Me	Br					1			1			9.22	9.30
Me	Me					1					1	9.30	9.53
Br	Me			1							1	9.52	9.51

首先选择一个参考化合物,比如非取代的化合物(X=Y=H)。对每一个取代基,数字1表示这个取代基在化合物中。然后对上述化合物进行多元线性回归分析,可以得到如下方程:

$$\lg(l/c) = -0.301(\pm 0.50)[m\text{-}F] + 0.207(\pm 0.29)[m\text{-}Cl] + 0.434(\pm 0.27)[m\text{-}Br] + 0.579(\pm 0.50)[m\text{-}I] + 0.454(\pm 0.27)[m\text{-}Me] + 0.340(\pm 0.30)[p\text{-}F] + 0.768(\pm 0.30)[p\text{-}Cl] + 1.020(\pm 0.30)[p\text{-}Br] + 1.429(\pm 0.50)[p\text{-}I] + 1.256(\pm 0.33)[p\text{-}Me] + 7.821(\pm 0.27) \tag{11-28}$$

$(n=22; r=0.969; s=0.194; F=16.99)$

上式的分析结果与 Hansch 分析结果是一致的。取代基的亲脂性能力越强,其对生物活性的贡献越大。

【例 11-3】 类固醇类化合物与人类的睾丸激素血球蛋白(testosterone-binding globulins,TBG)的亲和力并不涉及键的形成或断裂。尽管并不知道 TBG 蛋白的最优受体,但我们可以根据 TBG 蛋白的已知受体化合物公共结构信息进行 CoMFA 分析,找出影响其活性的因素。

类固醇类化合物与 TBG 蛋白的亲和力活性数据见表 11-4。

表 11-4 类固醇类化合物与 TBG 蛋白的亲和力活性数据

化合物名称	活性(PIC50)	化合物名称	活性(PIC50)
aldosterone	5.322	testosterone	9.204
androstanediol	9.114	deoxycortisol	7.204
androstendione	7.462	dihydrotestosterone	9.740
androstenediol	9.176	estradiol	8.833
androsterone	7.146	estriol	6.633
corticosterone	6.342	estrone	8.176
cortisol	6.204	etiocholanolone	6.146
cortisone	6.431	hydroxyprog	6.996
dehydepiandrstrone	7.819	pregnenolone	7.146
progesterone	6.944	17ohpregnenlone	6.362
deoxycorticosterone	7.380		

CoMFA 分析要求这些小分子化合物的活性构象已知（可以通过量子化学或分子力学的优化方法得到）。我们将 dihydrotestosteronex 化合物的第 26 号 H 改变为 F，增大其负电的能力，其活性从 9.74（PLS 模型的预测值为 9.609）变为 9.968。我们可以按照这种方法对化合物的基团进行相应的修改，最终得到最优活性的化合物来指导进一步的试验合成。

【例 11-4】 离子液体毒性预测

离子液体在许多领域展现出良好的应用潜力，但是离子液体的潜在毒性及环境影响值得注意。针对离子液体的毒性性质，采用启发式算法筛选了 5 个影响离子液体毒性的关键参数，以离子液体对大肠杆菌（$E.coil$）毒性数据 MIC 值作为研究对象，建立 40 种咪唑类离子液体的定量结构-活性相关（QSAR）预测模型。

构建咪唑类离子液体的阴阳离子结构，并使用 MM2 分子力场在原子层次上进行几何构型优化，将优化好的结构再使用 AM1 经验量化方法在电子层上进行进一步的优化；使用 CODESSA 软件估算每个离子液体的结构描述符；使用 CODESSA 软件中的启发式算法将估算的描述符和毒性数值进行关联，筛选并建立最优模型。在建立模型的过程中，先采用启发式算法对众多的描述符进行筛选，接着根据相关系数平方（R^2）、标准回归误差（S^2）、交叉验证系数（R_{CV}^2）以及 Fisher 准则（F）对模型进行筛选。最终，获得了关于 40 种咪唑类离子液体对 $E.coil$ 毒性的最优方程：

$$\lg MIC = -0.02145 {}^{12}IC - 14.684 Q_{min} + 0.61735 M_R - 1049.8 H_{min} + 9.2372 N_{max} + 14.304 \tag{11-29}$$

$N=40$, $R^2=0.963$, $R_{CV}^2=0.946$, $F=976.05$, $S^2=0.0529$

由 $R_{CV}^2=0.946$（$R^2=0.963$，$F=976.05$，$S^2=0.0529$）可知，该模型具有良好的内部稳健性。外部测试集的相关系数 $R^2=0.841$、$S^2=0.2509$ 表明，该模型具有良好的外部测试性能。为了直观起见，实验值及预测值的比较见图 11-2，从图中可以看出，两者具有较好的一致性，没有明显异常值，说明此模型可以用来预测咪唑类离子液体对 $E.coli$ 的毒性。

图 11-2 咪唑类离子液体毒性的实验值和预测值

定量构效关系

定量构效关系（quantitative structure-activity relationship，QSAR，http：//baike.baidu.com/view/184648.htm）是波莫纳大学的药物学家 Corwin Hansch 及他的同事于 1962 年提出的一种经验方法，使药物研究者可以用线性和非线性方程来预测一个复合物在生物体运输过程的疏水效应。BioByte 公司的总裁和首席执行官 Albert Leo 博士认为，从 20 世纪 60~80 年代，QSAR 曾是使用 Hammett-Taft 方法学进行新的生物学活性药物设计的一种重要方法，如今，通过提供更加完备的物理化学性质，高通量的筛选与 QSAR 方法相结合依然是药物研究中的主流方法。例如，密西西比学院的助理教授 Robert Doerksen 博士发现 GSK3 有可能是人类疟疾和一些神经系统紊乱疾病的潜在药物靶标，且他在已发表的数据里发现，一系列的苹果酰胺复合物会对 GSK3 具有很强的抑制作用，为了确定苹果酰胺复合物对 GSK3 抑制所必须具备的理化条件，他通过不断深入研究，使用 QSAR（包括 3D-QSAR 和 2D-QSAR）研究使苹果酰胺结合到 GSK3 上所必需的各类物理化学条件，从而找到了不同苹果酰胺复合物与 GSK3 抑制效应之间的关系，为发展新的 GSK3 拮抗物提供了很好的起点。

第12章

生物信息学

12.1 什么是生物信息学

生物体是一种具有储存和加工信息功能的复杂系统。生物系统通过存储、修改、解读遗传信息和执行遗传指令形成特定的生命活动，促使生物体生长发育，产生生物进化。数量庞杂且种类繁多的生物信息在细胞之间、生物个体之间、生物种群之间交流并得以保存。生命科学的最终研究目标是探究各种生命活动的规律、奥秘和本质，从而更好地为人类服务。随着大规模自动测序技术的迅猛发展，尤其是1990年10月正式启动和实施了人类基因组计划（Human Genome Project），实验数据和可利用信息急剧增加，如大量的有关核酸、蛋白质的序列和结构数据呈指数增长。这些海量的生物数据信息具有丰富的内涵，其背后隐藏着人类目前尚不知道的生物规律和知识。如何充分地运用各种相关知识对这些数据进行深入挖掘，揭示这些数据的潜在生物内涵，从而得到对人类有用的相关信息，是我们当前所面临的一个严峻的挑战。

为迎接这种挑战，从20世纪80年代末开始，一门新兴学科——生物信息学（bioinformatics）就诞生了。生物信息学（bioinformatics）是由美国学者Lim在1991年发表的文章中首次正式提出使用的。生物信息学是在生命科学的研究中，以计算机为工具对生物信息进行储存、检索和分析的科学。它是当今生命科学和自然科学的重大前沿领域之一，同时也将是21世纪自然科学的核心领域之一。其研究重点主要体现在基因组学（genomics）和蛋白质组学（proteomics）两方面，具体说就是从核酸和蛋白质序列出发，分析序列中表达结构功能的生物信息。生物信息学基本上只是分子生物学与信息技术〔尤其是因特网（Internet）技术〕的结合体。生物信息学的研究材料和结果就是各种各样的生物学数据，其研究工具是计算机，研究方法包括对生物学数据的搜索（收集和筛选）、处理（编辑、整理、管理和显示）及利用（计算、模拟）。

随着现代生物学前所未有的变化和突飞猛进的发展，生物信息学领域也得到了迅猛发展。最近在基因组学和生物信息学上的革命已经席卷全球。围绕人类基因组问题，包括对遗传变异和获取个人遗传信息的分析所引发的公众争议已超出了对科学和技术讨论的范畴。在过去的几年中，它已成为现代科学的重大前沿领域和核心领域之一。随着基因组学概念的提出，出现了多种相关的组学概念，如转录组学（tranchiptome）、作用组学（interactomics）、代谢组学（metabolomics）和药物基因组学（pharmacogenomics）等各种生物组学。同时在其基础上也拓展出了多种相关的重要研究领域，如表观遗传学（epigenetics）、电子病历（electronic patient record，EPR）、系统生物学（system biology）、转化医学（translational medicine）和全基因组关联研究（genome-wide association study，GWAS）等。生物信息学也反过来促进了新一代测序技术（next generation sequencing，NGS）的发展以及推动和促进了国际人类基因组单体型图计划（The International Hapmap Project）的提出和发展。

了解基因表达的调控机理也是生物信息学的重要内容，根据生物分子在基因调控中的作用，描述人类疾病诊断、治疗的内在规律。它的研究目标是揭示"基因组信息结构的复杂性及遗传语言的根本规律"，解释生命的遗传语言。生物信息学已成为整个生命科学发展的重要组成部分，成为生命科学研究的前沿。由此可见，生物信息学已经成为国内外科技工作者研究开发的热点。

12.2 生物信息学的发展历程

早在1956年美国田纳西州盖特林堡（Gatlinburg）召开的首次"生物学中的信息理论研讨会"上就产生了生物信息学的概念。直到1987年，林华安（Hwa A. Lim）博士正式称这一领域为生物信息学（bioinformatics）。一般认为，生物信息学是以生物本身和体内的各种生命活动为研究对象的一门综合系统科学，运用计算机、统计学、数学等理论通过对大量的实验数据的分析和推理，使人们从根本上理解生物体和它们的各种生命活动的运作机制，最终达到自由应用于实践的目的。

21世纪初，生物科学的重点从传统的试验分析和数据积累，转移到数据分析及其指导下的试验验证，生物科学正在经历着从分析还原思维到系统整合思维的转变。

随着信息高速公路的快速发展，国际生物信息学研究迅速崛起，各种专业研究机构和公司如雨后春笋般涌现，生物科技公司和制药公司内部的生物信息学研究部门与日俱增，几乎因特网所到之处，都有各种机构联网，建立数据库，开展生物信息学研究。

美国、欧洲各国及日本等世界发达国家或地区在生物信息数据库建设和成立生物信息学专业机构两方面均走在世界前列，已相继在因特网上建立了各自的生物信息学网络节点，管理大型数据库，提供数据的分析、处理、采集、交换等服务。目前，国际上三大核酸、蛋白质数据库分别是：美国国家生物技术信息中心（NCBI）的 GenBank 库（http://www.ncbi.nlm.nih.gov）、欧洲生物信息学研究所（EBI）的核酸序列数据库 EMBL（http://www.ebi.ac.uk/embl）和日本信息生物学中心（CIB）的 DNA 数据仓库 DDBJ（http://www.ddbj.nig.ac.jp），它们每天都会交换数据，使其数据库的数据同步。

其他各具特色的重要数据库还有：收集 YACcontig 的数据库 CEPH（http://www.cephb.fr/），储存遗传学标记系列数据库 GenethonCHLC（http://www.genome.wi.mit.edu/），Whitehead 研究所的可了解全部18000个 STS 及联系作图的信息数据库（http://www.chlc.org）等。在建立各类数据库的同时，数据库设计出现了各类数据的集成、数据库与数据分析软件的整合等集成化趋势，各种数据库分析、测序应用软件包也被开发出来。现在，世界上绝大部分的核酸和蛋白质数据库均由上述美国、欧洲和日本的3家数据库系统产生。一些国家，如英国、德国、法国、意大利、瑞士、澳大利亚、丹麦和以色列等，也分别建有二级或更高级的具有各自特色的专业数据库以及自己的分析技术和生物信息学机构，服务于本国的生物医学研究和开发，有些服务也对全世界开放。除了数据库、数据分析软件的发展，生物信息学中比较基因组学的发展也比较突出，从比较中分离到一些人类遗传病的候选基因，鉴定了一些新克隆的基因，为人类基因组的分析提供了有益的数据。随着计算机技术的发展和渗透，生物信息学在下述研究方面将发挥不可替代的作用：人类基因组大规模测序的自动化控制，测序结果的分析处理，序列数据的计算机管理，各类遗传图谱和物理图谱的绘制,研究数据的网络获取、分析和交换,以数据分析的结果辅助基因组研究等。随着后基因组时代的到来,生物信息学研究的重点逐步转移到功能基因组信息研究,其研究的内容不仅包括基因的查询和同源性分析,而且进一步发展到基因和基因组的功能分析,即所谓的功能基因组学研究。其具体表现在:①将已知基因的序列与功能联系在一起进行研究;②从以常规克隆为基础的基因分离转向以序列分析和功能分析为基础的基因分离;③从单个基因致病机理的研究转向多个基因致病机理的研究;④从组织与组织之间的比较来研究功能基因组和蛋白质组,这类比较主要有正常组织与疾病组织之间的比较,正常组织与激活组织之间的比较,疾病组织与处理(或治疗)组织之间的比较,不同发育过程组织的比较等。

国际著名的生物信息学研究中心见表12-1。

表12-1 国际著名的生物信息学研究中心

机构名称	所属国家或地区	机构网址
NCBI	美国	http://www.ncbi.nlm.nih.gov/
EBI	欧盟	http://www.ebi.ac.uk/
HGMP-RC	英国	http://www.uk.embnet.org/
ExPASy	瑞士	http://www.expasy.ch/
CMBI	荷兰	http://www2.cmbi.ru.nl/
ANGIS	澳大利亚	http://www.angis.org.au/
NIG	日本	http://www.nig.ac.jp/index-e.html
BIC	新加坡	http://www.bic.nus.edu.sg/

生物信息学研究在我国起步较晚但进展迅速,从文献资料和Internet生物信息学网络资源分析,我国先后开始从事生物信息学研究的科研院所和高等学校主要有:中国科学院所属的生物物理所、遗传所基因组信息学中心(北京华大基因研究中心),上海生命科学研究院生物信息中心、计算所生物信息实验室、中国医学科学院、军事医学科学院、清华大学、北京大学、天津大学、复旦大学、中国科技大学、中山大学、东南大学、内蒙古大学、第一(第四)军医大学、哈尔滨医科大学等。早在1993年在国家自然科学基金委的资助下,中国已经开始参与人类基因组计划,但由于条件所限,我国发展生物信息学面临许多制约因素,其中最主要的是人才缺乏、认识不够和信息网络建设落后。因此,我国生物信息学研究真正起步是在1995~1996年。

我国生物信息学研究在一批著名院士和教授的带领下,在不同领域取得了一定成绩,有的在国际上已有一席之地,如中科院生物物理所在EST序列拼接和基因组演化方面、清华大学在蛋白质结构模拟方面、天津大学在DNA序列的几何学分析方面等均接近世界先进水平。在网站建设方面,中国科学院上海生命科学研究院和北京大学分别维护着国内南北两个专业水平较高的生物信息学网站。目前,我国已经建立了一批生物信息学相关网站,如表12-2所示。

表12-2 国内常见的生物信息学机构

机构名称	机构网址
上海生物信息中心	http://www.biosino.com.cn/
华大基因组信息中心	http://www.genomics.org.cn/
天津大学生物信息中心	http://tubic.tju.edu.cn/
中科院计算所生物信息实验室	http://www.bioinfo.org.cn/

续表

机构名称	机构网址
中国医学生物信息网	http://cmbi.bjmu.edu.cn/
新生命-北京生物医药在线	http://www.newlife.org.cn/
中国微生物信息网络	http://www.im.ac.cn/chinese.php
农业生物技术网上信息中心	http://www.cau.edu.cn/agrocbi/
第四军医大学医学专业信息网	http://www.fmmu.edu.cn/12xinxiwang/xinxiwang01.htm
哈尔滨医科大学生物信息研究室	http://www.biocc.net/
生物引擎	http://www.bio-engine.com/
中华基因网	http://www.chinagenenet.com/commInfo/commShow.php?id=408
生物软件网	http://www.bio-soft.net/
中国生物论坛	http://www.biooo.com/

注：该表来自于北京大学生物信息学中心 CBI（Center of Bioinformatics）。

12.3 生物信息学的研究内容

生物信息学的研究内容十分广泛。对不断更新的生物学实验数据进行全面的收集、存储、管理与提供，是进行同源性检索以及更进一步的序列分析、功能及结构预测的基础，这些是生物信息学研究的基本内容。而生物信息学的研究重点主要体现在基因组学和蛋白质组学两方面。具体地说就是从核酸和蛋白质序列出发，分析序列中表达结构和功能的生物信息。生物信息学的基本任务是对各种生物大分子序列进行分析，也就是研究新的计算机方法，从大量的序列信息中获取基因结构、功能和进化等信息。在从事分子生物学研究的几乎所有的实验室中，对所获得的生物序列进行生物信息学分析已经成为下一步实验之前的一个标准操作。生物信息学的长远目标是揭示生物分子信息的规律和掌握生命活动的本质，它可以了解、掌握各种遗传信息的编码、传递和表达的规律，加快人类对各种生命活动过程本质的了解。生物信息学不仅是一门新兴的理论交叉学科，更是一门重要的知识、方法、工具和实践的系统综合学科。目前生物信息学的主要研究内容包括以下几个方面。

12.3.1 生物信息挖掘

生物信息学是从各种生物信息出发获取相应的生物学规律，基于序列相关的生物信息挖掘是生物信息学研究的重要组成部分。它主要综合运用统计分析、数学建模和预测分类等方法和技术，对生物序列和分子数据信息进行采集、分析、建模、模拟和推断等来发现和认识数据的本质规律。目前生物信息学的主要研究对象是核酸和蛋白质等生物大分子数据。在核酸方面主要是研究 DNA 和 RNA 的序列信息以及基因表达调控信息和基因的相互作用信息等，主要包含：基因序列与功能关系研究；基因识别，非编码区分析研究；多个基因致病机理的研究；比较基因组研究；分子进化等。在蛋白质分析方面，主要是研究蛋白质序列、蛋白质结构及功能三者之间的关系，进而预测蛋白质的结构和功能，研究蛋白质的进化关系等，主要包含：蛋白质序列比对和结构比对；蛋白质空间结构的预测和模拟；蛋白质功能预测的研究；蛋白质相关功能区或作用位点的预测；蛋白质组学研究；蛋白质代谢组学研究；蛋白质相互作用网络等。目前国际上正在研究通过完整基因组的数据挖掘来确定蛋白质的功能。有了这些相关的生物信息学数据以后，运用数据库中的知识发现方法、动态规划、机器学习模式识别、统计分析和信息理论等相关的计算机方法进行数据挖掘。

12.3.2 药物设计

生物信息学的目的之一就是探究和理解生物大分子核酸和蛋白质的结构、功能和人类疾病之间的关系，进而根据这些关系借助信号通道和复杂网络以及各种相关的知识进行系统的创新药物设计。在生物大分子结构模拟和药物设计方面，主要根据药物分子与生物大分子之间作用的原理设计药物分子。当前的药物研发基本还停留在候选药物分子对特定的靶点的活性以及对相关靶点的选择性方面。其研究热点主要是基于生物大分子的结构特点，并根据其与候选药物分子之间的结构和形状的互补性原理来进行药物分子设计。生物信息学对大分子结构的研究可以为我们提供其空间结构特征信息、电子结构信息以及动力学行为信息等相关信息，如能级表面电荷分布、分子轨道相互作用以及动力学行为的信息等，这些信息可以进一步用来指导药物分子设计。总而言之，候选药物分子的吸收（absorption）、分布（distribution）、代谢（metabolism）和排泄（excretion）等药代动力学特征（ADME）和不良反应（toxicity）（ADME/T）是制约其能否成为一个成功药物的关键。生物信息学可以为我们更好地了解候选药物分子的这些性质，提供依据和理论基础。

"系统生物学"（systems biology）一词在美国NIH的PubMed文献库最早可检索于Zieglgansberger W和Tolle TR于1993年发表的一篇神经系统疾病研究的论文摘要中，根据1968年国际系统理论与生物学（Systems Theory and Biology）会议上Mesarovic D.提出systems biology词汇（术语）定义为采用系统论方法研究生物学。1989年在美国召开的生物化学系统论与生物数学国际会议探讨了生物学的系统论与计算生物学模型研究。系统生物学的基本工作流程有这样四个阶段：第一步是对选定的某一生物系统的所有组分进行了解和确定，描绘出该系统的结构，包括基因相互作用网络和代谢途径以及细胞内和细胞间的作用机理，以此构造出一个初步的系统模型；第二步是系统地改变被研究对象的内部组成成分（如基因突变）或外部生长条件，然后观测在这些情况下系统组分或结构所发生的相应变化，包括基因表达、蛋白质表达和相互作用、代谢途径等的变化，并把得到的有关信息进行整合；第三步是把通过实验得到的数据与根据模型预测的情况进行比较，并对初始模型进行修订；第四步是根据修正后的模型的预测或假设，设定和实施新的改变系统状态的实验，重复第二步和第三步，不断地通过实验数据对模型进行修订和精练。第一到第三步，也就是"整合"-系统理论、"干涉"-实验生物学和"信息"-计算生物学等研究，即系统论和实验（experimental）、计算（computational）方法整合的系统生物学概念，目标就是要得到一个理想的模型，使其理论预测能够反映出生物系统的真实性。

12.3.3 基因组学

基因组学（genomics）是研究生物基因组和如何利用基因的一门学问，是用于概括涉及基因作图、测序和整个基因组功能分析的一个遗传学分支。该学科提供基因组信息以及相关数据系统，试图解决生物、医学和工业领域的重大问题。基因组研究应该包括两方面的内容：以全基因组测序为目标的结构基因组学（structural genomics）和以基因功能鉴定为目标的功能基因组学（functional genomics），又被称为后基因组（postgenome）研究，成为系统生物学的重要方法。基因组学能为一些疾病提供新的诊断、治疗方法。例如，对刚诊断为乳腺癌女性的一个名为"Oncotype DX"的基因组测试，能用来评估该病人乳腺癌复发的个体危险率以及化疗效果，这有助于医生获得更多的治疗信息并进行个性化医疗。基因组学还被用于食品与农业部门。基因组学的主要工具和方法包括：生物信息学，遗传分析，基因表达测量和基因功能鉴定。

生物信息学发展至今主要经历了前基因组时代、基因组时代和后基因组时代三个阶段。在不同的发展阶段，生物信息学的研究内容有所不同：前基因组时代的研究内容是基因组序列信息的提取和分析，包括基因的发现和鉴定；基因组时代的研究内容包括基因组中编码区的信息结构分析以及进行模式生物完整基因组的信息结构分析和比较研究；后基因组时代的研究内容是利用生物信息工具研究遗传密码起源、基因组结构的演化、基因组空间结构与DNA分析折叠关系以及基因组信息与生物进化关系等生物学科的重大问题。

功能基因组相关信息分析，包括与大规模基因表达谱分析相关的算法、软件研发和基因表达调控网络的研究；与基因组信息相关的核酸、蛋白质空间结构的预测和模拟以及蛋白质功能预测的研究。

生物信息学的主要工作包括各种算法法则的建立、生物数据库的建立、检索工具的开发、核酸和蛋白质序列分析、核苷酸序列测定、新基因寻找和识别、网络数据库系统的建立、基因组序列信息的提取分析等。在这期间，生物信息学的研究内容包括：序列比对、蛋白质结构预测、基因识别、非编码区分析和DNA识别研究。

2003年4月15日，人类基因组序列图完成，昭示着人类从基因组时代步入后基因组时代。这一阶段生物信息学的主要研究工作包括大规模基因组分析、蛋白质组分析以及其他各种基因组学研究。随着人类基因组计划和各种基因组计划测序的完成以及新基因的发现，系统了解基因组内所有基因的生物学功能为后基因组时代的研究重点。在后基因组时代，生物信息学的主要研究内容已经转移到比较基因组学、代谢网络分析、基因表达谱网络分析、蛋白质组技术数据分析处理、蛋白质结构与功能分析以及药物靶点筛选等。该阶段生物信息学的研究内容包括：注释人类基因组、比较基因组学和比较蛋白质组学的研究、基因表达分析和药物学方面的研究。

目前，生物信息学处于后基因组时代，其研究热点仍是核酸分子和蛋白质分子序列的结构序列分析和蛋白质的三维结构预测。

12.3.4 蛋白质组学

20世纪90年代初，美国科学家提出人类基因组计划，到2001年基本完成。同时，在近年内，大肠杆菌、酵母菌、线虫等低等生物的基因组中DNA的核苷酸全序列也已测定。在基因组研究取得巨大进展的时候，今后的研究趋向成为了人们关心的问题。

回顾近半个世纪来生命科学的发展历程，核酸研究占主导地位。甚至有人认为，遗传学的中心法则为DNA→RNA→蛋白质也是分子生物学的中心法则。如今人类基因组计划完成，人类基因组中DNA的核苷酸全序列基本知晓。因此，人类在基因组计划完成后，应开展"结构基因组"和"功能基因组"的研究。然而，基因组计划完成后，生物医学中的一些重大问题又解决了多少？近一个世纪中，人们关注的肿瘤、心血管疾病、糖尿病等人类常见病、多发病依然严重威胁着人类，为什么？这是因为包括人类在内的生物界是一个由多种生物分子构成的有机整体，尽管基因是遗传的基本物质，决定了生物的性状，但是它们终究在细胞核内，"管不了"核外的"世界"。核外各种各样的生物活动还得由其他的生物分子来完成。现在经常可以看到一些文章报道，某一基因和某种疾病有关，然而仍不能说明疾病发生的机制，更不能提供治疗有关疾病的方法。因此，在后基因组时代，人们自然地想到了基因的表达产物——蛋白质。蛋白质组的提出，并不意味着基因组的研究已经完成，因为基因中核苷酸序列的测定，并不能了解基因是如何表达出它们编码的产物，也没有回答为什么能表达它们编码的产物。前一个问题说明DNA的复制、转录和转译，生成RNA和蛋白质等分子不是DNA自身所能完成的，需要其他分子的参与和帮助；后一个问题则表明，DNA复制、转录和转译也不是DNA自发进行的，而是涉及生物体对外来刺激的应答，其中还应包括信号从细胞外到核内的转导。

总之，蛋白质组可以看成是基因组的延伸。但是，有些学者认为，蛋白质组和蛋白质组学是基因组和基因组学的分支。持有或认同这种观念的人为数不少，在他们看来，分子生物学，乃至整个生物学或生命科学，均和遗传学一样，基因是最基本的。因此，蛋白质功能的研究也成了研究基因功能的一部分，相应的研究被称为结构基因组。更有甚者，将蛋白质立体结构的研究称为结构基因组，似乎机体中的所有分子都应该称臣于基因这个"君王"。其实，这是现代生物学的一个误区。机体内各种类型的分子都是各司其职、相互协同的，并无"君臣"之分。

总之，蛋白质组是基因组的延伸，是由基因型到表型研究过程中的一个不可缺少的环节。

蛋白质组的概念最早是在1994年由澳大利亚Macquarie大学的Wilkins和Williams提出的，是指基因组表达的所有蛋白质。

严格地说，基因所编码的是一条肽链，只有经过定位、折叠、剪辑和激活、修饰后，肽链才变为具有特定结构和特定功能的蛋白质。而且不同条件下，同一个细胞中蛋白质的数量、种类和结构均可发生变化。再者，任何单一的蛋白质，在体内是无法完成任何一种生物学过程的。因此，蛋白质组的研究对象，不再是单个蛋白质，而是指机体内的所有蛋白质；为了使研究简化，蛋白质组的对象大多是一类细胞内的所有蛋白质。同时，各种体液也可作为蛋白质组的研究对象。然而，在当前多数情况下，蛋白质组是研究不同条件下的蛋白质的差异表达。就此而言，有关的蛋白质组的研究可称为表达蛋白质组。

由于种种原因，蛋白质组的概念是一个理想的概念，实际上是难以实现的。例如，相当数量的膜蛋白在水中的溶解度是极差的，因此，要在同一个实验中同时研究膜蛋白和细胞质中的蛋白质几乎是不可能的。另外，在同一个细胞中，并不是所有的蛋白质都存在相互作用。因此，从某种意义上来说，没有必要，也不可能用一个实验解决所有问题。

从事方法学研究的人员，希望一次实验能分离或分析的组分越多越好，以此证明他们方法的效率和成功。但是，多数研究人员从解决问题的角度出发，则希望组分少些，只要能说明和解释一些现象就行。因此，在研究一些具体问题时，人们总是设法将问题简单化。即使在蛋白质组的概念已经提出以后，仍提出了亚细胞蛋白质组的设想，就是一个佐证。

当前蛋白质组研究中，最基本和基础的内容仍是表达蛋白质组的研究，同时也提出了功能蛋白质组和结构蛋白质组的概念。功能蛋白质组是指蛋白质组中各个组分的功能鉴定；而结构蛋白质组是蛋白质组中检测到的所有组分的立体结构研究。其实，在表达蛋白质组研究中，对蛋白质进行鉴定的依据之一是蛋白质的一级结构，因此，在表达蛋白质组研究中已经包含了结构信息，不过只是一级结构而已，被鉴定蛋白质的立体结构尚未考虑。为此，严格地说，目前所说的鉴定每一个被分辨蛋白质立体结构的结构蛋白质组，或许改称为构象蛋白质组更为确切。

综上所述，蛋白质组的研究内容主要是：检测一个细胞或一种材料在一个特定条件下含有的所有蛋白质，进而了解它们的功能，并测定它们的立体结构。而其中最容易着手的，也是目前进行得最广泛的是表达蛋白质组的研究，以及在这基础上比较同一细胞和材料在不同条件下蛋白质的差异表达，进而发现在特定条件下特异表达的蛋白质，并以此作为特定条件下的标志物。

（1）蛋白质功能、结构的预测　由于不同生物间蛋白质结构与功能上的相似和同源性，我们可以从已知基因和蛋白质的结构和功能，预测未知同源基因的功能，即信息的同源转换。因此，可对蛋白质空间结构进行预测模拟及功能预测。

目前国际上正在研究通过完整基因组的数据挖掘来确定蛋白质的功能。艾森伯格工作组（洛杉矶加利福尼亚大学）根据这一原理发展了一种方法，共分两步。第一步称为种系发生纵剖面方法（phyloge-neticprofile method），用来观察不同生物间蛋白质遗传性质的联系。每种蛋白质都标定一种系发生纵剖面图，以证明在不同基因组间是否有相同基因（编码该蛋白质），如果未知蛋白质的种系发生纵剖面图与标准种系发生纵剖面图相同的话，则可大致确定该未知蛋白质的功能。第二步为罗斯塔·斯通法（Rosetta stone method），用以观察不同物种间蛋白质结构有何联系，它的根据是某些物种间存在同源性蛋白质，这些同源性蛋白质可以相互作用。另外，某些已经被证实的，存在于特定复合体或蛋白通道的蛋白质，可能会为它们的同源体的定位及功能提供一些线索。

(2) 生物大分子结构模拟　蛋白质的空间结构与功能密切相关，蛋白质的功能是通过其三维结构来执行的，并且蛋白质三维结构不是静态的，所以在这方面的研究是生物大分子长期研究中的难点。但随着生物信息学相关领域研究的不断深入，通过观察和总结已知结构的蛋白质的结构规律预测未知蛋白质结构的方法可能是未来蛋白质研究的重要手段，这也是生物信息学理论用于蛋白质研究的切入点。

12.3.5　代谢组学

代谢组学（metabonomics/metabolomics）是效仿基因组学和蛋白质组学的研究思想，对生物体内所有代谢物进行定量分析，并寻找代谢物与生理病理变化的相对关系的研究方式，是系统生物学的组成部分。其研究对象大都是分子量1000以内的小分子物质。先进分析检测技术结合模式识别和专家系统等计算分析方法是代谢组学研究的基本方法。

代谢组学是继基因组学和蛋白质组学之后近期新发展起来的一门学科，是系统生物学的重要组成部分。之后得到迅速发展并渗透到多个领域，比如疾病诊断、医药研制开发、营养食品科学、毒理学、环境学、植物学等与人类健康护理密切相关的领域。基因组学和蛋白质组学分别从基因和蛋白质层面探寻生命的活动，而实际上细胞内许多生命活动是发生在代谢物层面上的，如细胞信号释放（cell signaling）、能量传递、细胞间通信等都是受代谢物调控的。代谢组学正是研究代谢组（metabolome）在某一时刻细胞内所有代谢物的集合的一门学科。基因与蛋白质的表达紧密相连，而代谢物则更多地反映了细胞所处的环境，这又与细胞的营养状态、药物和环境污染物的作用以及其他外界因素的影响密切相关。

代谢组学主要研究的是作为各种代谢路径的底物和产物的小分子代谢（$M_w<1000$）。在食品安全领域，利用代谢组学工具发现农兽药等在动植物体内的相关生物标志物也是一个热点领域。其样品主要是动植物的细胞和组织的提取液，主要技术手段是核磁共振（NMR）、质谱（MS）、色谱（HPLC，GC）及色谱-质谱联用技术。通过检测一系列样品的NMR谱图，再结合模式识别方法，可以判断出生物体的病理生理状态，并有可能找出与之相关的生物标志物（biomarker），为相关预警信号提供一个预知平台。

其他组学有转录组学（transcriptomics），是一门在整体水平上研究细胞中基因转录的情况及转录调控规律的学科。简而言之，转录组学是从RNA水平研究基因表达的情况。转录组即一个活细胞所能转录出来的所有RNA的总和，是研究细胞表型和功能的一个重要手段。转录组谱可以提供什么条件下什么基因表达的信息，并据此推断相应未知基因的功能，揭示特定调节基因的作用机制。通过这种基于基因表达谱的分子标签，不仅可以辨别细胞的表型归属，还可以用于疾病的诊断。用于转录组数据获得和分析的方法主要有基于杂交技术的芯片技术，包括cDNA芯片和寡聚核苷酸芯片，基于序列分析的基因表达系列分析SAGE（serial analysis of gene expression）和大规模平行信号测序系统MPSS（massively parallel signature sequencing）。

12.4 生物信息学的研究方法

12.4.1 数学统计方法

数学统计在生物信息学中是一种最常用的方法。例如，在分析 DNA 语言中的语义、分析密码子使用频率、利用马尔科夫模型进行基因识别时都要用到数学统计方法。

12.4.2 动态规划方法

动态规划（dynamic programming）是一种通用的优化方法，基本思想是：在状态空间中，根据目标函数，通过递推，求出一条从状态起点到状态终点的最优路径（代价最小的路径）。动态规划在生物信息学研究中用得最多的方面是 DNA 或者蛋白质的序列两两比对（pair-wise sequence alignment）以及多序列比对（multiple sequence alignment）。

12.4.3 模式识别技术

模式识别是在输入样本中寻找特征并识别对象的一种技术。模式识别主要有两种方法，一种是根据统计特征进行识别，另一种是根据对象的结构特征进行识别。后者常用的方法为句法识别。在基因识别中，对于 DNA 序列上的功能点和特征信号的识别都需要用到模式识别。常用的模式识别算法有：

(1) 人工神经网络（artificial neural networks，ANN）是对大脑神经网络的模拟，这种模拟既是功能上的，也是结构上的，这与传统的串行计算机有着本质的区别。神经网络计算不仅计算速度快，更重要的是它更具有智能的特点。从应用来看，神经网络在优化和模式识别方面具有非常强的能力。在生物信息学研究中，无论是基因识别还是蛋白质结构预测，神经网络都取得了比其他方法更为准确的结果。

(2) 随机森林是一种比较新的机器学习模型。经典的机器学习模型是神经网络，有半个多世纪的历史了。神经网络预测精确，但是计算量很大。20 世纪 80 年代 Breiman 等人发明了分类树的算法（Breiman 等，1984 年），通过反复二分数据进行分类或回归，计算量大大降低。2001 年 Breiman 把分类树组合成随机森林（Breiman，2001 年），即在变量（列）的使用和数据（行）的使用上进行随机化，生成很多分类树，再汇总分类树的结果。随机森林在运算量没有显著提高的前提下提高了预测精度。随机森林对多元公线性不敏感，结果对缺失数据和非平衡的数据比较稳健，可以很好地预测多达几千个解释变量的作用（Breiman，2001 年），被誉为当前最好的算法之一（Iverson 等，2008 年）。

12.4.4 数据库技术

在生物信息学中，数据库技术是最基本的技术。生物分子的信息存储、管理、查询等功能是建立在数据库管理系统之上。目前的分子信息数据库大都用关系数据库管理系统。

12.4.5 分子模型化技术

分子模型化是利用计算机分析分子结构的一种技术。模型化方法，是把所考察的实际问题的复杂过程和关系简化为若干组成要素，根据其特征，用一些图形、符号把这些要素的作用、地位和相互关系抽象出来，成为一种理想化了的代表，从而构造相应的"模型"，这种模型可以是图示模型或数学模型，通过对模型的研究，使实际问题得以解决的一种研究方法。揭示生物大分子的结构时，用建立理想模型的方法是一种成功的选择。模型实际上是假设的一种特殊形式,也可以说是科学性和假定性的辩证统一。它不仅要在一定时间内接受检验,而且还要在实践中扩展、补充和修正。分子模型化包括显示分子的三维结构,显示分子的理化或电化学特性,将分子小片段组装成更大的分子片段或完整的分子结构。利用分子模型化软件,用户可以通过交互操作平移、旋转和缩放分子的三维结构,从不同的角度观察分子构象和形状。对于 DNA 分子,人们可以直观地观察双螺旋结构,看到两条链的走向,还可以研究碱基之间的氢键配对。对于蛋白质分子,既可以观察其结构骨架,可以观察其外观形状,也可以研究其活性部位或结合部位的结构。

12.4.6　分子力学和量子力学计算

分子力学(molecular mechanics)是建立在经典力学理论基础上,借助经验和半经验参数计算分子结构和能量的方法,又称为力场方法(force field method)。该方法的基本思想是将分子看作是一组靠弹性力维系在一起的原子的集合。这些原子若过于靠近,则会受到排斥力的影响;若远离,则会造成连接它们的化学键的拉伸或压缩、键角的扭曲,引起分子内部引力的增加。每个真实分子的结构,都是上述几种作用达到平衡的结果。量子力学(quantum mechanics)是研究物质世界微观粒子运动规律的物理学分支,主要研究原子、分子、凝聚态物质以及原子核和基本粒子结构、性质的基础理论。量子力学与相对论一起构成现代物理学的理论基础。量子力学不仅是现代物理学的基础理论之一,而且在化学等学科和许多近代技术中得到广泛应用。在分子构象优化研究方面必须要用量子力学或分子力学。结构优化工作按理应该用量子力学来完成,但是由于生物大分子体系太复杂,包含几千个原子,超过了目前量子力学方法可以处理的体系范围,所以研究生物大分子的构象,主要还是用基于半经验势函数的分子力学方法,而量子力学则在确定势函数的参数和研究局部性质时起作用。

12.4.7　分子动力学模拟

分子动力学模拟是一种重要的统计物理方法,在物理和化学上早有应用。用此方法可以研究蛋白质的构象,对蛋白质进行动力学研究,这是利用计算机进行模拟实验的基础。分子动力学是一门结合物理、数学和化学的综合技术。分子动力学是一套分子模拟方法,该方法主要是依靠牛顿力学来模拟分子体系的运动,以在分子体系的不同状态构成的系统中抽取样本,从而计算体系的构型积分,并以构型积分的结果为基础进一步计算体系的热力学量和其他宏观性质。从统计物理学中衍生出来的分子动力学模拟方法(molecular dynamics simulation,MDS),经实践证明是一种描述纳米科技研究对象的有效方法,得到越来越广泛的重视。所谓分子动力学模拟,是指对于原子核和电子所构成的多体系统,用计算机模拟原子核的运动过程,从而得到系统的结构和性质,其中每一个原子核被视为在全部其他原子核和电子所提供的经验势场作用下按牛顿定律运动。它被认为是 21 世纪以来除理论分析和实验观察之外的第三种科学研究手段,称为"计算机实验"手段,在物理学、化学、生物学和材料科学等许多领域中得到广泛应用。

12.5　生物信息学的应用

生物信息学在生物科学方面的应用最为广泛,如基因变异和表达的分析、基因和蛋白质结构与功能的分析和预测、基因调控网络的预测和鉴定、细胞环境的模拟等。

(1) 医学、药物学方面　生物信息学在现代医学方面也起到了相当重要的作用,如通过对一些临床资料的收集、整理、分析等,可对某些疾病的病因(如是否由遗传因素引起)、治疗效果及用药等方面进行分析和估计。通过对基因表达数据的分析，还可以对疾病存活率、高风险人群等进行估计。

研究结果表明，很多人类疾病都与遗传因素有关。即使是某些最普遍的疾病，如流感等，都在一定程度上与遗传因素有关。有些人对某类疾病具有易感性，比如，黄种人比白种人易感染乙肝疾病。随着生物科学和医学的进一步发展，人们对健康的认识水平也不断提高。由此带来了对药物产业的重视，从而推动了药物产业的发展，许多药物公司和科研单位都积极投入到药物的开发与设计中来。传统的药物产业开始充分利用各种有效手段寻找新药，改变传统的寻找新药的途径，即除了利用生物学和化学手段外，还充分利用现有的生物信息学技术来寻找、合成新药。生物信息学在药物产业上的应用有药物靶点的筛选与鉴别、新药设计等方面。

(2) 工业、农业方面　　随着生物科学的快速发展，生物科学也逐渐渗透到工业、农业中来。基因工程药物、疫苗、转基因动植物产品相继问世，当然这其中少不了生物信息学的帮助。我国的科学家们也充分利用我国的资源优势，大力开展我国的工业、农业相关研究。比如在农业方面：积极开展重要农作物功能基因组的研究，建立规模化、成熟、高效的植物遗传转化再生体系，保证大量获得转基因植物，从而有利于转基因性状与其他农用性状的组合筛选，并对现有的一些物种进行遗传资源改良。

(3) 其他方面　　如基因表达谱分析、代谢网络分析、基因芯片设计和蛋白质组学数据分析等，逐渐成为生物信息学中新兴的重要研究领域。在学科方面，由生物信息学衍生的学科包括结构基因组学、功能基因组学、比较基因组学、蛋白质组学、药物基因组学、中药基因组学、肿瘤基因组学、分子流行病学和环境基因组学等都已成为系统生物学的重要研究方法。

12.6　生物信息学的研究趋势及未来挑战

作为将计算机与信息科学技术运用到生命科学，尤其是分子生物学研究中的重大交叉学科和前沿研究领域，生物信息学已成为基因组研究中强有力的必不可少的研究手段。从国内外近十几年的研究和应用情况来看，生物信息学在理论上促进了生物学的发展，使人类对生命本质的认识更加深刻。生物信息学改变了传统的生物学研究方法，提高了生物学实验的科学性和研究的效率，生物科学在生物信息学的推动下将会发生一场革命。生物信息学的研究结果不仅具有重要的理论价值，还可以直接应用到工农业生产和医疗实践当中，广泛地用于缩短药物开发周期、加快新基因的寻找过程等研究领域。

由于生物信息学是门崭新的学科，目前生物信息学存在着不少的难题有待解决。首先，生物信息学理论研究还十分薄弱。生物信息学的学科交叉特性对许多涉及其中的学科都提出了巨大的挑战。生物信息学包括统计生物学、生物数学、分子生物学、生物物理学、生物化学、计算生物学、信息科学等相关学科。如果相关学科的基础理论研究得不到相应的发展，生物信息学的发展也将受到严重制约。其次，随着生物学数据库增长幅度的加大，数据整合的难度和需求不断加大，新的计算机和信息科学技术不断被引入。由此，新的数据挖掘算法和新的技术支撑平台体系不断涌现，计算复杂度越来越高，从而推动了可重构计算、网格计算和协同工作环境技术的发展。复杂生命体系模拟技术以及与之配套的大型知识库建设已经成为新一轮生物信息技术发展的基础，可统一描述基因调控、生化代谢网络动力学机制的数学模型，文本数据的语义学标准的建立是生物信息学和计算生物学面临的挑战。最后是如何监控生物数据质量的挑战，监控已有数据的可信度对生物信息学的持续发展有着十分重要的意义。

由于生物信息学对生物学基础研究、实验研究及生物医学应用具有重大的意义，而且未来生物学领域的高效、快速发展也将有赖于生物信息学的发展，国内外对此研究领域都非常重视，各种专业研究机构和公司如雨后春笋般涌现出来，生物科技公司和制药公司内部生物信息学部门的数量也与日俱增。结合临床实验、基因组学数据和信息知识发现的诊断和预测分析的生物信息和生物统计技术产业已经成为风险基金投入的新的重点方向。与高通量生物技术配套的生物信息技术和计算生物技术支撑平台与软件系统，成为生物信息技术研发的主流并具有可观的市场前景。基于网格的生物信息技术和计算生物技术的应用研发已经成为国际上重点支持的一个新的方向。生物信息的可协同和可重构计算正在发展之中。

总的来说，生物信息和生物计算技术的发展趋势表现为：从单个基因、蛋白质到网络、系统；多尺度组学数据的整合和体系模拟；多学科高度交叉，并引导和设计实验；面向疾病研究，支撑药物研发；形成工业化的面向制药企业、中小型生物技术产业的计算、信息化管理和生物信息技术支撑体系。随着研究的深入，生物信息学的影响将远远超出生命科学领域。在推动生命科学相关学科的同时，生物信息学的研究成果也将带来重大的社会效益和经济效益。

生物信息学是建立在分子生物学的基础上的，因此，要了解生物信息学，就必须先对分子生物学的发展有一个简单的了解。正是由于分子生物学的研究对生命科学的发展有巨大的推动作用，生物信息学的出现也就成了一种必然。2001年2月，人类基因组工程测序的完成，使生物信息学走向了一个高潮。由于DNA自动测序技术的快速发展，DNA数据库中的核酸序列公共数据量以每天106bp的速度增长，生物信息迅速地膨胀成数据的海洋。毫无疑问，我们正从一个积累数据向解释数据的时代转变，数据量的巨大积累往往蕴含着潜在突破性发现的可能，"生物信息学"正是以这一前提产生的交叉学科。同时，对生物信息学工作者提出了严峻的挑战：数以亿计的ACGT序列中包含着什么信息？基因组中的这些信息怎样控制有机体的发育？基因组本身又是怎样进化的？生物信息学的另一个挑战是从蛋白质的氨基酸序列预测蛋白质结构。这个难题已困扰理论生物学家达半个多世纪，如今找到问题答案的需求正变得更加迫切。诺贝尔奖获得者W. Gilbert在1991年曾经指出："传统生物学解决问题的方式是实验的。现在，基于全部基因都将知晓，并以电子可操作的方式驻留在数据库中，新的生物学研究模式的出发点应是理论的。一个科学家将从理论推测出发，然后再回到实验中去，追踪或验证这些理论假设。"

综上所述，不难看出，生物信息学并不是一个足以乐观的领域，究其原因，其是基于分子生物学与多种学科交叉而成的新学科，仍表现为各种学科的简单堆砌，相互的联系并不是特别紧密。在处理大规模数据方面，没有行之有效的一般性方法；而对于大规模数据内在的生成机制也没有完全明了，这使得生物信息学的研究在短期内很难有突破性的结果。仅仅依靠计算机科学是不能真正解决上述问题的，还需要从生物学自身出发，再加上数学上的新思路来获取解决问题的本质性动力。毫无疑问，正如Dulbecco（1986年）所说："人类的DNA序列是人类的真谛，这个世界上发生的一切事情，都与这一序列息息相关"。但要完全破译这一序列以及相关的内容，我们还有相当长的路要走。

12.7 蛋白质功能研究

众所周知，基因是具有遗传功能的单元，一个基因是DNA片段中核苷酸的特定序列，此序列载有某特定蛋白质的遗传信息。所以DNA核苷酸序列是遗传信息的储存者，它通过自主复制得以保存，通过转录生成信使RNA，进而翻译成蛋白质的过程来控制生命现象，即储存在核酸中的遗传信息通过转录、翻译成为蛋白质，体现为丰富多彩的生物界，这就是生物学中的中心法则（central dogma）。

蛋白质是由许多氨基酸聚合而成的生物大分子化合物，是生命的最基本物质之一。蛋白质（protein）一词由 19 世纪中期荷兰化学家穆尔德（Geraruds Mulder）命名。自然界中的蛋白质种类有很多。从分子形状上看，蛋白质有球状（球蛋白）和纤维状（纤维蛋白）两种类型。按化学组成来分，蛋白质可分为两大类：一类是简单蛋白，它全是由 α-氨基酸组成；另一类是结合蛋白，这类蛋白除含 α-氨基酸外，还含有核酸、脂类、糖、色素以及金属离子等。

蛋白质是重要的生物大分子，其组成单位是氨基酸。组成蛋白质的常见氨基酸有 20 种，均为 α-氨基酸。每个氨基酸的 α-碳上连接一个羧基，一个氨基，一个氢原子和一个侧链 R 基团。20 种氨基酸结构的差别就在于它们的 R 基团结构的不同。根据侧链 R 基团的极性，可将 20 种氨基酸分为四大类：非极性 R 基氨基酸（8 种）；不带电荷的极性 R 基氨基酸（7 种）；带负电荷的 R 基氨基酸（2 种）；带正电荷的 R 基氨基酸（3 种）。

蛋白质是具有特定构象的大分子，一般将蛋白质结构分为四个结构水平，包括一级结构、二级结构、三级结构和四级结构。一级结构是指蛋白质多肽链中氨基酸的排列顺序。蛋白质的二级结构是指多肽链骨架盘绕折叠所形成的有规律性的结构。最基本的二级结构类型有 α-螺旋结构和 β-折叠结构，此外还有 β-转角和自由回转结构。蛋白质的三级结构是整个多肽链的三维构象，它是在二级结构的基础上，多肽链进一步折叠卷曲形成复杂的球状分子结构，这个过程中侧链 R 基团的相互作用对稳定球状蛋白质的三级结构起着重要作用。蛋白质的四级结构是指数条具有独立三级结构的多肽链通过非共价键相互连接而成的聚合体结构。在具有四级结构的蛋白质中，每一条具有三级结构的肽链称为亚基或亚单位，缺少一个亚基或亚基单独存在时都不具有活性。

蛋白质功能的复杂性和多样性是建立在结构多样性的基础上，蛋白质的空间结构取决于它的一级结构，多肽链上的氨基酸排列顺序包含形成复杂三维结构（即正确的空间结构）所需要的全部信息。蛋白质的结构决定着蛋白质的性质。蛋白质中的氨基酸序列与生物功能密切相关，一级结构的变化往往导致蛋白质生物功能的变化。如镰刀型细胞贫血症，其病因是血红蛋白基因中一个核苷酸的突变导致该蛋白质分子中 β-链第 6 位谷氨酸被缬氨酸取代。这个一级结构上的细微差别使患者的血红蛋白分子容易发生凝聚，导致红细胞变成镰刀状，容易破裂引起贫血，即血红蛋白的功能发生了变化。

除了上述的四种结构以外，在研究蛋白质的结构与功能时还引入了一个结构域（domain）的概念。它又称为模块（motif），是介于二级结构和三级结构之间的一种结构层次，是指蛋白质亚基结构中明显分开的紧密球状结构区域。对于较小的蛋白质分子或亚基来说，结构域和三级结构往往是一个意思，就是说这些蛋白质是单结构域的。结构域一般有 100~200 个氨基酸残基，结构域之间常常由一段柔性的肽链相连，形成所谓的铰链区，使结构域之间可以发生相对移动。每个结构域承担一定的生物学功能，几个结构域协同作用，可体现出蛋白质的总体功能。例如，脱氢酶类的多肽主链有两个结构域，一个是烟酰胺腺嘌呤二核苷酸（nicotinamide adenine dinucleotide，NAD^+）结合结构域，另一个是起催化作用的结构域，两者组合成脱氢酶的脱氢功能区。结构域间的裂缝常是活性部位，也是反应物的出入口。一般情况下，酶的活性部位位于两个结构域的裂缝中。

12.8 蛋白质数据库简介

随着 HGP 计划的不断深入以及测序技术的不断改进，蛋白质序列信息也呈指数增长，将这些序列（即蛋白质的一级结构）作为数据源，辅以序列来源、序列发布时间、序列参考文献、序列特征等内容加以注释，最终形成蛋白质序列数据库。蛋白质数据库不论其数据为何种形式，都具备三种功能：一是对数据的注释功能，所有提交到数据库的数据都要由作者或数据库管理人员进行注释方能发布；二是对数据的检索功能，数据经注释之后，访问者就可以通过数据库网页上提供的搜索引擎进行搜索，找到自己所需的蛋白质信息；三是对数据的生物信息分析功能，访问者一旦找到感兴趣的蛋白质，就可以运用数据库提供的生物信息分析工具对蛋白质序列的相关信息进行分析研究，最终可预测它们的未知数据。

12.8.1 综合性蛋白质数据库

目前规模比较大的综合型蛋白质序列数据库有：瑞士的 Swiss-Prot/TrEMBL，美国、德国、日本三国合建的国际 PIR 库，NCBI 的 GenBank 等。

Swiss-Prot 是对数据人工审读很严格的数据库，只有实际存在的蛋白质才被收入。每一条数据都有详细注释，包括功能、结构域、翻译后的修饰等以及齐全的引文和与其他许多数据库的链接，它的冗余度比较低。一般来说，任何蛋白质序列数据的搜寻和比较都应当从 Swiss-Prot 开始。

TrEMBL 是从 EMBL 库中的核酸序列翻译出来的氨基酸序列，已经完成了自动注释。它又分成两部分：SP-TrEMBL 的条目已由专家人工分类并且赋予了 Swiss-Prot 库的索取号，但是还没有通过人工审读被最终收入 Swiss-Prot；REM-TrEMBL（REMaining TrEMBL）包含由于某种原因而还没有收入 Swiss-Prot 的条目。

PIR 库（Protein Information Resource）是一个国际蛋白质序列数据库，它包含所有序列已知的自然界中野生型蛋白质的信息。该库是提供按同源性和分类学组织的综合非冗余数据库。PIR 内容分为四级：完全分类清楚、已检查和分类、未检查和未解码翻译。

GenBank 库包含了所有已知的核酸序列和蛋白质序列，以及与它们相关的文献著作和生物学注释，其数据直接来源于测序工作者提交的序列，由测序中心提交的大量 EST 序列和其他测序数据，以及与其他数据机构协作交换数据而来。Genbank 的数据可以从 NCBI 的 FTP 服务器上免费下载完整的库，或下载积累的更新数据。表 12-3 列出了一些重要的综合型蛋白质数据库。

表 12-3 重要的综合性蛋白质数据库

数据库名称	数据库的描述	网址
NCBI Protein database	All protein sequences: translated from GenBank and imported from other protein databases	http://www.ncbi.nlm.nih.gov/entrez
PIR	Protein information resource: a collection of protein sequence databases, part of the UniProt project	http://pir.georgetown.edu/
PIR-NREF	PIR's non-redundant reference protein database	http://pir.georgetown.edu/pirwww/index.shtml
PRF	Protein research foundation database of peptides: sequences, literature and unnatural amino acids	http://www.prf.or.jp/
Swiss-Prot	Curated protein sequence database with a high level of annotation (protein function, domain structure, modifications)	http://www.expasy.org/sprot
TrEMBL	Translations of EMBL nucleotide sequence entries: computer-annotated supplement to Swiss-Prot	http://www.expasy.org/sprot
UniProt	Universal protein knowledgebase: a database of protein sequence from Swiss-Prot, TrEMBL and PIR	http://www.uniprot.org

12.8.2 专用性蛋白质数据库

在生物信息学的研究领域，大部分的工作都是建立在综合型蛋白质数据库基础上而开发的通用工具，关于单个蛋白质家族的研究工作还很少。目前，已经出现了不少特定领域的专用数据库供大家使用（见表12-4）。

表 12-4 专用蛋白质数据库

数据库名称	数据库描述	网址
AARSDB	Aminoacyl-tRNA synthetase database	http://rose.man.poznan.pl/aars/index.html
TCDB	Transporter classification database	http://www.tcdb.org/
ASPD	Artificial selected proteins/peptides database	http://wwwmgs.bionet.nsc.ru/mgs/gnw/aspd/
BacTregulators	Transcriptional regulators of AraC and TetR families	http://www.bactregulators.org/
CSDBase	Cold shock domain-containing proteins	http://www.chemie.uni-marburg.de/~csdbase/
RNA Helicase	Family Database DEAD-box, DEAH-box and DExH-box proteins	http://www.rnahelicase.org/
Endogenous GPCR List	G protein-coupled receptors; expression in cell lines	http://www.tumor-gene.org/GPCR/gpcr.html
ESTHER	Esterases and other alpha/beta hydrolase enzymes	http://bioweb.ensam.inra.fr/ESTHER/general?what=index
EyeSite	Families of proteins functioning in the eye	http://eyesite.cryst.bbk.ac.uk
GPCRDB	G protein-coupled receptors database	http://gpcrdb.org/
HistoneDB 2.0	Histone fold sequences and structures	https://www.ncbi.nlm.nih.gov/research/HistoneDB2.0/index.fcgi/browse/
HIV Protease Database	HIV reverse transcriptase and protease sequences	http://hivdb.stanford.edu/
Homeobox Page	Homeobox proteins, classification and evolution	http://www.biosci.ki.se/groups/tbu/homeo.html
HORDE	Human olfactory receptor data exploratorium	https://genome.weizmann.ac.il/horde/
KinG	Ser/Thr/Tyr-specific protein kinases encoded in complete genomes	http://king.mbu.iisc.ernet.in/
Lipase Engineering Database	Sequence, structure and function of lipases and esterases	http://www.led.uni-stuttgart.de/
MEROPS	Database of proteolytic enzymes(peptidases)	http://www.merops.ac.uk/
MPIMP	Mitochondrial protein import machinery of plants	http://millar3.biochem.uwa.edu.au/
NPD	Nuclear protein database	http://npd.hgu.mrc.ac.uk/
Wnt Database	Wnt proteins and phenotypes	http://www.stanford.edu/~rnusse/wntwindow.html
Olfactory Receptor Database	Sequences for olfactory receptor-like molecules	https://senselab.med.yale.edu/ordb
ooTFD	Object-oriented transcription factors database	http://www.ifti.org/ootfd

续表

数据库名称	数据库描述	网址
PLANT-PIs	Plant protease inhibitors	http://www.plantpis.ba.itb.cnr.it/
REBASE	Restriction enzymes and associated methylases	http://rebase.neb.com/rebase/rebase.html
Ribonuclease P Database	RNase P sequences, alignments and structures	2http://www.mbio.ncsu.edu/RNaseP/home.html
S/MARt dB	Nuclear scaffold/matrix attached regions	http://smartdb.bioinf.med.uni-goettingen.de/
SDAP	Structural database of allergenic proteins and food allergens	http://fermi.utmb.edu/SDAP
SEVENS	7-transmembrane helix receptors (G-protein-coupled)	http://sevens.cbrc.jp/
SRPDB	Proteins of the signal recognition particles	http://bio.lundberg.gu.se/dbs/SRPDB/SRPDB.html
VIDA	Homologous viral protein families database	http://www.biochem.ucl.ac.uk/bsm/virus_database/VIDA.html
LGICdb	Ligand-gated ion channel subunit sequences database	http://lenoverelab.org/LGICdb/LGICdb.php
HMRbase	database of hormones and their receptors	http://crdd.osdd.net/raghava/hmrbase/
DOR	provides sequence and structural information on olfactory receptors	http://caps.ncbs.res.in/DOR/
LOVD	ribosomal protein genes which are mutated in Diamond-Blackfan Anemia	http://www.dbagenes.unito.it/home.php
Kinomer	systematically classified eukaryotic protein kinases	http://www.compbio.dundee.ac.uk/kinomer/index.html
JASPAR	database of transcription factor binding profiles	http://jaspar.genereg.net/
footprintDB	transcription factors database	http://floresta.eead.csic.es/footprintdb/

12.9 蛋白质序列的特征提取方法

蛋白质序列的描述方法通常有两种模式：序列模式（sequential mode）和离散模式（discrete mode）。前者按照氨基酸在蛋白质序列中的排列位置将蛋白质序列描述为一条字母序列，它同时包含序列中氨基酸的位置和排列信息，但是不适用于统计类方法进行处理；后者是将蛋白质序列描述为离散值或多维向量，它能适用于统计类方法进行处理，但是很难包含序列中氨基酸全部的顺序和排列信息。如何从一条蛋白质序列中提取特征信息，并用适当的数学方法来描述或表示这些信息，使之能正确反映序列与结构或功能之间的关系，对于蛋白质分类研究是至关重要的，也是决定分类质量的关键。1994 年 Nakashima 和 Nishikawa 在研究中发现蛋白质的亚细胞定位与该蛋白质的氨基酸组成有关，并最早提出基于氨基酸组成的特征提取方法。然而，仅用 20 种氨基酸的百分比组成近似地表示一条蛋白质序列，不可避免地会丢失一些重要信息。例如，一条长度为 50 个氨基酸的蛋白质序列，可能存在的排列方式有 $20^{50} \approx 1.1259 \times 10^{65}$ 种，而所有可能的氨基酸百分比组成有 $C(69, 50) \approx 1.6 \times 10^{17}$ 种。这表明，平均大约每 7×10^{47} 种（长度为 50 个氨基酸的）蛋白质序列具有完全相同的一种氨基酸百分比组成。事实上，多数蛋白质的序列长度远远超过 50 个氨基酸，而且不同长度的蛋白质序列也可能具有相同的氨基酸组成。因此，人们在研究蛋白质分类问题的不同应用时，提出了不同的蛋白质序列特征提取算法以改进模型的分类能力。蛋白质序列的特征提取不仅是各种分类模型的基础，而且对不同特征提取方法的比较分析还有助于理解蛋白质"序列-结构-功能"之间的关系。以下为讨论方便，将一条蛋白质序列从 N 端到 C 端表示为 $S = R_1 R_2 R_3, \cdots, R_L$。其中，$R_i$ 表示蛋白质序列中第 i 个位置上的氨基酸；L 为氨基酸总数，定义为蛋白质序列的长度。20 种氨基酸用单字母代码表示如下：AA={A, C, D, E, F, G, H, I, K, L, M, N, P, Q, R, S, T, V, W, Y}。

12.9.1 基于氨基酸组成和位置的特征提取方法

一条蛋白质序列包含的基本信息是 20 种氨基酸的种类和排列顺序，因此基于蛋白质序列中氨基酸的组成和位置的特征提取方法是最简单、最直观的方法，主要有氨基酸组成、n 阶耦联组成和 k 阶残基耦联作用。

(1) 氨基酸组成（amino acid composition，AAC） 氨基酸组成简单地表示了 20 种氨基酸在蛋白质序列中出现的概率，是一种基本的蛋白质序列特征提取方法。氨基酸组成将蛋白质序列映射到 20 维欧氏空间的一个点，用向量表示为：

$$\boldsymbol{V}_{\text{AAC}}(S) = (v_1, v_2, v_3, \cdots, v_{20})^T \tag{12-1}$$

其中，$v_i = f_i / \sum_{j=1}^{20} f_j$，$f_i$ 为第 i（$i = 1, 2, \cdots, 20$）种氨基酸在蛋白质序列中出现的次数。显然，$\sum_{i=1}^{20} v_i = 1$ 氨基酸组成计算方便，在蛋白质分类研究中是应用最普遍的一种序列特征提取算法。

(2) n 阶耦联组成（n-order coupled composition，n-OCC） n 阶耦联组成考虑了邻近的 n 个氨基酸对某个氨基酸的耦联作用。当 $n = 0$ 时耦联组成退化为氨基酸组成，用一个 20 维的向量来表示；当 $n = 1$ 时，耦联组成表示为一个 20×20 的条件概率矩阵：

$$\boldsymbol{\psi}_1(S) = \begin{bmatrix} P(A|A) & P(C|A) & P(D|A) & \cdots & P(Y|A) \\ P(A|C) & P(C|C) & P(D|C) & \cdots & P(Y|C) \\ P(A|D) & P(C|D) & P(D|D) & \cdots & P(Y|D) \\ \vdots & \vdots & \vdots & \vdots & \vdots \\ P(A|Y) & P(C|Y) & P(D|Y) & \cdots & P(Y|Y) \end{bmatrix}_{20 \times 20} \tag{12-2}$$

其中 $P(a_1|a_2)$ 表示蛋白质序列中氨基酸 a_1 出现并且氨基酸 a_2 紧邻其后的概率。此时，有 $\sum_{i=1}^{20} \sum_{j=1}^{20} P(a_i|a_j) = 1$。当 $n > 2$ 时，n 阶耦联组成用多维的条件概率矩阵表示。n 阶耦联组成在很多文献中也被称为多肽链组成（polypeptide composition）。

(3) 残基耦联模型（residue couple model，RCM） k 阶（$k < L$）残基耦联作用定义如下：

$$X_{i,j}^k = \frac{1}{L-k} \sum_{n=1}^{L-k} H_{i,j}(n, n+k) \tag{12-3}$$

其中，i、j 分别代表 20 种不同的氨基酸；当序列中的位置 n 上是氨基酸 i 且位置 $n+k$ 是氨基酸 j 时，$H_{i,j}(n, n+k)=1$，否则为 0。显然，1 阶残基耦联模型即为 1 阶耦联作用，表示连续两个氨基酸对之间的作用；当 $k>1$ 时表示的是相隔 $k-1$ 个氨基酸对之间的作用。RCM 方法在一些文献中[21,29]也称为 k 空缺氨基酸对组成（k-gapped amino acid pair composition）或高次二肽组成（high order dipeptide composition）。

12.9.2 基于氨基酸物理化学特性的特征提取方法

氨基酸的侧链决定氨基酸的种类，20 种氨基酸侧链在形状、大小、负电性、疏水性以及酸碱性等方面都存在差异。正是 20 种氨基酸侧链特性的差异，使各种不同组合的氨基酸序列具有各种不同的结构，并适应各类环境，完成其特定的生理功能。基于氨基酸物理化学特性的特征提取算法是另一大类方法，主要有自相关函数、伪氨基酸组成、Zp 曲线、疏水模式以及类序列顺序作用等。

（1）自相关函数（auto-correlation function，ACF）　1999 年 Bu 等在结构型预测问题中引入了自相关函数方法，它是一种基于氨基酸指数（amino acid index）的描述方法。氨基酸指数是定量表示 20 种氨基酸不同物理化学和生物化学性质的一组数值。ACF 方法首先根据氨基酸指数将蛋白质序列转化为一条数值序列，其中 h_i 为第 i 个氨基酸对应的氨基酸指数值（$i=1, 2, \cdots, L$）；然后定义 S_h 的自相关函数：

$$r_n = \frac{1}{L-n} \sum_{i=1}^{L-n} h_i h_{i+n}, \quad n=1,2,\cdots,m \tag{12-4}$$

m 是一个待定的整数，$m<L$。从而得到向量：

$$\boldsymbol{V}_{\mathrm{ACF}} = (r_1, r_2, \cdots, r_m)^{\boldsymbol{T}} \tag{12-5}$$

（2）伪氨基酸组成（pseudo amino acid composition，PseAA）　2001 年 Chou 提出了伪氨基酸组成方法，它是一个（20+λ）维的向量，其中前 20 维是氨基酸组成，后 λ 维元素可由下式得到：

$$\theta_j = \frac{1}{L-\lambda} \sum_{i=1}^{L-j} \Theta(\mathrm{R}_i, \mathrm{R}_j) \quad j=1,2,\cdots,\lambda \tag{12-6}$$

其中：

$$\Theta(\mathrm{R}_i, \mathrm{R}_j) = \frac{1}{3}\{[H_1(\mathrm{R}_j)-H_1(\mathrm{R}_i)]^2 + [H_2(\mathrm{R}_j)-H_2(\mathrm{R}_i)]^2 + [M(\mathrm{R}_j)-M(\mathrm{R}_i)]^2\} \tag{12-7}$$

$H_1(\mathrm{R})$、$H_2(\mathrm{R})$、$M(\mathrm{R})$ 分别表示氨基酸 R 的疏水指数、亲水指数和侧链分子量。进行归一化处理后得到一个（20+λ）维单位向量：

$$\boldsymbol{V}_{\mathrm{PAA}} = (x_1, x_2, \cdots, x_{20}, x_{21}, \cdots, x_{20+\lambda})^{\boldsymbol{T}} \tag{12-8}$$

其中

$$x_u = \begin{cases} \dfrac{f_u}{\sum_{i=1}^{20} f_i + \omega \sum_{j=1}^{\lambda} \theta_j} & 1 \leqslant u \leqslant 20 \\[2mm] \dfrac{\omega \theta_{u-20}}{\sum_{i=1}^{20} f_i + \omega \sum_{j=1}^{\lambda} \theta_j} & 21 \leqslant u \leqslant 20+\lambda \end{cases} \tag{12-9}$$

式中，f_u 为 20 种氨基酸在蛋白质序列中出现的频率。在实际的应用中，后 λ 维元素也可由其他方法得到。更为普遍的将氨基酸组成上加入其他特征信息并进行加权归一化处理的特征提取算法统称为广义伪氨基酸组成方法。

（3）Zp 曲线和 Zp 参数　Zp 曲线是基于氨基酸疏水性和极性的一条三维空间曲线。它首先将 20 种氨基酸分成四组：a. 疏水氨基酸用 A 表示，包括 A、F、I、L、M、P、V、W；b. 极性氨基酸用 P 表示，包括 Y、T、S、Q、N、G、C；c. 带正电的氨基酸用 C^+ 表示，包括 H、K、R；d. 带负电的氨基酸用 C^- 表示，包括 D、E。蛋白质序列 S 的 Zp 曲线是三维空间内一系列的点连接而成的曲线，这些点的坐标（x_n，y_n，z_n）定义为：

$$\begin{cases} x_n = (A_n - P_n) - (C_n^+ + C_n^-) \\ y_n = (A_n + C_n^+) - (P_n + C_n^-) \\ z_n = (A_n + C_n^-) - (P_n + C_n^+) \end{cases} \tag{12-10}$$

其中，A_n，P_n，C_n^+，C_n^- 分别指从序列 S 的第 0 个到第 n 个氨基酸中，疏水性氨基酸、极性氨基酸、带正电氨基酸和带负电氨基酸的累计个数，并定义：

$$A_0 = P_0 = C_0^+ = C_0^- = 0; x_0 = y_0 = z_0 = 0 \tag{12-11}$$

然后利用坐标可以构造 Zp 参数：

$$R^x = \{r_1^x, r_2^x, \cdots, r_{k_x}^x\} \tag{12-12}$$

$$R^y = \{r_1^y, r_2^y, \cdots, r_{k_y}^y\} \tag{12-13}$$

$$R^z = \{r_1^z, r_2^z, \cdots, r_{k_z}^z\} \tag{12-14}$$

其中，$r_i^\alpha = \alpha_{L/i}/(L/i)$；$i = 1, 2, \cdots, k_\alpha$；$\alpha \in \{x, y, z\}$；$k_\alpha$ 为常数。

（4）疏水模式组成（hydrophobic pattern，HP）　20 种氨基酸侧链的极性决定氨基酸的亲水性和疏水性。极性氨基酸易于和水结合形成氢键，在水溶液中多形成蛋白质的表面；非极性氨基酸则呈现疏水性，在水溶液中，疏水侧链相互聚集，形成蛋白质的疏水内核，这种作用称为疏水作用。氨基酸的疏水作用在蛋白质折叠过程中承担重要作用，而且不同的疏水模式在不同二级结构中出现的可能性也不相同。主要有六种疏水模式：（I，I+2）和（I，I+2，I+4）多出现在 β 折叠片中；（I，I+3），（I，I+3，I+4），（I，I+1，I+4）多出现在 α 螺旋中，另外，（I，I+5）也是经常出现在蛋白质序列中的一种疏水模式。各种疏水模式在蛋白质序列中出现的频率反映蛋白质序列的折叠特征，在蛋白质分类研究中作为氨基酸组成的补充描述蛋白质序列。

（5）类序列顺序作用（quasi-sequence-order effect，QSOE）　类序列顺序作用可以如下定义：

$$\tau_j = \frac{1}{N-j} \sum_{i=1}^{N-j} J_{i,i+j} \quad j = 1, 2, \cdots, N-1 \tag{12-15}$$

其中，τ_j 称为 j 阶序列顺序耦合作用，耦合因子 $J_{i,k}$ 是氨基酸 R_i 和 R_k 的函数，定义如下：

$$J_{i,k} = D^2(R_i, R_k) \tag{12-16}$$

其中，$D(R_i, R_k)$ 是一个基于疏水性、极性、侧链大小等得出的一个用来刻画氨基酸间物理化学距离的函数。

12.9.3　基于数据库信息挖掘的特征提取方法

随着大规模基因组测序的进行，目前蛋白质数据库中存储了大量的序列、结构以及相关功能信息。众所周知，蛋白质的功能由其三维空间结构所唯一决定，而其结构又由其序列决定，因此基于"序列-结构-功能"的决定关系，人们提出了基于数据库信息挖掘的方法，典型的有功能结构域组成和基因本体论特征提取方法。

(1) 功能结构域组成（functional domain composition，FunD） 功能结构域组成方法主要利用功能结构域数据库 InterPro，该数据库包含许多已知的结构域类型。假定所采用的数据库版本中含有 N 条结构域，则可通过下述过程将蛋白质序列转换成 N 维结构域组成方法：

a. 对于一条给定的蛋白质，利用 IPRSCAN 程序搜索整个数据库，若能找到条目，比如 IPR000814，就表明该蛋白质包含一条序列片段非常类似于数据库中编号为 814 的结构域，则将 N 维向量的第 814 个位置赋值为 1，否则为 0。

b. 依据 a. 过程可将蛋白质序列表示为 N 维组成。

$$P = \begin{bmatrix} P_1 \\ P_2 \\ \vdots \\ P_j \\ \vdots \\ P_N \end{bmatrix} \quad (12\text{-}17)$$

其中，$P_j = \begin{cases} 1 & \text{能在数据库中找到编号为 } j \text{ 的条目} \\ 0 & \text{其他} \end{cases}$

(2) 基因本体论（gene ontology，GO） 本体论（ontology）是一个哲学上的概念，用于描述事物的本质，它提供了区分不同类型事物以及它们之间联系的一种标准。基因本体论是关于基因和蛋白质知识的标准词汇，是今后实现各种与基因相关数据的统一、进行数据转换、开展数据挖掘的基础。基因本体论特征提取方法利用基因本体论数据库 GO，该数据库包含三大独立的本体：生物过程（biological process）、分子功能（molecular function）和细胞组成（cellular component）。具体的计算过程如下：

a. 首先将 InterPro 数据库映射到 GO，可以得到 InterPro2GO（ftp：//ftp.ebi.ac.uk/pub/databases/interpro/interpro2go/），每一个 InterPro 条目对应一个 GO 号。一条蛋白质可能具有多个生物功能或者参与多个生物过程，因此 InterPro 和 GO 之间的对应不是一对一的，而是一对多的。

b. InterPro2GO 数据库中的 GO 条目并不是顺序排列的，因此将其重新按序列排序，得到压缩后的 GO 数据库，记为 GO_Compress。

c. 假定 GO_Compress 中共有 N 个条目，对于一条给定的蛋白质，利用 IPRSCAN 程序搜索 InterPro 数据库，并将其映射到 GO_Compress。若能找到条目，比如 GO_Compress_0000003，则将 N 维向量的第 3 个位置赋值为 1，否则为 0。

d. 依据 c. 过程可将蛋白质序列表示为 N 维组成。

$$P = \begin{bmatrix} P_1 \\ P_2 \\ \vdots \\ P_j \\ \vdots \\ P_N \end{bmatrix} \quad (12\text{-}18)$$

其中，$P_j = \begin{cases} 1 & \text{能在 GO\_Compress 数据库中找到编号为 } j \text{ 的条目} \\ 0 & \text{其他} \end{cases}$

12.10 蛋白质相互作用

蛋白质相互作用几乎参与了所有的生命活动过程。通常所说的两个蛋白质存在相互作用是指这两个蛋白质在其生命周期中相互接触，接触后或者形成专性的复合体，或者在短暂的接触后又发生了分离。在生物信息学中，蛋白质相互作用除了包括这种物理相互作用（physical interaction）外，还包括功能意义上的相互作用（functional interaction），即相互作用的两个蛋白质没有直接的物理上的接触，但它们在功能上存在密切的联系，如参与同一条代谢通路、构成同一个大分子机器等，即它们之间可以发生（物理上的）接触，也可以不接触，而仅是遗传上关联。研究蛋白质间相互作用的最终目标是建立模式细胞系统中全部蛋白质相互作用的网络，即蛋白质相互作用组（interactome），这将为研究蛋白质的其他功能及细胞的全局特征构筑一个框架。蛋白质-蛋白质相互作用在诸如生物催化、转运、信号传导、免疫、细胞调控等多种生命过程中起着重要的作用。对生命活动过程中蛋白质相互作用的研究有助于揭示生命过程的许多本质问题。譬如说人们发现信号传导中起调节作用的酶实际上是以整个大分子复合物出现的，大分子复合物里包含许多位置上接近、物理上相互作用的亚单位，蛋白质正是通过相互作用在生物过程中发挥作用的。

在快速发展的基因组学之后，蛋白质组学出现并逐渐成为分子生物学研究的重点。蛋白质组学使我们从综合和总体的角度在分子水平上来研究和把握生命现象，这对于理解生命现象的本质，对于生命科学的每一个分支都将起到强有力的推动作用，于是更多的眼光投向蛋白质这个对人类疾病最直接相关的基因产物。理解一个蛋白质如何与另一个蛋白质相互作用，以及它们如何一起行使功能是理解生命运动的基础。揭示蛋白质的相互作用关系、建立相互作用关系的网络图，已成为蛋白质组学研究中的热点。

蛋白质与小分子化合物的相互作用是进行药物设计的基础。任何一种疾病在表现出可察觉症状之前，体内就已经有一些蛋白质发生了变化，确定疾病的关键蛋白质和标志蛋白质有利于疾病的诊断和病理的研究，对药物筛选也具有重要意义。目前基于结构的药物设计在药物的研发中已取得较大的成功，近年来通过化合物数据库与蛋白质结构的分子对接进行虚拟筛选，大幅度地提高了先导化合物发现的成功率。通过研究蛋白质相互作用进行有效的药物筛选已经成为现实，而且也必将在药物筛选中发挥越来越重要的作用。因此研究蛋白质相互作用不仅具有重要的理论意义，还可以为探明致病微生物的致病机理、开发新药、提高人民的生活质量提供指导。

随着实验技术的发展，目前研究蛋白质相互作用的技术方法已有酵母双杂交、质谱技术、蛋白质芯片、免疫共沉淀、X射线晶体衍射、核磁共振等多种，这些技术为蛋白质相互作用研究做出了重大贡献，也积累了宝贵的资料。但是，应用实验的方法研究蛋白质相互作用往往受到成本高、费时费力的固有缺点的限制，而且所获得的精度存在一定的局限性。与实验方法相比，生物信息学方法具有省时、省力的特点，并且它的结果对实验工作者有着指导和辅助的作用。近几年来，有很多的研究者在这方面进行了探索，出现了很多新的预测蛋白质相互作用的方法和算法，并取得了一定的成功。

基于实验数据的蛋白质相互作用数据库已是相关研究领域的重要基础，蛋白质相互作用数据和蛋白质注释信息整合在一起是目前蛋白质相互作用数据库的主要特征。从蛋白质相互作用的科学文献中自动化地挖掘信息，是蛋白质相互作用数据库发展的主要推动技术之一；而用计算方法验证高通量方法得到的蛋白质相互作用数据，已成为目前蛋白质相互作用验证的一个必要补充。根据数理统计知识，开发和应用各种算法进行蛋白质相互作用及其网络的预测，成为该领域研究的热点。

  数据库是生物信息学工作的基础，计算机科学家和生物信息学家通过数据库的构建与维护为生物学家提供服务，很多生物软件的开发和应用都需要数据库的支撑。实验数据的大量积累和实验手段的快速发展使得蛋白质相互作用数据不断增加，而人们对整个基因组蛋白质相互作用的网络分析的需求日益增长，因此蛋白质相互作用的数据库应运而生，如 DIP、BIND、MIPS 等。蛋白质相互作用的数据库不仅仅是相互作用的蛋白质对的列表，而且包括了一些相关的注释信息和附加证据等。在蛋白质相互作用研究中的常用的一些数据库见表12-5。由于蛋白质相互作用数据库众多，用户可以根据自己的不同需要选择相关的数据库。通常情况下，各数据库对学术用户支持免费的下载和服务。例如：DIP 收集了由实验验证过的蛋白质-蛋白质相互作用数据，其中包括蛋白质的信息、相互作用的信息和检测相互作用的实验技术三个部分。用户可以根据蛋白质、生物物种、蛋白质超家族、关键词、实验技术或引用文献来查询 DIP 数据库。这些资源将为开发新的算法和验证已有的算法提供材料。

表 12-5 主要的蛋白质相互作用数据库

英文名	中文名	网址
MIPS	生物大分子网络数据库	http://mips.gsf.de/proj/ppi/
DIP	蛋白质相互作用数据库	http://dip.doe-mbi.ucla.edu/
BIND	生物分子相互作用数据库	http://www.bindingdb.org/bind/index.jsp
HPRD	人类蛋白质参考数据库	http://www.hprd.org/
HPID	人类蛋白质相互作用数据库	http://wilab.inha.ac.kr/hpid/
BioGRID	蛋白质相互作用数据库	http://www.thebiogrid.org/
CYGD	酵母相互作用数据库	http://mips.gsf.de/proj/yeast/CYGD/interaction/
IntAct	蛋白质相互作用数据库	http://www.ebi.ac.uk/intact/index.html
HIV Interaction DB	HIV 与宿主蛋白相互作用数据库	http://www.ncbi.nlm.nih.gov/RefSeq/HIVInteractions/
JCB	蛋白质相互作用位点数据库	http://www.imb-jena.de/jcb/ppi/
MINT	生物分子相互作用数据库	http://mint.bio.uniroma2.it/
OPHID	在线预测人类相互作用数据库	http://ophid.utoronto.ca/
InterPreTS	三级结构预测相互作用数据库	http://www.russell.embl.de/interprets/
MPPI	哺乳动物相互作用数据库	http://mips.helmholtz-muenchen.de/proj/ppi/
KEGG	代谢/调控通路分析和重建	http://www.genome.ad.jp/kegg/
STRING	蛋白质相互作用网络数据库	http://string.embl.de/
YPPIP	酵母蛋白质相互作用数据库及在线预测服务器	http://www.cs.cmu.edu/~qyj/papers_sulp/proteins05_pages/WebService/index.html
PIMRider	基因杂交相互作用数据库和工具	https://pimr.hybrigenics.com/index.html
PathBLAST	蛋白质相互作用网络算法	http://www.pathblast.org/
PathPPI	蛋白质相互作用和通路数据库	http://proteomeview.hupo.org.cn/PathPPI/PathPPI.html
STRING	蛋白质相互作用网络	https://string-db.org/
ProLinks	蛋白质之间功能联系	http://prl.mbi.ucla.edu/prlbeta/

  目前，蛋白质-蛋白质相互作用的预测已经成为当代生物信息学最活跃、最艰巨的任务之一。尽管高通量的实验方法使我们所得到的蛋白质相互作用数据得到了大规模的增加，但这些数据也仅占整个蛋白质相互作用网络的很小一部分，大多数的蛋白质相互作用仍未被揭示。通常情况下，计算方法或计算机模拟都要比大多数的实验分析方法要快得多，并能大量节省人力财力。正是因为如此，在过去短短的几年时间里，研究人员提出了很多的生物信息学方法来研究蛋白质相互作用。这些方法基于不同的原则，对不同的蛋白质属性进行研究，基本上可以分为四种：①基于基因组信息的方法；②基于进化信息的方法；③基于蛋白质结

构信息的方法；④基于蛋白质序列信息的方法。

(1) 基于基因组信息的方法　基于基因组信息的方法，是通过分析一组基因组中功能相关的基因的相关性来判断其编码的蛋白质间是否发生相互作用，如：系统发育谱（phylogenetic profile）、基因邻接（gene neighborhood）和基因融合（gene fusion event）。

系统发育谱方法（见图12-1）基于如下假定：功能相关的基因，在一组完全测序的基因组中预期同时存在或不存在，这种存在或不存在的模式被称作系统发育谱。如果两个基因，它们的序列没有同源性，但它们的系统发育谱一致或相似，可以推断它们在功能上是相关的。Pellgenini等人选择了16个完成测序的细菌基因组，构建大肠杆菌核糖体蛋白RL7、鞭毛结构蛋白FlgL和组氨酸合成蛋白Hiss三种蛋白的系统发育谱，结果显示，功能相关的蛋白能够很好地聚类在一起。这个方法提供了一种为未知功能蛋白注释的方式。它的限制是：不能判断功能相关的蛋白是否"物理"上直接接触；对大多数生物都具有的蛋白质不适用；其准确性依赖于完成测序的基因组数量以及系统发育谱构建的可靠性。

图12-1　系统发育谱方法示意图

基因邻接方法（见图12-2）的依据是在细菌基因组中功能相关的基因紧密连锁地存在于一个特定区域，构成一个操纵子，这种基因之间的邻接关系在物种演化过程中具有保守性，可以作为基因产物之间功能关系的指示标识，但这个方法只能适用于进化早期的结构简单的微生物。

在这里选择的是四个生物基因组，考察其中一个基因组所包含的7个蛋白质。第一步，对所有的蛋白质，按照它是否在四个基因组中出现，以1或0表示，1表示出现，0表示不出现，构成系统发育谱；第二步，对系统发育谱进行聚类。对于系统发育谱一致或相似的蛋白质，我们认为它们之间功能相关。

对两个蛋白质而言，如果它们在基因组中所对应的基因相互靠近，就认为发生了相互作用。

如图12-2所示，如果在微生物1内的两个蛋白质a与b，在另外的一个微生物2内成为一个蛋白质的组成部分的话，就认为这两个蛋白质a与b发生了相互作用。

图12-2　基因邻接方法示意图

图12-3　基因融合方法示意图

基因融合方法（见图 12-3）是基于如下假定：由于在物种演化过程中发生了基因融合事件，一个物种的两个（或多个）相互作用的蛋白，在另一个物种中融合成为一条多肽链，因而基因融合事件可以作为蛋白质功能相关或相互作用的指示。Marcotte 等人和 Enright 等人几乎同时建立了这个方法。研究表明，基因融合事件在代谢蛋白（metabolicprotein）中尤为普遍。这个方法的局限性如系统发育谱一样，不能判断发生融合的蛋白是否"物理"上直接接触。

(2) 基于进化信息的方法　根据功能相关的蛋白质的一些共同的进化或变异特征，人们提出了基于进化信息的方法，其中包括镜像树（mirror tree）、突变关联（correlated mutation）、进化速率关联（correlated evolutionary rate）等方法。

大量的相关研究表明，发生相互作用的蛋白质对（proteinpairs）有着共同进化（coevolution）的趋势，譬如说，胰岛素（insulin）和它的受体就呈现这样的特征。这种方法基于这样一个假设，即一对发生相互作用的蛋白质不是物理上发生关联，就是遗传上发生关联。

系统发育树相似（similarity of phylogenetic trees），即镜像树（mirror tree）方法就是一种典型的基于进化信息的方法。这个方法的思想是：功能相关的蛋白质或同一个蛋白的不同结构域之间受功能约束，其进化过程应该保持一致，即呈现共同进化特征，通过构建和比较它们的系统发育树，如果发现树的拓扑结构显示相似性，这种相似的树被称作镜像树，从而就可以推测建树基因的功能是相关的。Goh 等人引入了线性的相关系数（correlation coefficient），以便量化树的相似性。Pazos 等人利用这个方法尝试大规模蛋白质相互作用预测，他们分析了大肠杆菌 67000 对蛋白，正确预测了其中的 2742 对。在本质上，这个方法同上述系统发育谱法是一致的。镜像树方法的主要局限是对需要预测的蛋白质对需要高质量、完整的 MSAs，还要考虑到两个蛋白质是否来自同一家族的问题。

另外一种方法是相关变异法（correlated variation），即计算机虚拟双杂交、物理上相互接触的蛋白质，比如处在同一个结构复合物中的蛋白质，其中一个蛋白质在进化过程中累计的残基变化，通过在另一个蛋白质中发生相应的变化予以补偿，这种现象被称作相关变异。相关变异的分子机制设想是为了抵消由于基因的持续突变漂移产生的小的序列调整，以保持结构复合物的稳定性，维持其功能。相关变异位置提供了多肽链表面接触点信息，Olmea 等人和 Pazos 等人利用相关变异并结合多序列比对（multiple sequence alignments，MSAs）产生的保守位置，有效地提高了预测识别接触点的概率。相关变异可以发生在分子间，也可以发生在分子内部，这一方法提供了从头开始预测蛋白质三维结构的理论基础。与镜像树方法一样，相关变异方法也需要高质量的 MSAs，而且由于这种方法是基于共同进化的假设，所以自然要同时考虑各个基因组中的相应蛋白质。

如图 12-4 所示，首先采用镜像树方法对多序列比对（MSAs）结果进行筛选，然后在筛选后的 MSAs 中对每一对残基计算它们的相关系数，图中的 C_{aa} 与 C_{bb} 分别表示的是蛋白质 a 与 b 的 MSAs 内部的残基对之间的相关系数，C_{ab} 表示两个蛋白质的 MSAs 之间的相关系数，通过比较 C_{aa}、C_{bb} 与 C_{ab} 之间的分布，来确定两个蛋白质的相互作用指标。

以上的各种方法均不可避免存在一定的局限性，它们都需要一些蛋白质的先验知识，如基因组信息、进化信息等，限制了其适用性。

(3) 基于蛋白质结构的方法　基于蛋白质结构信息的方法包括基于蛋白质三级结构信息的预测方法、基于发生相互作用的两个蛋白质的功能结构域和以蛋白质相互作用位点为输入特征的方法。

结构决定功能，蛋白质所有的功能信息都蕴藏在蛋白质的氨基酸排列中。蛋白质结构一般被划分为四个层次，还有一个中间层次——结构域。基于蛋白质结构的方法都是从蛋白质的结构出发，使用从蛋白质结构所获得的信息来研究蛋白质的相互作用或相互作用位点。其

图 12-4 相关变异方法示意图

实在基于蛋白质进化信息的方法中所使用的多序列比对就使用到了蛋白质的一级结构——氨基酸序列。

作为蛋白质的结构和功能单元,结构域在研究蛋白质-蛋白质相互作用时,发挥了重要的作用。现有的基于蛋白质所包含的功能结构域(domain)来研究蛋白质之间作用的方法一般都假设各个结构域-结构域的相互作用独立,这对数学模型的建立起到了简化作用,但是与实际情况明显不符,而且没有考虑到多结构域(multiple domains)对蛋白质相互作用产生的影响。众所周知,蛋白质相互作用在细胞内是有时空特性的,如何建立更贴近实际生物活动情形的数学模型依然是一个艰巨的任务,与蛋白质的一级序列数量相比,目前可利用的三级结构信息很少,而且蛋白质功能保守位点的预测方法的精度也有待提高,因此基于蛋白质结构信息的方法也存在着局限性。

(4)基于蛋白质序列信息的方法 "序列决定结构,结构决定功能"这一论断使得人们想到,对于特定的生物功能来说,可能仅利用蛋白质的序列信息就足以预测两个蛋白质的相互作用。氨基酸序列决定了蛋白质的三维结构,有时即使是一个残基的变化也会引起结果的显著变化。而在蛋白质结构相互作用引发疾病的过程中,往往伴随着蛋白质序列变异或者错误折叠等结构突变,从而导致了正常的蛋白质结构相互作用缺失,引起特定功能或表型异常,所以蛋白质序列信息对于蛋白质相互作用是十分重要的,从计算和实验的意义上讲,基于序列信息预测蛋白质相互作用是一种比较理想的方法并且更具有普适性。

基于蛋白质一级序列的预测蛋白质相互作用的方法首先由 Bock 和 Gough 提出,该方法不需要基因组的或进化的信息,仅仅需要单个蛋白质的序列信息。该方法从 DIP 中提取相互作用的蛋白质的序列数据,根据蛋白质对的序列信息,包括氨基酸残基的理化特性、电荷以及疏水特性等,用支持向量机构建预测模型,达到了很高的准确率(大约80%);从此以后，基于蛋白质一级序列的方法来预测蛋白质相互作用的研究越来越多，并取得了很好的效果。

12.11 蛋白质网络

12.11.1 蛋白质-蛋白质相互作用网络

在每一个物种的不同生物过程中都有不同的蛋白质组合，而在人类基因组中只有不到 1% 的基因没有在其他生物中发现，我们有大约 1/5 的基因是和其他生物共同享有的，其中包括细菌。因此，我们有理由认为，人类和其他生物的主要区别在于基因所编码的蛋白质之间的不同，要探索生命的本质，就必然要研究蛋白质。

几乎没有一个蛋白质是单独行使功能的，它们都是通过与其他蛋白质的相互作用来表达它们的生物学功能，蛋白质的相互作用在细胞生物学水平上起着十分关键的作用：(1) 遗传上的功能常常与相应的蛋白质的相互作用有关；(2) 在信号传递途径中需要蛋白质的相互作用；(3) 蛋白酶-蛋白质底物的相互作用与生物的催化反应密切相关；(4) 蛋白质的相互作用对于整合（如 RNA 多聚酶）或对多成分酶促反应也有至关重要的影响。可见，细胞的代谢、信号转导以及基因表达调控都与蛋白质的功能密切相关，蛋白质和其他生物分子一样，必须参与到错综复杂的相互作用网络中行使其功能，这也是目前所有生物学研究的基础。

因此，人类与其他生物之间蛋白质的不同，实际上是蛋白质相互作用及其网络的不同，并且越高级的物种应该具有越复杂的相互作用网络。近几年来，随着实验技术的发展和高通量方法的应用，大范围的蛋白质相互作用及其网络的研究已经成为可能。研究蛋白质相互作用的最终目标是建立模式细胞系统中全部蛋白质相互作用的网络，这将为研究蛋白质功能及其细胞全局特征构筑一个框架。

基于实验数据的蛋白质相互作用数据库是相关研究领域的重要基础，可以说它们是一切生物信息学研究的出发点。随着实验数据的积累和实验手段的快速发展，蛋白质相互作用的数据不断增加，对整个蛋白质组相互作用的网络分析的需求不断增加，蛋白质相互作用数据库也应运而生。蛋白质序列数据库的雏形可以追溯到 20 世纪 60 年代。20 世纪 60 年代中期到 80 年代初，美国国家生物医学研究基金会（National Biomedical Research Foundation，NBRF）Dayhoff 领导的研究组将搜集到的蛋白质序列和结构信息以"蛋白质序列和结构的信息图集"（Atlas of Protein Sequence and Structure）的形式发表，主要用来研究蛋白质的进化关系。1984 年，"蛋白质信息资源"（Protein Information Resource，PIR）计划正式启动，蛋白质序列数据库 PIR 也因此而诞生。与核酸序列数据库的国际合作相呼应，1988 年，美国的 NBRF、日本的国际蛋白质信息数据库（Japanese International Protein Information Database，JIPID）和德国的慕尼黑蛋白质序列信息中心（Munich Information Center for Protein Sequences，MIPS）合作成立了国际蛋白质信息中心（PIR-International），共同收集蛋白质信息和维护蛋白质序列信息数据库 PIR。除了 PIR 外，另一个重要的蛋白质序列数据库则是 SwissProt。该数据库由瑞士日内瓦大学于 1986 年创建，目前由瑞士生物信息学研究所（Swiss Institute of Bioinformatics，SIB）和欧洲生物信息学研究所 EBI 共同维护和管理。瑞士生物信息研究所下属的蛋白质分析专家系统（ExPert Protein Analysis System，ExPASy）的 web 服务器除了开发和维护 SwissProt 数据库外，也是国际上蛋白质组和蛋白质分子模型研究的中心，为用户提供大量蛋白质信息资源。北京大学生物信息中心设有 ExPASy 的镜像。PIR 和 SwissProt 是创立最早、使用最为广泛的两个蛋白质数据库。

通常认为，蛋白质的表达可以通过基因产物 mRNA 水平反映出来，然而最新研究表明，基因的表达水平与细胞中相应蛋白质的含量并没有严格的一致性，所以对于基因组的研究并不能取代蛋白质组的研究。造成这一现象的主要原因有：(1) 基因表达与相应的蛋白质表达存在时间上的差异；(2) 基因表达的部位与相应蛋白质执行功能的部位有所不同；(3) mRNA 及蛋白质的稳定性有所不同；(4) mRNA 在转录后可生成不同的蛋白质；(5) 蛋白质的修饰，如磷酸化和糖基化对于蛋白质的活化及执行功能具有非常重要的影响。这一发现使得研究细胞中蛋白质的表达丰度对于研究疾病的分子机制及新药开发具有非常重要的意义。研究表明，只有约 2% 的疾病与基因序列有关，而 98% 的疾病与蛋白质的表达有关，这样仅依靠基因水平的分析有时不足以了解疾病发生的机制。由于在有机体内，所有的生物分子都是协同作用的，均是在特定的部位、特定的时间，行使其特定的功能，所以更具体地说，有 98% 的疾病与蛋白质相互作用网络有关。

最早提出疾病与蛋白质的直接关系的是 Stanley Prusiner，他曾经发现导致疯牛病发生的完全是蛋白质而不涉及任何 DNA 或者 RNA，那个时候人们的态度就是反对这种全新的科学解释，因为几乎每个人都认为只有核酸才可能导致疾病的传播，因此世界上几乎没有人听取 Stanley Prusiner 的意见。随后，越来越多的数据都证实了这种蛋白质假说，这时候科学界才开始逐渐接受这种理论，这也最终使 Prusiner 获得了诺贝尔奖。后来，人们还发现如果溶酶体中诸多的水解酶没被特定的信号局限在溶酶体内，而散流在细胞和机体的任意部位，对细胞和机体的危害将是无穷的。在细胞内合成的蛋白质如果不能正确定位，而是在不适当的部位大量堆积，必然会导致疾病的发生，蛋白质 α-突触核蛋白的变异导致其不能完全降解，可能是形成帕金森病的一条重要原因。许多人类疾病，如癌症、自身免疫疾病、病毒感染等都与蛋白相互作用的衰竭或紊乱有关。

所以，对于蛋白质相互作用网络的研究不仅具有理论上的重要意义，也具有潜在的实际应用前景。由于蛋白质相互作用网络的破坏和失稳，可能引发细胞功能障碍，因此，对蛋白质相互作用网络的研究有助于发展网络动态模型，寻找合适的药物作用靶点，这将为新药开发提供理论依据。完全阐明人类疾病蛋白与其他已知或未知蛋白的相互作用，分析蛋白质药物与特异性受体的结合特性，将全面揭示治疗干预的靶点，寻找与潜在疾病靶点结合的可能的药物蛋白质。在新药研发时，它可使药物指向特定靶点，通过对网络进行相应的调控或者阻碍操作，从而取代以往简单的以给定的蛋白质功能为目标靶点的方法。迄今为止，有 500 种人类的蛋白质被确认可作为药物作用的靶子，这些蛋白质代表了基因功能和更高水平的细胞表型之间直接的一对一关系。

蛋白质间相互作用是蛋白质功能的重要方面，也是系统生物学研究的核心内容。初期用计算方法对蛋白质功能的研究是通过序列比对。在对分子生物学的研究中，人们公认如果两个蛋白质的序列相似，则意味着这两个蛋白质具有相似的功能。随着新完成测序的基因组的不断出现，对于新发现的蛋白质，人们往往首先是根据它与其他物种中已经被认知的蛋白质序列的相似性，通过复杂的序列比对来注释其功能。FASTA 和 BLAST 都是著名的序列比对软件，能够实现基因组之间蛋白质序列的快速比对。

但是在蛋白质的功能注释过程中，当某个蛋白质序列与不止一个而是多个蛋白质序列相似的时候，其功能注释就会出现不确定性，于是难以判断它究竟和哪个蛋白质是真正的功能同源，即直接来自于一个共同的祖先。特别是在较高等的生物中，这种情况其实非常普遍。通过研究蛋白质相互作用进行蛋白质功能注释，则拓展了基于序列同源性进行功能注释的方法。以 PathBLAST 为代表的工具首先实现了在网络水平上进行基因组之间的比较，它用于在目标网络或路径中的蛋白质节点数目不超过 5 个的情况下，在蛋白质相互作用网络中查询与目标最相似的路径，或查询目标网络中可能性最大的保守路径。

由于蛋白质不会独立完成功能，几乎每个蛋白质都和其他蛋白质有千丝万缕的联系，所以仅仅分析蛋白质相互作用网络中的保守路径是不够的。于是近几年，许多研究人员开始致力于生物网络匹配方面的研究。他们试图根据"保守的蛋白质相互作用关系和蛋白质之间的功能同源性有关"，通过分析蛋白质相互作用网络的相似性，寻找不同物种蛋白质相互作用中的保守关系以及保守网络，以这些网络的保守性作为决定哪些不同物种的蛋白质具有相似功能的参考，以进一步区分种间功能同源蛋白质，或分析蛋白质的相互作用。

通过生物网络之间的比较，可以从本质上把握不同组织之间或同一组织之内分子网络的相似或不同之处，以此分析信号路径，寻找保守区域，发现新的生物功能或理解蛋白质相互作用关系的进化。随着各种网络比较方法的不断成熟，以及越来越多的各物种蛋白质相互作用关系被证实，网络比较将会成为蛋白质序列、进化和功能分析之间的重要桥梁。

近几年来，国内相关领域研究人员也逐步开展了对蛋白质相互作用网络的研究，并试图通过蛋白质相互作用网络研究某些疾病。通过不同物种蛋白质相互作用网络比较进行蛋白质功能和疾病的研究已有报道，对复杂生物网络比较的并行模型和算法研究逐步展开。

由于蛋白质功能的多样性，蛋白质的相互作用具有复杂的关联性。为了描述这种关联性，引入了复杂网络理论，将蛋白质互作模拟为静态的无向网络，因此将这种抽象的关系具体化，并且可以用图论中的方法对蛋白质-蛋白质相互作用网络（protein-protein interaction network，PPIN）进行探究。将蛋白质作为网络中的节点，将数据中的相互作用关系作为网络的边，即可构成蛋白质网络。蛋白质互作网络是无向的无标度网络，少数连通度极高的节点将高度模块化的子网络连接在一起。在分析酵母等模式生物时，已构建出几乎整个的蛋白质互作网络，人类等高等物种的互作数据也在以极快的速度积累着。酵母菌、小鼠、人类等物种的蛋白质互作网络一般包含数千个节点和数千到数万条边，对于这样庞大的网络，需要采用多种多样的计算方法来对其进行分析。同时，蛋白质互作网络的构建为蛋白质以及基因功能、信号通路的研究给予了巨大的帮助。

12.11.2 氨基酸残基网络

复杂网络理论利用构建网络的方法，将复杂系统的多个体相互作用抽象成网络上的几何结构，通过分析复杂网络的成分关系以及分布和集团特性，来获得对于现实系统的更多认识。蛋白质分子，从复杂网络的角度来看，可以视为由氨基酸残基组成并通过各种残基的相互作用来维系的复杂网络。近年来复杂网络理论的兴起，为研究蛋白质折叠以及结构功能关系注入了全新的思路与方法。

在蛋白质结构网络中，网络中的元素代表蛋白质片段，此时加权的连接用来衡量这些元素间连接的强度（物理距离，亲密关系，强度或概率）。网络中的元素可以是原子，像氨基酸中的 α-碳原子或 β-碳原子。在很多情况下，蛋白质结构网络中的元素是氨基酸的整条侧链。不加权的蛋白质结构网络比加权的应用更广泛。在不加权的蛋白质结构网络中各元素间引入一个截断半径（通常为 0.45~0.85nm），当元素之间的距离小于截断半径就认为存在连接。这些网络通常被叫作氨基酸残基网络。

对于所得到的网络进行分析可以进一步研究蛋白质的某些功能和性质。如：利用拓扑属性分析网络中的节点是网络生物学的独特方法，在氨基酸残基网络中，具有独特拓扑属性的节点残基往往具有独特的生物意义。

高通量基因表达检测技术

　　基因是编码蛋白质或 RNA 等具有特定功能产物遗传信息的基本单位，是染色体或基因组的一段 DNA 序列。基因表达失衡会影响由其编码的蛋白质的合成，从而导致某些疾病的发生。根据中心法则，mRNA 是 DNA 的拷贝，因此可以通过 mRNA 的数量来衡量基因的表达，如果某一基因的 mRNA 拷贝数在病变样本和正常样本间差异显著，则它很可能是导致疾病发生的关键。20 世纪 90 年代，Brown 和他的同事们开发出了 cDNA 微阵列芯片技术，其基本原理为核酸杂交，该芯片以玻璃或尼龙为基底，在其表面固定着大量预先设置好的分子探针，这些探针通过碱基配对（A-T，C-G）与进行了荧光标记的待测样本中互补 RNA 或 DNA 发生特异性杂交反应，反应后对芯片进行扫描，探针的荧光强度即代表了与其结合的 RNA 或 DNA 数量（http：//en.wikipedia.org/wiki/DNA_microarray）。基因芯片的优势在于能同时对上万个基因进行表达值的测量，构建基因数字表达谱，从而快速筛选出致病基因。德国汉堡大学的学者于 2007 年 4 月在 *Nature Genetic* 上发表研究报告，其利用基因芯片技术对乳腺癌患者的基因进行筛选后，发现编码雌激素受体α的基因 ESR1 存在扩增现象，如针对其施用药物"他莫昔芬"进行治疗，可明显增加由 ESR1 基因扩增而引起乳腺癌的患者的存活时间，提高疗效。

参 考 文 献

[1] 李梦龙，文志宁，熊庆. 化学信息学. 北京：化学工业出版社，2011.
[2] 俞汝勤. 化学计量学导论. 长沙：湖南教育出版社，1991.
[3] 王连生，韩朔睽. 分子结构、性质与活性. 北京：化学工业出版社，1997.
[4] 许禄. 化学计量学方法. 北京：科学出版社，1997.
[5] 王惠文. 偏最小二乘回归及其应用. 北京：国防教育出版社，1999.
[6] 陈凯先，蒋华良，嵇汝运. 计算机辅助药物设计：原理、方法及应用. 上海：上海科学技术出版社，2000.
[7] 汪堃仁，薛绍白，柳惠图. 细胞生物学. 北京：北京师范大学出版社，2001.
[8] 李梦龙. Internet与化学信息导论. 北京：化学工业出版社，2001.
[9] 缪强. 化学信息学导论. 北京：高等教育出版社，2001.
[10] Stéphane Mallat. 信号处理的小波导引. 杨力华等译. 北京：机械工业出版社，2002.
[11] 赵国屏. 生物信息学. 北京：科学出版社，2002.
[12] Otto M. 化学计量学：统计学与计算机在分析化学中的应用. 邵学广，等译. 北京：科学出版社，2003.
[13] 梁逸曾，俞汝勤. 化学计量学. 北京：高等教育出版社，2003.
[14] 李梦龙. 化学数据速查手册. 北京：化学工业出版社，2003.
[15] 沈世锰，吴忠华. 信息论基础与应用. 北京：高等教育出版社，2004.
[16] 李梦龙，王智猛，姜林，刘丽霞. 化学软件及其应用. 北京：化学工业出版社，2004.
[17] Campbell A Malcolm, Heyer Laurie J. 探索基因组学蛋白质组学和生物信息学. 孙之荣主译. 北京：科学出版社，2004.
[18] 孙啸，陆祖宏，谢建明. 生物信息学基础. 北京：清华大学出版社，2005.
[19] 陈明旦. 化学信息学. 北京：化学工业出版社，2005.
[20] 邵学广. 化学信息学. 第2版. 北京：科学出版社，2005.
[21] Johann Gasteiger. 化学信息学教程. 梁逸曾等译. 北京：化学工业出版社，2005.
[22] Alon U. An Introduction to Systems Biology. Human Press, 2006.
[23] 孙啸，陆祖宏，谢建明. 生物信息学基础. 北京：清华大学出版社，2006.
[24] 高隽. 人工神经网络原理及仿真实例. 北京：机械工业出版社，2007.
[25] 李梦龙. 元素化学反应速查手册. 北京：化学工业出版社，2008.
[26] Gorban A, Kegl B, Wunsch D, Zinovyev A. Principal Manifolds for Data Visualization and Dimension Reduction. Springer, Berlin-Heidelberg-New York, 2008.
[27] 梁毅. 结构生物学. 北京：科学出版社，2008.
[28] Vladimir N Vapnik. 统计学习理论. 许建华等译. 北京：电子工业出版社，2009.
[29] 夏少武，夏树伟，量子化学基础，北京：科学出版社，2010.
[30] 徐文方，李绍顺，杨晓虹. 药物设计学. 第2版. 北京：人民卫生出版社，2011.
[31] 王鹏. 定量构效关系及研究方法. 哈尔滨：哈尔滨工业大学出版社，2011.
[32] Garrett M. User Guide: AutoDock Version 4.2, 2012.
[33] 严六明，朱素华. 分子动力学模拟的理论与实践. 北京：科学出版社，2013.
[34] 叶卫平. Origin9.1科技绘图及数据分析. 北京：机械工业出版社，2015.
[35] 堵锡华. 构效关系研究及应用. 北京：化学工业出版社，2016.
[36] 马寨璞. Matlab语言编程. 北京：电子工业出版社，2017.
[37] 付伟，叶德泳. 计算机辅助药物设计导论. 第2版. 北京：化学工业出版社，2017.
[38] 盛春泉，李剑. 药物结构优化：设计策略和经验规则. 北京：化学工业出版社，2018.